Méthode de français **B2**

Marie-José Lopes
Delphine Twardowski
de l'Alliance française de Paris
Alexandre Allais
de l'Alliance française de Dublin, Irlande

Avec la collaboration de
Anne-Marie Diogo (DELF)
Joëlle Bonenfant (S'entraîner, Précis de grammaire)
Jean-Thierry Le Bougnec (Phonétique)

FRANÇAIS LANGUE ÉTRANGÈRE

Pourquoi inspire?

Chère collègue, cher collègue,

Les manières de comprendre, d'apprendre, d'être en classe ont énormément changé avec la technologie. Elle a donné à l'apprenant de nouvelles possibilités de s'exprimer, de pratiquer la langue, d'être autonome et de jouer un rôle actif dans son apprentissage. Nous le constatons tous les jours dans nos classes ainsi qu'en mission avec nos collègues étrangers.

Parce que nous pensons que la classe doit être un espace d'échanges, de communication, de productions et de corrections, nous plaçons l'étudiant et l'autonomie au cœur de l'apprentissage.

Inspire est basé sur deux principes fondamentaux : d'une part, il offre un cadre dans lequel les étudiants collaborent, réfléchissent au fonctionnement de la langue et produisent. D'autre part, il permet à l'étudiant de travailler plus librement, à son rythme, en autonomie. Cette possibilité d'hybridation, notamment lors des activités de compréhension et de production, libère du temps pour la communication authentique.

Afin de faciliter la prise de parole et l'argumentation, nous avons construit chaque unité à partir d'une problématique à laquelle les étudiants sont amenés à répondre à la fin des trois leçons.

Pour offrir une expérience vivante et réelle, nous avons choisi des documents authentiques en intégrant les formats issus des nouveaux moyens de communication.

Les étudiants découvriront des techniques pour utiliser le français dans des situations réelles et concrètes. Ils réaliseront des documents qu'ils pourront utiliser et partager.

Nous privilégions la médiation pour impliquer l'étudiant, lui donner un rôle actif. Constamment présente dans le déroulé des leçons, la médiation fait aussi l'objet d'une activité spécifique en fin d'unité. Ainsi, *Inspire* crée un espace à la fois rassurant et respectueux des cultures de tous.

C'est grâce à notre expérience, à nos rencontres mais aussi grâce à vous, chère collègue, cher collègue, qu'*Inspire* est né.

Vous nous avez inspirés !

Amicalement,

Alexandre Allais
Delphine Twardowski
Marie-José Lopes

PARCE QUE

J'appelle très souvent mes amis en France, pour parler le plus possible !
Michala, Danemark

J'écoute des podcasts en français. Les personnes s'expriment très bien et ils sont faciles à comprendre.
Alec, Suisse

Au cinéma, je ne regarde que des films français en version originale sous-titrée.
Shinchi, Japon

PARCE QUE

France

Sylvie Vaskou, Régine Mertens, Catherine Brumelot, Marthe Vorobiov, Iryna Linde, Frédéric Moussion

Allemagne

Françoise Hynek, Axel Polybe, Christophe Peyrani

Japon

Julien Agaësse, Malvina Lecomte, Sylvain Mokhtari, Xavier Gillard, Guillaume Delaveney, Rodolphe Bourgeois, Nicolas Bouffé, Fabrice Chotin, Charles Hacquel, Antoine Nicolas, Frédéric Lafaye, Fabien Lautier

LES ÉTUDIANTS NOUS ONT PARLÉ DE LEURS EXPÉRIENCES

« Qu'est-ce qui vous a aidé lors de votre apprentissage ? »
Voici leurs témoignages. Vous retrouverez ces étudiants dans les unités d'*Inspire*.

 Lorsque j'apprends des nouveaux mots de vocabulaire, je m'oblige à les utiliser dans la journée. Ça m'aide beaucoup à les mémoriser !
Agustin, Argentine

 J'aime bien regarder de vieux films français parce que les acteurs et les actrices articulaient plus.
Pedro, Portugal

 Je regarde les informations sur les chaînes d'information françaises en continu car ils répètent les actualités et les gros titres sont écris en dessous.
Alina, Grèce

 Sur YouTube, on peut ralentir la vitesse des vidéos. Cela me permet de les regarder sans sous-titres et de tout comprendre !
Nashiiely, Mexique

 J'écoute beaucoup de chansons en français et je les chante ensuite. J'améliore ainsi ma prononciation !
Marion, Belgique

 Je fais des listes de vocabulaire que je colle sur mon bureau. Les voir tous les jours m'aide à les mémoriser !
Haesol, Corée

VOUS AVEZ PARTAGÉ VOS IDÉES

Pour nous rapprocher le plus possible de vos pratiques de classe, nous sommes venus à votre rencontre. Merci à tous !

Maroc

Mamadou Wade, Imane Ettoubaji

Grande-Bretagne

Samia Berbachi, William Moissenet, Nathalie Rognon, Christine Thomoré, Francis Zahi

Mexique

Sophie Villate, Prescillia Milhet, Ricardo Gonzáles, Diego Damian Gomez Becerra, Oscar Gamaliel Osorio Garcia, Betty Fritz Delienne, César Paz, Miriam Domínguez Granados

Argentine

Diego Chotro, Victoria Torres, Marie-Hélène Mieszkin

Espagne

Maxime Hunerblaes, Christine Comiti, Audrey Gloanec, Catherine Loche, Christine Josserand, Samara Ibarra, Enriqueta Cabra, Mercedes Castaño, Beatriz de Loizaga, Carlos Pérez, Marina García, Olivier Mathlet, Laetitia Bournazel, Roxane Beauvais

Pour en savoir +

Retrouvez toutes les informations concernant la méthode *Inspire* sur cette brochure interactive.

inspire, c'est vous !

PARCE QUE

❯ Documents, thématiques, cultures

> « Les thématiques de la vie réelle doivent être stimulantes pour maintenir l'intérêt des étudiants. Les documents doivent permettre de rencontrer « le quotidien en français » et la culture. »
>
> Roxane Beauvais,
> Alliance française de Madrid, Espagne

Inspire 4 propose :
- des documents variés et authentiques français et francophones pour **intégrer la vie réelle dans la classe** ;
- des thématiques du quotidien pour **agir en français** avec :
  – des tâches collaboratives (rubriques *Agir*),
  – des stratégies pour développer l'autonomie à l'oral et à l'écrit (pages *Techniques pour…*) ;
- des rendez-vous culturels réguliers avec des vidéos et un dossier *Ressources* (qui comprend des saynètes de la vie quotidienne et des pages Culture(s)) pour **enrichir les échanges**.

❯ Contenus et activités linguistiques

> « Les contenus linguistiques doivent être structurés et clairs. Il faut aussi multiplier les activités motivantes qui favorisent la prise de parole et l'utilisation des éléments de langue et de vocabulaire dans des contextes proches du réel. »
>
> Ionut Pepenel, professeur
> au lycée Câmpulung Muscel, Roumanie

Inspire 4 offre :
- une approche **en contexte**, **progressive** et **inductive** de la langue avec des étapes de **collaboration** et de **réflexion commune** ;
- des **tableaux synthétiques** de grammaire, vocabulaire et phonétique ;
- des **capsules vidéos** pour guider l'étudiant dans sa production ;
- de **nombreuses activités** à réaliser seul ou en groupe :
  – des activités proches de la réalité et motivantes,
  – des exercices d'entraînement en contexte, également disponibles au format autocorrectif (Parcours digital®).

VOUS NOUS AVEZ FAIT PART DE VOS BESOINS

❯ Outils pour évaluer

„ Les évaluations formatives sont une manière simple pour l'enseignant de savoir où en est l'étudiant et de lui proposer des activités en fonction de ses besoins. J'essaie également d'intégrer l'autoévaluation au fil des cours, ce qui permet aux étudiants de mesurer les progrès qu'ils pensent avoir réalisés et me permet de réadapter mon cours ! L'institution demande des notes. Il faut aussi évaluer de façon sommative. "

Catherine Brumelot, professeure de FLE à l'université, Paris, France

Inspire 4 inclut :
- dans **le livre de l'élève** : une évaluation de type DELF toutes les deux unités et une épreuve DELF complète ;
- dans **le cahier d'activités** : un bilan par unité et un portfolio pour faire le point sur son apprentissage ;
- dans **le Parcours digital®** : les exercices « S'entraîner » du livre de l'élève au format autocorrectif ;
- dans **le guide pédagogique** : des tests complémentaires (téléchargeables et modifiables), des fiches d'approfondissement et une épreuve DELF complète.

❯ Outils pour organiser le temps et personnaliser l'apprentissage

„ Le livre doit faciliter la gestion de la classe, m'aider à faire face aux contraintes actuelles : moins de temps en classe, l'organisation du travail, les besoins différents au sein du groupe. "

Samah El Khatib, professeure de FLE en centre universitaire, Beyrouth, Liban

Inspire 4 comprend :
- des exemples systématiques pour **faciliter l'autonomie** ;
- des médias et ressources complémentaires facilement accessibles **en classe ou hors de la classe** (voir le verso de la couverture) ;
- des fiches de révision et d'approfondissement pour **gérer l'hétérogénéité de la classe** ;
- des ressources pensées pour **l'hybridation de votre enseignement** :
  – une démarche didactique compatible avec la classe inversée et favorisant l'autonomie des apprenants,
  – des pistes proposées dans le guide pédagogique pour vous accompagner.

Comment utiliser inspire ?

Le livre de l'élève

- **9 unités** de 4 leçons
- **4 évaluations** de type DELF, toutes les deux unités
- Des annexes : un dossier *Ressources*, une épreuve DELF B2 complète, un précis de grammaire, une carte de France
- Un livret avec les transcriptions des enregistrements et des vidéos et les corrigés des exercices « S'entraîner »

   170 documents audio et 27 vidéos complémentaires

 les exercices « S'entraîner » du livre de l'élève au format autocorrectif sur **ehachettefle.com**

1 unité = 14 pages

Une page d'ouverture
avec le contrat d'apprentissage.

- Les savoir-faire et savoir agir
- Les objectifs grammaticaux par leçon
- Une vidéo culturelle avec son exploitation à la fin de l'unité

Trois leçons d'apprentissage
en doubles pages, avec un travail sur la langue en contexte.

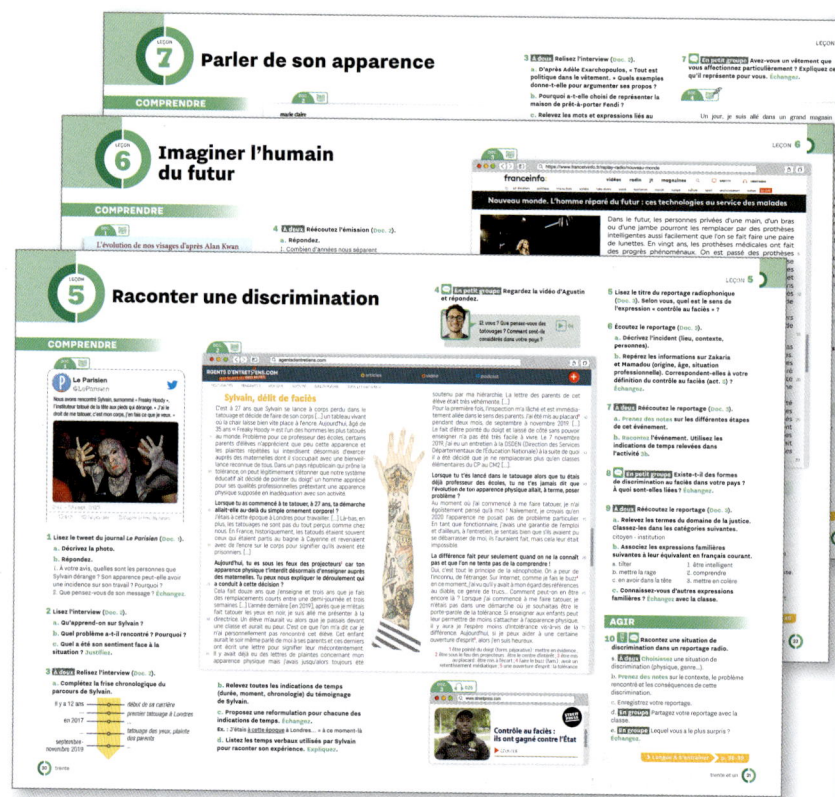

Une double page « Techniques pour... » qui développe l'autonomie en français, à l'oral et à l'écrit, à l'aide de matrices discursives et de la médiation.

Une découverte et une analyse des documents de sources authentiques

Des activités de production orale ou écrite

Des modèles et des fiches mémo pour guider la production

Des activités pour travailler la médiation

Des pages « Langue & S'entraîner »

Les points de langue par leçon

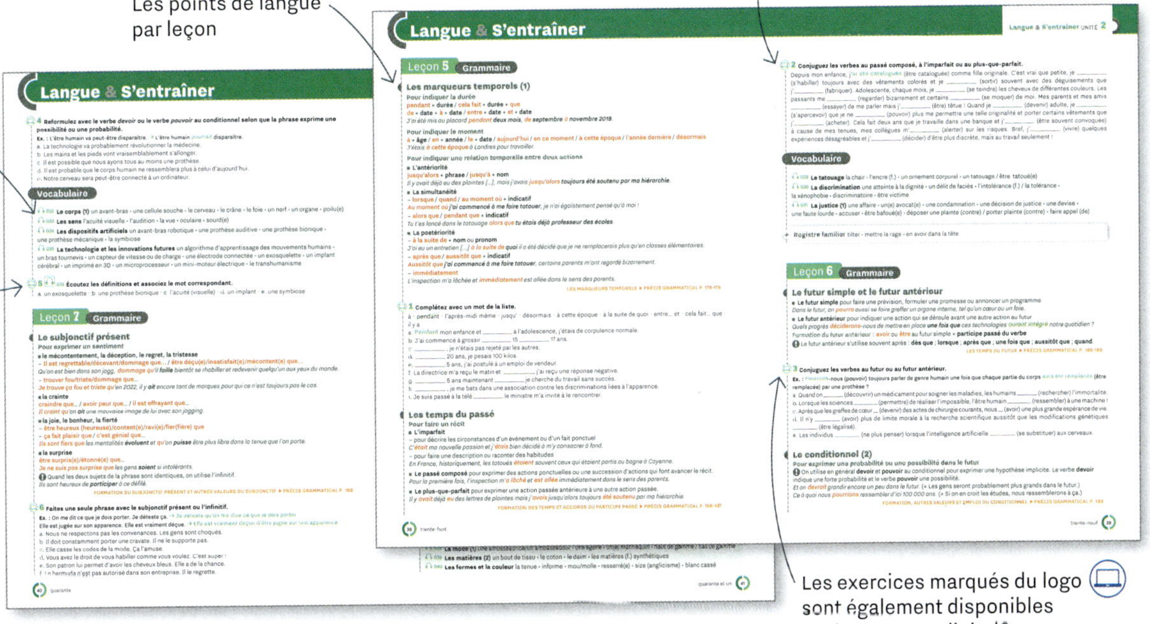

Le vocabulaire de la leçon également disponible au format audio

Des exercices de vocabulaire

Des exercices de grammaire

Les exercices marqués du logo sont également disponibles sur le Parcours digital®

Un point de **phonétique** accompagné d'une activité

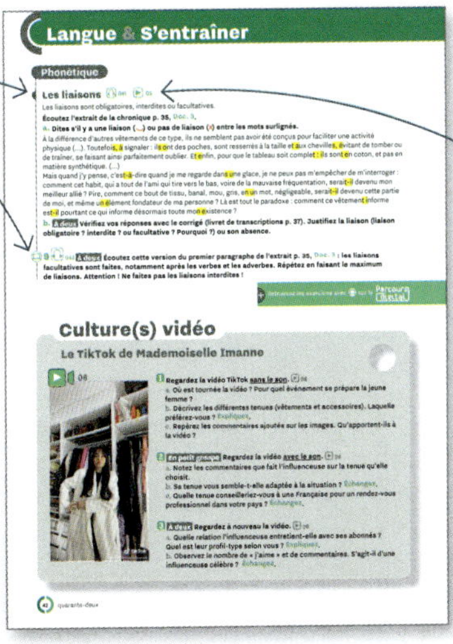

9 tutoriels de phonétique en vidéo

L'exploitation de la **vidéo culturelle** annoncée en page d'ouverture de l'unité

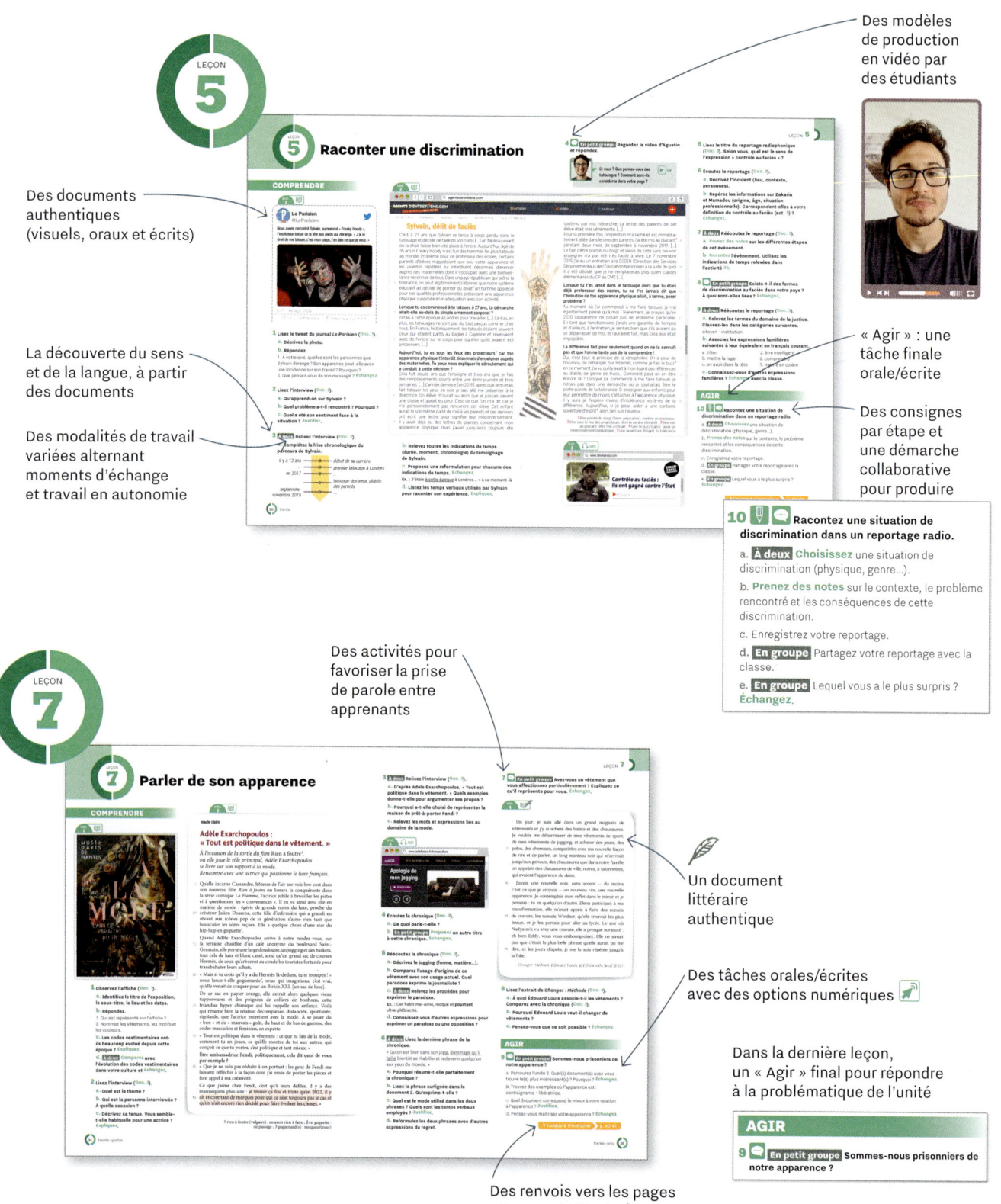

Dossier Ressources

- **9 saynètes de la vie quotidienne** pour familiariser l'apprenant avec le langage parlé et le sensibiliser aux différences culturelles auxquelles il pourrait être confronté lors de sa venue en France.
- **Des points culture**, organisés par unité, pour enrichir les savoirs et donner envie d'aller plus loin.

4 pages « Scène(s) »

- Les saynètes disponibles au format audio
- Des activités de compréhension de la situation et des enjeux de l'échange
- Un jeu de rôle final
- Une boîte lexicale qui reprend et explicite les expressions familières de l'oral

8 pages « Culture(s) »

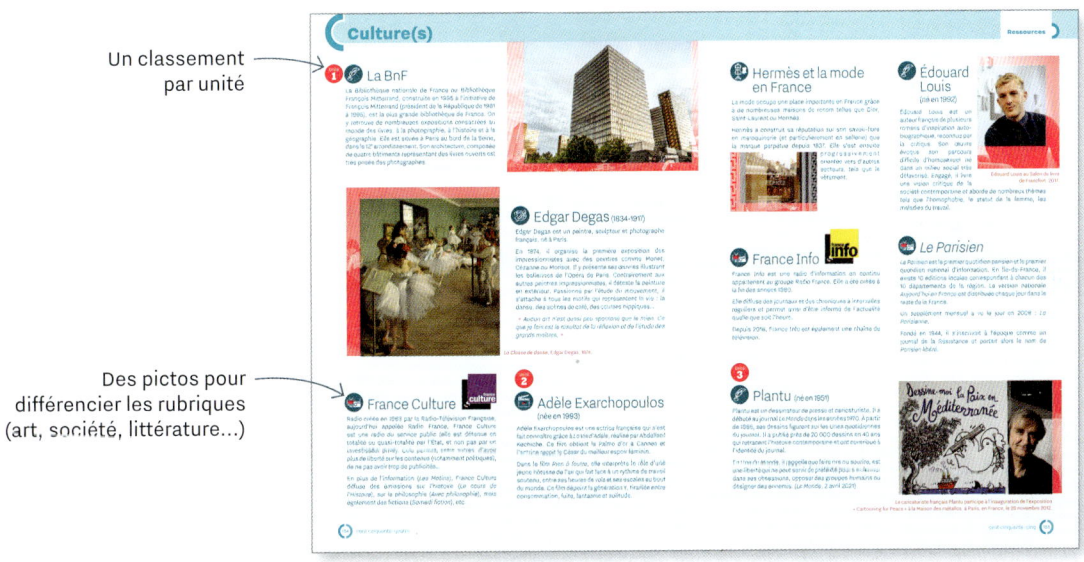

- Un classement par unité
- Des pictos pour différencier les rubriques (art, société, littérature...)

Inspire 4, c'est + de 350 activités d'entraînement !

+ **100 exercices de systématisation** dans les pages « Langue & S'entraîner » du livre de l'élève ou dans le Parcours digital®
+ **250 activités d'entraînement** avec les corrigés dans le cahier d'activités

Des activités pour s'entraîner en autonomie :

- Activités de compréhension et de production, orales et écrites
- Exercices de réemploi : *Vocabulaire, Grammaire, Conjugaison, Phonétique* et *Culture(s)*
- 2 pages de bilan en fin d'unité et un portfolio en annexe
- 1 épreuve DELF B2 en annexe

neuf 9

Sommaire

UNITÉ 1 — LE BONHEUR EST-IL UTOPIQUE ?

	Savoir-faire / Savoir agir	Grammaire	Vocabulaire	Phonétique	Socioculturel
LEÇON 1 Donner une définition du bonheur	• Qualifier une chose, une idée • Poser des questions	• Les adjectifs verbaux • La question avec inversion **Style** • L'accumulation (pour insister sur une idée)	• Les émotions (1) • Le développement personnel • Les relations sociales (1) • Les qualités (1)	• Les groupes rythmiques	• La représentation du bonheur • L'histoire du bonheur en Europe : quelques périodes historiques (le Moyen Âge, l'Antiquité, les Lumières, la Révolution…)
LEÇON 2 Analyser des idées reçues	• Faire un constat • Reconnaître des injonctions	• La négation **Style** • L'anaphore (pour insister sur une idée) • La métaphore (pour imager une idée)	• Les émotions (2) • Les problèmes de santé • Les échecs • Les qualités (2)		• Edgar Degas • Cinq extraits de chansons françaises • Les injonctions liées au bonheur
LEÇON 3 Envisager le bonheur	• Nuancer un propos • Décrire un projet incertain	• Les adverbes pour nuancer un propos • Le conditionnel présent (1)	• L'alimentation (1) • Les matières (1) • L'économie • L'État (1) • Les expérimentations • Les sondages		• La communauté Eotopia, pour une vie alternative • L'évaluation du bonheur dans un pays : le Bonheur National Brut
LEÇON 4	**Techniques pour…** • présenter et recommander un film • **la médiation** : se mettre d'accord				**Culture(s) vidéo** Travail : faut-il un chef du bonheur ?

UNITÉ 2 — SOMMES-NOUS PRISONNIERS DE NOTRE APPARENCE ?

	Savoir-faire / Savoir agir	Grammaire	Vocabulaire	Phonétique	Socioculturel
LEÇON 5 Raconter une discrimination	• Faire un récit au passé (1) • Situer dans le temps (1)	• Les marqueurs temporels (1) • Les temps du passé (imparfait, passé composé et plus-que-parfait)	• Le tatouage • La discrimination • La justice (1) + Registre familier		• La pratique du tatouage • La discrimination au faciès • Les plaintes contre l'État • L'Éducation nationale
LEÇON 6 Imaginer l'humain du futur	• Faire des prévisions • Exprimer une possibilité	• Le futur simple et le futur antérieur • Le conditionnel (2)	• Le corps (1) • Les sens • Les dispositifs artificiels • La technologie et les innovations futures		• Les caractéristiques de l'humain du futur • La médecine et les progrès technologiques
LEÇON 7 Parler de son apparence	• Décrire une tenue • Exprimer une émotion • Exprimer un paradoxe • Opposer deux faits	• Le subjonctif présent et passé • L'opposition • La concession	• Les vêtements • La mode (1) • Les matières (2) • Les formes et la couleur	• Les liaisons	• La relation des actrices avec la mode • Le film *Rien à foutre* avec l'actrice Adèle Exarchopoulos • Les maisons de mode : *Hermès* et *Fendi* • *Changer : méthode* d'Édouard Louis
LEÇON 8	**Techniques pour…** • participer à une discussion • **la médiation** : corriger une fausse information				**Culture(s) vidéo** *Le TikTok de Mademoiselle Imanne*

sommaire

UNITÉ 3 — POUVONS-NOUS ENCORE SAUVER LA PLANÈTE ?

	Savoir-faire / Savoir agir	Grammaire	Vocabulaire	Phonétique	Socioculturel
LEÇON 9 Faire un état des lieux sur la pollution	• Condenser des informations • Éviter les répétitions • Décrire des dispositifs	• La nominalisation • Le pronom relatif *dont* **Style** La comparaison (pour imager une idée)	• La lumière • Les infrastructures • La nature • La science • La santé (1) • Les verbes de la conséquence		• La prise de conscience de la pollution lumineuse • La pollution invisible 🖋 *Human Psycho* de Sébastien Bohler
LEÇON 10 Alerter le public sur un risque	• Imaginer des faits possibles • Faire des prévisions • Exprimer un regret	• L'hypothèse (1) • Le conditionnel passé (révision)	• L'eau • La chaleur • L'alimentation (2) • La manifestation **+ Les mots antonymes**	• L'oralité et la grammaire de l'oral	• Plantu • Le concept du *Jour de dépassement* • L'hydrologue Emma Haziza • Les actions pour le climat • Le risque de pénurie d'eau
LEÇON 11 Proposer des solutions	• Rapporter des paroles ou des idées • Organiser ses idées (1)	• Le discours rapporté • Les connecteurs pour organiser son discours (1)	• Les sources d'énergie • Les transports • Les actions		• L'empreinte carbone • Le rapport du GIEC et les solutions pour le climat • L'astrophysicien Aurélien Barrau
LEÇON 12	**Techniques pour...** • rédiger une pétition • **la médiation** : gérer un malentendu culturel				**Culture(s) vidéo** *La Recyclerie, à Paris*

UNITÉ 4 — LES LANGUES SONT-ELLES SACRÉES ?

	Savoir-faire / Savoir agir	Grammaire	Vocabulaire	Phonétique	Socioculturel
LEÇON 13 Expliquer une évolution	• Faire un récit au passé (2) • Situer dans le temps (2)	• Le passé simple • Les marqueurs temporels (2) • L'infinitif passé	• La langue (1) • Le conflit **+ Registre familier**		• Les langues régionales • L'histoire de la langue française • L'homme politique Jules Ferry • Les emprunts du français aux autres langues • L'auteur Erik Orsenna
LEÇON 14 Adapter son registre	• Décrire l'évolution du langage oral • Identifier les caractéristiques des registres de langue • Changer de registre de langue	• Les pronoms compléments	• La langue (2) • Les nouveaux mots du monde professionnel **+ Registre familier**	• L'intonation porteuse de sens	• MC Solaar, Aya Nakamura, rappeurs français 🖋 *Le Petit Prince* d'Antoine de Saint-Exupéry • Jean Rochefort et les résumés littéraires humoristiques
LEÇON 15 Parler de son rapport au français	• Rapporter des paroles ou des idées (2) • Organiser ses idées (2)	• La concordance des temps au passé / Le discours indirect **Style** • La question rhétorique • La personnification (pour rendre vivante une chose ou une idée)	• Le corps (2) • Les difficultés • Les arts		• Les représentations de la langue française • Des auteurs francophones : Laura Alcoba et Atiq Rahimi 🖋 *Syngué Sabour, Pierre de patience* d'Atiq Rahimi
LEÇON 16	**Techniques pour...** • analyser et interpréter un extrait littéraire • **la médiation** : simplifier un texte				**Culture(s) vidéo** *Les accents régionaux, une discrimination à l'embauche ?*

onze 11

Sommaire

UNITÉ 5 — LA POLITIQUE EST-ELLE L'AFFAIRE DE TOUS ?

	Savoir-faire / Savoir agir	Grammaire	Vocabulaire	Phonétique	Socioculturel
LEÇON 17 Définir des droits et des devoirs	• Exprimer une obligation • Donner des précisions • Expliquer une idée	• L'obligation • Le participe présent	• La vie en société • Les textes de loi • La citoyenneté	• Les enchaînements	• La Déclaration des droits de l'Homme • Les droits et les devoirs dans l'Union européenne
LEÇON 18 Défendre un engagement	• Raconter un fait divers • Expliquer une initiative citoyenne	• La forme passive • Les verbes pronominaux de sens passif	• Les lieux (1) • L'État (2) • Les actions citoyennes • La justice (2)		• La protestation citoyenne : les manifestations, le mouvement des Gilets jaunes • Le référendum d'initiative citoyenne
LEÇON 19 S'interroger sur le droit de vote	• Comparer des systèmes de vote • Exprimer son opinion	• La comparaison • Le superlatif • Les formes impersonnelles	• Les élections • L'opinion publique		• L'abstention • Le vote en France et en Suisse • 🪶 *Une vie française* de Jean-Paul Dubois • Le jugement majoritaire
LEÇON 20	Techniques pour… • rédiger un courrier administratif • **la médiation** : collaborer dans un groupe de travail				**Culture(s) vidéo** *C'est quoi, la 5ᵉ République ?*

UNITÉ 6 — COMMENT LA TECHNOLOGIE TRANSFORME-T-ELLE NOTRE VIE ?

	Savoir-faire / Savoir agir	Grammaire	Vocabulaire	Phonétique	Socioculturel
LEÇON 21 Améliorer un espace de vie	• Expliquer une technologie et ses limites • Décrire des fonctions	• Les constructions verbales • Le but	• Le corps (3) • La technologie • La psychologie (1) • L'aide à la personne • L'âge (1)	• L'accent d'insistance	• La place de la robotique • Le maintien à domicile des personnes âgées
LEÇON 22 Prendre position sur les rencontres virtuelles	• Participer à un débat • Préciser des caractéristiques	• Les pronoms relatifs composés	• Les relations sociales et amoureuses (2) • Les qualités et les défauts (3)		• Le goût du débat en France • Les rencontres sur Internet
LEÇON 23 Imaginer de nouveaux mondes	• Expliquer un concept • Expliquer une pratique controversée	• Les reprises pronominales et nominales • La cause	• La psychologie (2) • L'appréciation • L'informatique		• La définition du métavers • Le métavers : avantages et dangers • 🪶 *Bug* d'Enki Bilal
LEÇON 24	Techniques pour… • animer et participer à une réunion • **la médiation** : faire un compte rendu de réunion				**Culture(s) vidéo** *La réalité virtuelle, c'est aussi ça !*

sommaire

UNITÉ 7 — À QUOI SERT L'ÉCOLE ?

	Savoir-faire / Savoir agir	Grammaire	Vocabulaire	Phonétique	Socioculturel
LEÇON 25 Décrire une manière d'apprendre	• S'interroger sur son profil d'apprentissage • Décrire un fait incertain	• Les doubles pronoms • Les propositions relatives (à l'indicatif ou au subjonctif)	• Les caractéristiques • L'apprentissage (1) • La pédagogie • Les aptitudes (1) • Les documents et objets pour apprendre • En classe • Les lieux (2)		• Robert Doisneau • Les profils d'apprentissage • L'école et la pédagogie
LEÇON 26 Commenter des inégalités	• Commenter un tableau statistique • Décrire un parcours scolaire	• L'accord du verbe avec les fractions et les pourcentages	• Le sport (1) • La société (1) • Les compétences • Les études • Les proportions • Les chiffres	• Le [ə] prononcé ou muet ?	• La scolarité • Les inégalités scolaires • Les grandes écoles • L'écrivaine Aya Cissoko
LEÇON 27 Parler d'un parcours atypique	• Expliquer une vocation • Raconter une expérience d'apprentissage	• Les accords particuliers du participe passé	• La mode (2) • Les spectacles • Les aptitudes (2) • L'apprentissage (2) • Les certifications • Les domaines **+ Registre familier**		• Le styliste Jean-Paul Gaultier • La validation des acquis de l'expérience (VAE) • Le Conservatoire des Arts et Métiers • 🖋 *Chagrin d'école* de Daniel Pennac
LEÇON 28	**Techniques pour...** • rédiger un article argumenté • **la médiation** : coopérer pour améliorer son texte				**Culture(s) vidéo** *Dix-huit kilomètres trois*

UNITÉ 8 — LE TRAVAIL A-T-IL LE MÊME SENS AUJOURD'HUI ?

	Savoir-faire / Savoir agir	Grammaire	Vocabulaire	Phonétique	Socioculturel
LEÇON 29 Expliquer des tendances professionnelles	• Parler de généralités • Parler de faits passés	• Les indéfinis • Le participe composé	• Le monde professionnel • Les anglicismes (1)		• Les anglicismes dans les professions • La semaine de quatre jours • Les attentes dans le monde professionnel selon les générations
LEÇON 30 Analyser la place du travail	• Exprimer la condition • Exprimer l'hypothèse • Organiser ses idées (3)	• La condition • L'hypothèse (2) • Les connecteurs pour organiser son discours (2)	• Le travail (1) • La loi • Les anglicismes (2)	• L'expressivité, le ton, l'humeur	• Le droit à la déconnexion, le télétravail et les « tracances » • Les partis politiques
LEÇON 31 Dévoiler des tabous professionnels	• Exprimer son opinion de façon implicite (1) • Exprimer l'hypothèse • Exprimer la cause	• Le gérondif **Style** L'expression implicite d'une opinion	• Le travail (2) • Les anglicismes (3) • La quantité		• La question du salaire en France • 🖋 *Les Correspondances* de Gustave Flaubert • Le syndrome d'imposture
LEÇON 32	**Techniques pour...** • réussir son entretien d'embauche • **la médiation** : expliquer une information professionnelle				**Culture(s) vidéo** *L'augmentation*

treize 13

Sommaire

UNITÉ 9 — PEUT-ON OUBLIER SON ÂGE ?

	Savoir-faire / Savoir agir	Grammaire	Vocabulaire	Phonétique	Socioculturel
LEÇON 33 Donner des explications	• Donner des précisions • Vulgariser des termes scientifiques	• La conséquence **Style** La métonymie (pour désigner une personne, une chose à partir d'une de ses caractéristiques)	• L'âge (2) • Le sport (2) • La santé (2) • La société (2)		• Les âges de la vie : rites et représentations • Le sport comme thérapie • Les maladies liées à l'âge
LEÇON 34 Contester des injonctions	• Parler de faits passés (2) • Exprimer son opinion de façon implicite (2)	• Le passé antérieur **Style** • La connotation • L'expression de l'ironie	• L'âge (3) • Les représentations	• La lecture à voix haute	• Le féminisme en France ✎ *Qui a peur des vieilles ?* de Marie Charrel • L'âgisme et le jeunisme
LEÇON 35 Défendre des convictions	• Exprimer une restriction • Dénoncer des représentations	• L'inversion du sujet dans la phrase énonciative • Le « ne » employé seul • La restriction	• L'âge (4) + Registre familier		• L'engagement dans la presse ✎ *Le Jeune Homme* d'Annie Ernaux • L'écart d'âge dans les relations amoureuses
LEÇON 36	**Techniques pour...** • rédiger un courrier des lecteurs • **la médiation** : dénoncer des clichés culturels				**Culture(s) vidéo** *Seniors : l'âge des possibles*

Le bonheur est-il utopique ?

UNITÉ 1

VOUS ALLEZ APPRENDRE À :
› donner une définition du bonheur
› analyser des idées reçues
› envisager le bonheur

VOUS ALLEZ UTILISER :

LEÇON 1
› les adjectifs verbaux
› la question avec inversion

LEÇON 2
› la négation

LEÇON 3
› les adverbes pour nuancer un propos
› le conditionnel présent (1)

TECHNIQUES POUR...
› présenter et recommander un film
› la médiation : se mettre d'accord

LANGUE & S'ENTRAÎNER

Style :
- L'accumulation et l'anaphore (pour insister sur une idée)
- La métaphore (pour imager une idée)

CULTURE(S) VIDÉO
Travail : faut-il un chef du bonheur ? 03

LEÇON 1 — Donner une définition du bonheur

COMPRENDRE

DOC. 1 🎧 002

1 Écoutez le micro-trottoir (Doc. 1).

  a. Quel est le thème ?

  b. Relevez les cinq questions posées aux passants.

  c. D'après eux, qu'est-ce qui rend heureux ?

  d. **À deux** Êtes-vous d'accord ? Échangez.

DOC. 2 🎧 003

2 Observez le site de l'émission et écoutez la chronique (Doc. 2).

  a. Qui est le chroniqueur ? Quel est son métier ?

  b. Quel est le but de sa chronique ?

  c. À quoi servent les citations ?

3 **À deux** Réécoutez la chronique (Doc. 2).

  a. Comment Christophe André caractérise-t-il le bonheur et le malheur ?

  b. Relevez les émotions agréables citées par le psychiatre.

  c. D'après vous, pourquoi en cite-t-il autant ? Comment appelle-t-on cette figure de style ? Choisissez.
  une métaphore • une accumulation • une répétition

  d. Classez les émotions citées en rapport avec : soi • les autres.

4 💬 **En petit groupe** Christophe André dit : « Pour qu'une chose soit intéressante, il faut la regarder longtemps, selon Flaubert. Notre regard sur nos ressentis positifs est-il aussi négligent que notre regard sur la nature ? » Qu'en pensez-vous ? Échangez.

5 **À deux** Observez les adjectifs dans les phrases de l'activité 4.

  a. Retrouvez le verbe correspondant à chaque adjectif.

  b. Que remarquez-vous (formes, accords) ?

  c. Lisez la transcription du Doc. 2 et relevez d'autres adjectifs de ce type (livret de transcriptions p. 2).

6 Lisez l'interview (Doc. 3).

  a. Présentez l'ouvrage auquel on fait référence.

  b. Résumez en une phrase l'objectif de cette interview.

7 **À deux** Relisez l'interview (Doc. 3).

  a. Complétez les deux catégories.
  1. Périodes historiques et événements : Antiquité, …
  2. Cultures : Grèce et Rome antiques, …

  b. Associez les caractéristiques suivantes à la période correspondante.
  bien terrestre • bien commun • quête individuelle • bonheur accessible dans l'au-delà

  c. Certaines caractéristiques correspondent-elles à la représentation du bonheur dans votre culture ? Échangez.

  d. Expliquez la phrase « la recherche du bonheur a été la matrice de l'avancée des droits sociaux ».

8 **À deux** Lisez les questions surlignées de la journaliste (Doc. 3).

  a. Quel est le registre de ces questions ? Choisissez.
  familier • courant • soutenu

  b. Repérez et expliquez les structures communes.
  Ex. : Nos ancêtres étaient-ils heureux ? → Inversion du sujet

  c. Reformulez ces questions dans un registre courant.

Le bonheur, histoire d'une quête universelle

SOCIÉTÉ – le 24/01/2022 par Marina Bellot

Nos ancêtres étaient-ils heureux ? En quoi la recherche du bonheur a-t-elle été la matrice de l'avancée des droits sociaux ? Dans un ouvrage collectif, plus de soixante chercheurs retracent l'Histoire mondiale du bonheur. [...]

En matière de bonheur, qu'ont en commun les traditions orientales et occidentales ?

[...] Les interrogations sont communes, notamment sur la gestion de la frustration, la manière de distinguer le plaisir, le bonheur et la tranquillité d'âme. C'est la définition la plus universelle du bonheur : l'installation d'une satisfaction durable dans un monde fait de vicissitudes[1].

Durant le Moyen Âge européen, comment expliquer que le bonheur ne soit qu'une promesse, inaccessible dans le présent ?

Le bonheur est au cœur des interrogations des philosophes de l'Antiquité, [...] de la Grèce à la Rome antique. Le plaisir, la tranquillité de l'âme, le bonheur étaient alors envisagés comme des biens terrestres.

Avec le long Moyen Âge, on a comme une sorte de parenthèse d'un bonheur accessible ici-bas. Pendant cette période, le bonheur est synonyme de quelque chose à attendre pour la vie d'après. [...] Il faut être vertueux ici-bas pour atteindre le bonheur dans l'au-delà.

Ceci dit, il ne faudrait pas caricaturer. Il y a aussi pendant cette période une notion de bonheur terrestre. Dans les textes de Thomas D'Aquin, par exemple, l'idée d'amitié est très forte : on est bien là dans l'idée d'un bonheur pour ici-bas. [...]

La Renaissance semble être l'âge d'or du bonheur. Quelle philosophie sous-tend alors l'idée du bonheur, et quelles sont les manières concrètes d'être heureux ?

À la période de la Renaissance, le bonheur redescend sur Terre. Les fêtes du XVIe siècle témoignent de ce bonheur renaissant, de la réhabilitation du goût, de la joie d'être ensemble…

La découverte des nouveaux mondes donne par ailleurs un aperçu de ce que pourrait être un bonheur plus immédiat, primaire, avec l'idée d'un paradis perdu qu'il faudrait retrouver. Peu à peu, on voit dans la quantité de textes écrits au XVIIe siècle cette interrogation du bonheur qui se pose à nouveau, de manière de plus en plus prégnante[2], non pas seulement pour une élite mais pour une catégorie de population de plus en plus large.

En quoi le bonheur a-t-il été l'un des moteurs des révolutions ?

La première révolution de 1776, la Révolution américaine, s'articule clairement autour de la recherche du bonheur. L'idée, c'est de partager le bonheur, d'en faire un bien commun, un moteur pour s'organiser.

On le retrouve chez les philosophes des Lumières, en particulier chez Rousseau, avec l'idée d'éducation. La Révolution française est très festive : le jour national, le 14 juillet, a d'abord été la commémoration de la fête de la Fédération. C'est peut-être la révolution la plus apurée[3] : il ne s'agit pas de la conquête d'une classe sociale sur une autre, mais de la conquête de la liberté pour tous.

Dans quelle mesure le bonheur a-t-il également été la matrice de l'avancée des droits sociaux ?

Sans un minimum d'organisation sociale, sans interdiction du travail des enfants, sans l'accès des femmes aux droits, sans la création de la Sécurité sociale, il n'y a pas de bonheur collectif possible. Et sans bonheur collectif, il n'y a pas de bonheur individuel.

On le retrouve dans la Révolution française, moteur des droits, puis dans l'installation de la République, et ensuite dans des révolutions plus exigeantes sur le plan de l'égalité.

Ensuite, avec les révolutions socialistes, on voit se dessiner les grandes ruptures idéologiques du XXe siècle, entre la liberté d'être heureux, et l'égalité avec l'idée que la liberté des uns prive tous les autres de leur bonheur… On a là deux visions opposées de la société et du bonheur.

Retronews - Le site de presse de la BnF

---

1 **vicissitudes** (n. pl.) : événements généralement malheureux qui se succèdent dans la vie ; 2 **prégnante** (adj.) : imposante ; 3 **apuré** (adj.) : juste, équitable

AGIR

9 Donnez une définition du bonheur.

a. **À deux** Échangez vos visions du bonheur avec votre binôme. Qu'avez-vous en commun ?
b. Rédigez votre définition du bonheur. Associez des exemples concrets à votre définition.
c. **En groupe** Partagez et améliorez vos textes.

Créez le groupe de la classe sur un réseau social. Postez vos définitions.

> Langue & S'entraîner p. 24-25

LEÇON 2 — Analyser des idées reçues

COMPRENDRE

Edgar Degas, *L'Absinthe*, 1875-1876

1 Observez le tableau d'Edgar Degas (Doc. 1).

a. Décrivez les personnes (visages, postures). Qu'expriment-ils ?

b. À votre avis, qui sont les personnes ? Imaginez ce qui vient de se passer. Échangez.

2 Écoutez les extraits de cinq chansons (Doc. 2).

a. Quel est le thème commun ?

b. Quelles émotions ressentez-vous à l'écoute de ces cinq chansons ?

c. Quelle chanson avez-vous envie d'écouter en entier ? Échangez.

3 En petit groupe Réécoutez les extraits (Doc. 2).

a. Associez le titre et l'interprète à chacune des chansons.

1. *La terre est ronde*, Orelsan
2. *Le premier bonheur du jour*, Françoise Hardy
3. *C'est que du bonheur*, Stromae
4. *Il n'y a pas d'amour heureux*, Georges Brassens
5. *Après le bonheur*, Miossec

b. Choisissez un extrait et expliquez son message. Partagez avec la classe.

c. Échangez sur les représentations du bonheur évoquées dans ces chansons.

d. Laquelle vous semble la plus proche du tableau de Degas (Doc. 1) ? Justifiez.

4 À deux Lisez la transcription du Doc. 2 (livret de transcriptions p. 2-3).

a. Identifiez : une anaphore (répétition de plusieurs mots en début de phrase), des rimes, une métaphore.

b. Quels effets produisent ces différentes figures de style ?

5 En petit groupe a. Parmi les visions du bonheur proposées dans ces chansons, laquelle partagez-vous ? Échangez.

b. Pour vous, à quoi le bonheur est-il associé ?

c. Avez-vous déjà ressenti l'obligation d'être heureux ? Racontez.

6 Lisez le titre de l'article (Doc. 3). Reformulez-le.

7 Lisez l'article (Doc. 3).

a. Entourez les bonnes réponses.
L'auteur **commente · constate · contredit · met en garde · témoigne**.

b. À deux *Vrai* ou *faux* ? Justifiez.

1. Le bonheur ne se trouve pas essentiellement dans le consumérisme.
2. Pour être heureux, il faut savoir vivre sans limites.
3. Les sociétés occidentales estiment que le bonheur se construit sans l'aide d'autrui.
4. On peut choisir d'être heureux ou pas.

Cessons de faire du bonheur l'objectif ultime de notre existence

Dirk De Wachter — 24 mars 2021 à 7 h 27

Si nous n'obtenons pas ce que nous voulons, nous sommes déçus. Nous avons toutes les peines du monde à encaisser les revers, ils nous rendent malheureux. Être juste un peu heureux ne suffit jamais à personne.

De toute éternité, le bonheur est le plus grand bien auquel on puisse aspirer. Nous courons tous après lui, pour nous et pour nos enfants, parfois jusqu'à l'obsession. « Ce qui compte, c'est que tu sois heureux ! » L'être et le rester, tel est l'objectif ultime de notre existence.

En outre, dans nos sociétés occidentales, nous croyons que chacun peut atteindre ce but par lui-même : nous sommes les acteurs de notre propre bonheur, nous en sommes convaincus. Notre monde est imprégné de l'idée que nous pouvons façonner nous-mêmes notre vie, et donc le bonheur qui va avec. Chacun est le gérant de sa propre start-up, de son ego autonome et volontaire. Tout se passe comme si nous voulions créer le paradis ici et maintenant. Il faut dire que nous n'avons **guère** le choix, puisque la plupart d'entre nous sont convaincus qu'**aucun** paradis **ne** les attend après cette vie terrestre.

Mais devons-nous coûte que coûte tous partir à l'aventure dans l'arrière-pays de Bornéo où **nul n'a** encore mis les pieds ? Est-il vrai qu'on a raté sa vie d'étudiant si on n'a jamais atterri au moins une fois aux urgences en état de coma éthylique ? On dit parfois qu'il faut croquer la vie à pleines dents. Pourquoi pas. Mais attention ! On peut s'étouffer avec le gâteau, ou faire une indigestion ! C'est pourquoi je pense qu'il est tout aussi valable de se contenter de petites bouchées. Inutile de vouloir à tout prix l'impossible. Il peut s'avérer problématique de vouloir vivre systématiquement dans l'excès. Le revers de la médaille est loin d'être rose. Dans mon cabinet, je reçois parfois des gens auréolés de succès, qui ont brûlé la chandelle par les deux bouts, convaincus qu'ils devaient tirer le maximum de l'existence. Ils sont assis devant moi et ne peuvent plus faire face. Rien ne peut plus les satisfaire, ils fondent en larmes. Dans ces moments-là, je me dis qu'une vie ordinaire, c'est bien aussi.

De nombreuses personnes sont très heureuses de leur mode de vie plus lent et plus sobre. Une attitude qui ne vaut pas moins qu'une autre. Elles n'éprouvent pas le besoin d'escalader l'Everest en passant par le versant le plus difficile ou de courir trois marathons d'affilée. J'admire celles et ceux qui en sont capables, et leur choix est respectable. Il n'existe aucune norme dans ce domaine. Mais abstenons-nous d'en faire une obligation.

De tout temps, les êtres humains ont voulu plus. Mais la société contemporaine a donné à cette philosophie du « toujours plus » un sens presque exclusivement consumériste. Nous sommes tous poussés à consommer, même les plus sceptiques d'entre nous tombent tôt ou tard dans le panneau. Le monde nous martèle que le bonheur est synonyme de réussite, qu'il peut être fabriqué et quantifié. Nous mesurons le bonheur à la profondeur de notre piscine ou à la taille de notre voiture. Les objets matériels doivent prendre de la place, les expériences coûter beaucoup d'argent.

Une situation financière stable est un facteur important de bonheur individuel, ce que l'on comprend aisément. Mais au-delà, il semble bien que l'argent ne fasse pas le bonheur, ou en tout cas de manière limitée.

LEÇON 2

8 À deux Relisez (Doc. 3).

a. Proposez un titre pour chaque partie.

b. Lisez les phrases. Qu'ont-elles en commun ?
1. Il faut dire que nous **n'**avons **guère** le choix.
2. **Aucun** paradis **ne** les attend après cette vie terrestre.
3. L'arrière-pays de Bornéo où **nul n'a** encore mis les pieds.

c. Associez les mots en gras (act. 8b) à leur signification.
personne • quantité zéro • pas beaucoup

d. Lisez ces phrases négatives. Quelle est la particularité de leur structure ?
1. Être juste un peu heureux ne suffit jamais à personne.
2. Rien ne peut plus les satisfaire.

9 À deux Relisez (Doc. 3).

a. Relevez les expressions qui correspondent aux définitions suivantes.
à n'importe quel prix • profiter pleinement de la vie • le côté négatif de quelque chose • vivre de manière trop intense • se mettre à pleurer beaucoup • tomber dans un piège

b. Traduisez les expressions mot à mot dans votre langue. Est-ce qu'elles signifient quelque chose ?

c. Existe-t-il des expressions équivalentes dans votre langue ?

AGIR

10 Analysez des idées reçues dans la publicité.

a. À deux Choisissez une publicité (vidéo ou image) qui représente, pour vous, une idée reçue (une opinion, une manière de faire, une caractéristique sur un groupe social…).

b. À deux Identifiez les images et les idées véhiculées et classez-les dans un tableau : rumeur, information non vérifiée, habitude…

c. En groupe Présentez votre analyse à la classe. D'après vous, pourquoi la publicité véhicule-t-elle autant d'idées reçues ? Comment les éviter ?

d. Répertoriez les idées reçues les plus citées. Échangez.

> Langue & S'entraîner p. 25-26

LEÇON 3 — Envisager le bonheur

COMPRENDRE

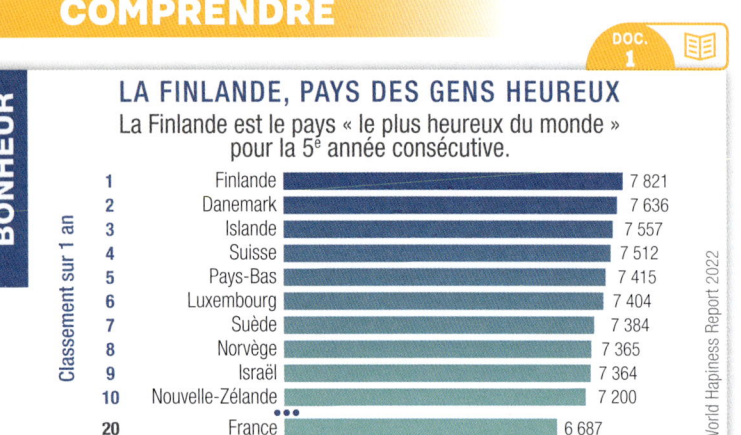

LA FINLANDE, PAYS DES GENS HEUREUX
La Finlande est le pays « le plus heureux du monde » pour la 5ᵉ année consécutive.

Classement sur 1 an :
1. Finlande — 7 821
2. Danemark — 7 636
3. Islande — 7 557
4. Suisse — 7 512
5. Pays-Bas — 7 415
6. Luxembourg — 7 404
7. Suède — 7 384
8. Norvège — 7 365
9. Israël — 7 364
10. Nouvelle-Zélande — 7 200
20. France — 6 687

World Hapiness Report 2022

1 Lisez le graphique (Doc. 1).

a. D'après vous, quels critères de classement ont été retenus ? *Échangez.*

b. Quel est le point commun entre les trois premiers pays ?

c. Comment expliquez-vous que la France n'arrive qu'en 20ᵉ position ? *Échangez.*

---

altitude — ACCUEIL · EXPÉS EN DIRECT · TOP 5 · BUSINESS · CULTURE · NATURE · SPORTS · FUN · PODCASTS

https://www.altitude.news/himalaya/2022/04/09/bonheur-national-brut-concept-venu-bhoutan-50-ans/

Le Bonheur National Brut, ce concept venu de l'Himalaya a 50 ans !
par Arnaud P. 9 avril 2022

C'est le Bhoutan qui a, dès 1972, mis en avant le concept de Bonheur National Brut. Un indicateur censé remplacer le Produit National Brut. C'était il y a 50 ans et il a été affiné en cours de route. Aujourd'hui, que se cache-t-il derrière cette invention venue des montagnes de l'Himalaya ? Réponse en 5 points clés.

1. Une boussole pour les décideurs
Le Bonheur National Brut n'est pas (que) un indicateur marketing. C'est un axe central de la politique de développement du pays. […]

2. Le Bonheur National Brut n'est pas subjectif
Le développement durable d'une nation passe également par la dimension économique. Une approche plus globale doit intégrer dans la notion de progrès des éléments non-économiques. Le Bonheur National Brut vise donc à mesurer ce développement des populations et de leur bien-être. Il n'est pas une compilation de ressentis subjectifs issus de sondages comme on peut en voir souvent : « les populations les plus heureuses sont… ». Le classement annuel World Happiness Report se base ainsi sur un sondage demandant aux répondants de mesurer leur bonheur sur un certain nombre de critères.

3. 33 critères évalués
L'indicateur se base sur 9 domaines précis. Le bien-être psychologique, la santé, l'éducation, la répartition du temps, la diversité culturelle et sa résilience, la bonne gouvernance, la vitalité de la communauté, la biodiversité et sa résilience, et le niveau de vie. Plusieurs points précis sont évalués (33) et les 9 domaines sont pondérés de manière équivalente. Pour chaque critère, les répondants ont une traduction concrète du sujet, des seuils vis-à-vis desquels se positionner sans ambiguïté. L'ensemble donne une note globale pour l'ensemble du pays mais identifie également des catégories de population en fonction de leur niveau de bonheur.

4. Une population largement heureuse
Prenons l'exemple du Bhoutan, où environ 10 % de la population entre dans la catégorie « non heureux » ou dans une terminologie plus récente « pas encore heureux ». 48 % sont « juste heureux », 32 % sont « considérablement heureux » et 8 % sont « profondément heureux ». Les différents projets entrepris par les autorités sont tous évalués à l'aune de leur impact sur le Bonheur National Brut. Ils sont supposés viser à augmenter le pourcentage de la population dans les catégories « les plus heureuses ». En moyenne, les populations urbaines se révèlent plus heureuses que les populations rurales. Idem pour les hommes *versus* les femmes.

5. Une définition adaptée au développement
Un questionnaire individuel vous permet de calculer votre Bonheur National Brut. On y apprend que, pour contribuer à son bonheur, la dimension spirituelle est importante. Ainsi méditer occasionnellement ou souvent fera de vous un être plus heureux. Si vous avez confiance en vos voisins, une famille compréhensive et que vous dormez suffisamment, vous devriez également être plus heureux. Certains aspects de l'indicateur rentrent dans des niveaux de détails très concrets et très liés au développement du pays. Comme la qualité de l'hébergement définie comme « un toit de qualité », « des toilettes » et des « pièces non surpeuplées ».

LEÇON 3

2 Lisez l'article (Doc. 2).

a. À quoi sert le « Bonheur National Brut » ?

b. Quel autre type d'indicateur remplace-t-il ?

3 À deux Relisez (Doc. 2).

a. Corrigez ces affirmations avec des phrases du texte.
1. Le concept de Bonheur National Brut est resté figé depuis 50 ans.
2. Le Bonheur National Brut est un indicateur subjectif du bonheur.
3. Vivre à la campagne rend plus heureux que de vivre en ville.
4. Il faut éviter de méditer pour trouver le bonheur.

b. Relevez les neuf domaines pour calculer le Bonheur National Brut.

c. Quels autres domaines pourrait-on également prendre en compte ? Présentez vos propositions à la classe.

4 À deux Relisez le paragraphe 4 (Doc. 2)

a. Selon l'auteur, la prise en compte du Bonheur National Brut au Bhoutan a-t-il un impact positif pour la société ? Justifiez.

b. Identifiez les informations statistiques. Quels mots permettent de les nuancer ? Comment les appelle-t-on ?

c. Repérez dans l'article cinq mots du même type.

d. Classez-les dans une des catégories suivantes.
Fréquence · Complément d'information · Intensité

5 💬 À deux Regardez la vidéo de Michala et répondez.

 Et chez vous, que fait-on pour être heureux ? Comment mesurez-vous le bonheur dans votre pays ? 01

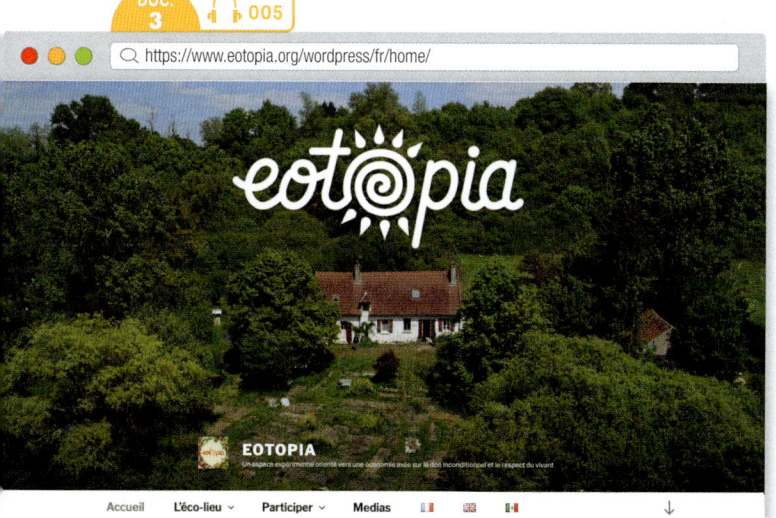

6 Observez la page d'accueil du site Eotopia (Doc. 3).

a. Quel autre mot cela vous évoque ? Que signifie-t-il ?

b. Décrivez la photo. D'après vous, quel est l'objet de ce site ?

7 Écoutez l'interview (Doc. 3).

a. Qui est la personne interrogée ?

b. Quel est son objectif ? Choisissez.
1. Proposer des aménagements urbains
2. Imaginer un village alternatif indépendant
3. Décrire une ancienne cité idéale

8 À deux Réécoutez (Doc. 3).

a. Répondez et justifiez.
1. Combien de personnes peuvent vivre dans la communauté ?
2. Les habitants souhaitent-ils se couper de la civilisation ?
3. Selon lui, à quoi ce projet peut-il être utile ?

b. Comment l'intervenant imagine-t-il la vie dans le village ? Complétez pour chaque rubrique.
Habitation · Nourriture · Argent · Activités

c. Identifiez le mode et le temps verbal utilisés pour décrire et imaginer le village. Justifiez.

d. Pensez-vous que le projet soit réalisable ? Aimeriez-vous y vivre ? Échangez.

AGIR

9 💬 En petit groupe Le bonheur est-il utopique ?

a. Parcourez l'unité 1. Quel(s) document(s) avez-vous trouvé(s) le(s) plus intéressant(s) ? Pourquoi ?

b. Répondez à la problématique. Dans les documents de l'unité, choisissez des arguments pour renforcer votre opinion.

c. D'après vous, quelles sont les causes principales qui peuvent nous empêcher d'être heureux ? Expliquez à la classe.

d. Réagissez aux explications des autres groupes. Échangez.

> Langue & S'entraîner p. 26-27

LEÇON 4

Techniques pour…

… présenter et recommander un film

ÉCOUTER

DOC. 1 006

https://www.arte.tv

arte Guide TV Direct Bientôt en ligne Arte concert

À venir

Les Demoiselles de Rochefort

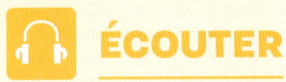

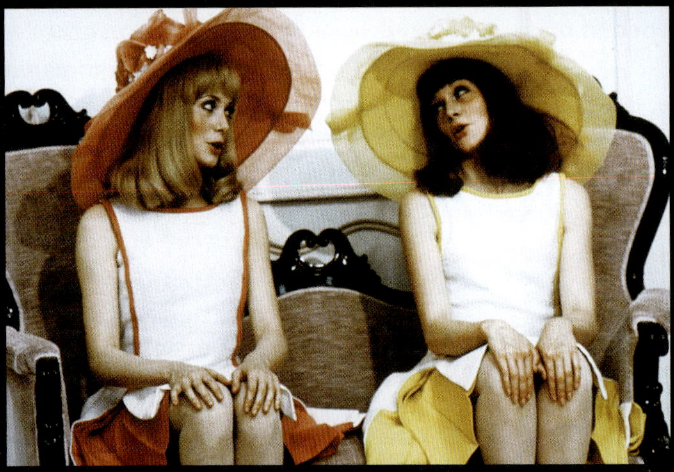

Bande-annonce Ajouter

Cinéma Films

Durée : 126 min
Genre : Comédie musicale
Disponible : Du 02/09/2023 au 02/09/2024

Delphine et Solange sont de ravissantes jumelles de 25 ans. Delphine, la blonde, donne des leçons de danse et Solange, la rousse, des cours de solfège.
Lire la suite…

1 [**Découverte**] **Écoutez le dialogue entre Charlotte et son amie Betty (Doc. 1).**

a. **Soulignez la bonne réponse.**
Charlotte **explique pourquoi elle aime le cinéma** • **recommande un film qu'elle aime** • **raconte le dernier film qu'elle a vu.**

b. **Notez l'année de sortie du film, les noms du réalisateur et des acteurs.**

c. **Relevez deux qualités du film.**

2 **À deux** [**Analyse**] **Réécoutez le dialogue (Doc. 1).**

a. **Mettez les éléments dans l'ordre de la conversation.**
synopsis • type de film, date, réalisateur • aspects techniques (son, images) • jeu des acteurs • comparaison avec un autre genre • appréciation personnelle

b. **Relevez une expression pour chaque élément.**
Ex. : Aspects techniques (son, images) → Chaque scène ressemble à un tableau.

c. **Qu'expriment ces phrases ?**
Vraiment, c'est un classique ! • C'est sensible, lumineux…

d. **Retrouvez dans la conversation d'autres formulations similaires.**

LEÇON 4

POUR présenter et recommander un film

■ **Décrire le type de film et donner la date**
C'est une comédie musicale [...] des années 60.

■ **Présenter le réalisateur**
C'est une comédie musicale de Jacques Demy.

■ **Parler du jeu des acteurs**
*Ces deux acteurs sont géniaux !
Catherine Deneuve est charmante. Elle est très convaincante. Elle arrive à passer de la fantaisie à la réalité avec naturel, ça a l'air très spontané.
Jacques Perrin joue très bien le marin romantique, qui attend l'amour. Son jeu est plus subtil.*

■ **Faire le synopsis**
C'est l'histoire de deux jumelles. Elles habitent Rochefort et rêvent de trouver le grand amour et d'aller à Paris. L'une veut être danseuse, l'autre veut être musicienne.

■ **Décrire les aspects techniques**
*L'atmosphère est très travaillée, les plans et les mouvements de la caméra sont fluides, il y a plein de couleurs.
La musique est de Michel Legrand.*

■ **Donner son appréciation personnelle**
*Vraiment, c'est un classique !
Chaque scène ressemble à un tableau.
C'est sensible, lumineux.
Franchement, c'est chouette !
C'est tellement gai !*

■ **Comparer avec un autre genre**
Le réalisateur fait plein de références aux comédies musicales américaines qu'il reprend avec beaucoup d'intelligence et d'humour.

PARLER **3** En petit groupe Présentez et recommandez un film.

a. Choisissez un film que vous avez vu dernièrement.

b. Notez les informations sur le film et rédigez un bref synopsis (sans dévoiler la fin).

c. Présentez le film à la classe à l'aide de vos notes. **Expliquez** pourquoi vous le recommandez.

... la médiation : se mettre d'accord

DOC. 2 007

4 Écoutez la conversation d'un groupe d'amis (Doc. 2).

a. Que font-ils ?

b. Quel est le problème ?

5 À deux Réécoutez la conversation (Doc. 2).

a. Comment Arnaud, Fabio et Hanae précisent ce qu'ils veulent voir ? Relevez un exemple pour chacun d'eux.

b. Complétez le programme ci-contre.

c. Aidez le groupe d'amis à se mettre d'accord en listant les préférences de chacun.

d. Relisez le programme et **choisissez** le film qui conviendra à tous. **Justifiez**.

La Traversée
1 h 45 | Comédie | …
De : Varante Soudjian
Avec : Alban Ivanov, Lucien Jean-Baptiste, Audrey Pirault
…

El buen patrón
2 h | … | Espagne
De : Fernando León de Aranoa
Avec : Javier Bardem, Manolo Solo, Almudena Amor
…

Buzz l'éclair
… | Aventure, …, Comédie | U.S.A.
De : Angus MacLane
Avec : Chris Evans, Keke Palmer, Peter Sohn
Le célèbre Ranger de l'espace tente de ramener son équipage de jouets d'une planète hostile.

Top Gun : Maverick
… | Action | U.S.A.
De : Joseph Kosinski
Avec : Tom Cruise, Miles Teller, Jennifer Connelly
…

Langue & S'entraîner

Leçon 1 — Grammaire

Les adjectifs verbaux
Pour caractériser un nom
- Ils sont formés à partir de verbes.

Formation : présent de l'indicatif avec nous + –ant ou –ent :
appauvrir → nous appauvrissons → appauvrissant • influer → nous influons → influent

- Ils s'accordent en genre et en nombre avec le nom qu'ils accompagnent.
une simplification appauvrissante • des révolutions exigeantes • un regard négligent

⚠ Pour les verbes se terminant par –**quer**, la base de l'adjectif verbal change : provoquer → provocant(e).

▶ PRÉCIS GRAMMATICAL P. 171

1. Complétez les phrases en remplaçant la proposition relative en italique par un adjectif verbal.

a. Quand on est stressé, on a souvent les mains *qui tremblent*, le cœur *qui bat*, la voix *qui hésite*. C'est un état *qui frustre*, *qui fatigue* et *qui agace* ; cela nous met souvent dans une situation *qui embarrasse* et *qui blesse* notre amour propre. C'est une émotion *qui afflige* !
→ Quand on est stressé, on a souvent les mains tremblantes, le cœur _____, la voix _____. C'est un état _____, _____ et _____ ; cela nous met souvent dans une situation _____ et _____ pour notre amour propre. C'est une émotion _____ !

b. Reconnaître les émotions agréables est une chose *qui enthousiasme* et *qui enrichit*. Être de bonne humeur, par exemple, ou éprouver de la sympathie sont des attitudes *qui stimulent*, *qui captivent*, *qui apaisent* et même *qui émeuvent*.
→ Reconnaître les émotions agréables est une chose _____ et _____. Être de bonne humeur, par exemple, ou éprouver de la sympathie sont des attitudes _____, _____, _____ et même _____.

La question avec inversion
Pour exprimer une interrogation à l'oral et à l'écrit dans un registre soutenu
Les mots interrogatifs se placent toujours au début de la phrase.

- **Inversion sujet-verbe → verbe-sujet**
– Quand le sujet est un pronom : **Êtes-vous** heureux ? **A-t-on** le droit au bonheur ? Pourquoi **a-t-elle pleuré** ?
– Quand le sujet est un nom et avec le mot interrogatif **que** : **Qu'ont** en commun les traditions orientales et occidentales ?

- **Inversion avec reprise du sujet :** nom sujet – verbe – il(s) / elle(s)
Le sujet est placé devant le verbe et repris par il(s) ou elle(s) après le verbe.
– quand la question est fermée (réponse avec oui ou non) : **Nos ancêtres** étaient-ils heureux ?
– quand la question commence par un mot interrogatif : Pourquoi **les gens** parlent-ils plus du malheur que du bonheur ? Quand **la notion de bonheur** s'est-elle imposée ?

▶ PRÉCIS GRAMMATICAL P. 172

2. Utilisez l'inversion sujet-verbe / verbe-sujet pour transformer les questions.
Ex. : Vous ressentez quoi quand vous mentez à quelqu'un ? → **Que** ressentez-vous quand vous mentez à quelqu'un ?
a. Vous avez trouvé la sérénité comment ?
b. Pourquoi nous nous sentons souvent malheureux ?
c. Qu'est-ce que vos amis font pour se relaxer ?
d. Est-ce qu'il ne faut pas vivre sans chercher à être heureux ?
e. Il n'y a pas plusieurs façons de trouver le bonheur ?
f. Est-ce qu'il existe un chemin unique pour accéder au bien-être ?

3. Utilisez l'inversion avec reprise du sujet pour transformer les questions.
Ex. : Est-ce que la réussite donne confiance ? → **La réussite** donne-t-**elle** la confiance ?
a. Comment les pensées négatives agissent sur le bien-être ?
b. En quoi les émotions désagréables ont un impact sur notre santé ?
c. Pourquoi est-ce que l'agressivité provoque un mal-être ?
d. Est-ce qu'une bonne respiration peut aider à se concentrer ?
e. Les vicissitudes de la vie rendent pessimistes ?
f. Pourquoi les philosophes ont toujours mentionné l'idée de paradis perdu ?

Langue & S'entraîner UNITÉ **1**

Style

L'accumulation
Pour insister sur une idée ou attirer l'attention (1)
Elle consiste à aligner plusieurs mots ou groupes de mots, en général de même nature grammaticale (noms, adjectifs…).
En voici une petite liste non exhaustive : joie, bonne humeur, amusement, plaisir, intérêt, enthousiasme, curiosité, confiance, sérénité…

Vocabulaire

🎧 008 **Les émotions (1)** les émotions positives : l'amusement (m.) • la bonne humeur • la concordance • l'enthousiasme (m.) • l'harmonie (f.) • la joie de vivre • la sérénité • la tranquillité de l'âme
les émotions négatives : la frustration • les vicissitudes (f.)

🎧 009 **Le développement personnel** l'élévation (f.) • l'estime (f.) • la fierté • la satisfaction • être vertueux

🎧 010 **Les relations sociales (1)** l'admiration (f.) • l'affection (f.) • l'amitié (f.) • l'appartenance (f.) • la gratitude (f.) • la reconnaissance • la sympathie

🎧 011 **Les qualités (1)** la curiosité • l'intérêt (m.)

Leçon 2 — Grammaire

La négation
Pour indiquer une quantité nulle ou faible

■ **Quantité nulle**
– **personne … ne / ne … personne**
Personne n'a trouvé le paradis terrestre.

❗ **nul … ne** en registre soutenu
Mais devons-nous coûte que coûte tous partir à l'aventure dans l'arrière-pays de Bornéo où nul n'a encore mis les pieds ?

– **rien … ne / ne … rien**
On ne désire rien d'autre que le bonheur.

– **ne … aucun(e)** (+ **nom**) / **aucun(e)** (+ **nom**) **ne** = pas un seul
La plupart d'entre nous sont convaincus qu'aucun paradis ne les attend après cette vie terrestre.

■ **Quantité faible**
Dans le registre soutenu, **ne … guère** = pas beaucoup, pas vraiment.
Il faut dire que nous n'avons guère le choix.
N.B. : On peut associer deux négations.
Être juste un peu heureux ne suffit jamais à personne.

❗ **ne… que** exprime la restriction.
Nous n'avons qu'à nous contenter de nos vies. = Nous avons seulement à nous contenter de nos vies.

▶ PRÉCIS GRAMMATICAL P. 173

4 Dites le contraire en remplaçant les mots en italique par une négation.
Ex. : *Tout le monde* aspire *toujours* à être malheureux. → Personne n'aspire jamais à être malheureux.
a. *Chacun* d'entre nous veut *tout* faire.
b. Il y a *encore quelqu'un* qui croit au paradis sur Terre.
c. *Chaque* personne est *toujours* totalement responsable de sa vie.
d. Cet homme parle *toujours* de *tout*.

Vocabulaire

🎧 012 **Les émotions (2)** les émotions négatives : déçu(e) • malheureux(euse)

🎧 013 **Les problèmes de santé** un coma éthylique • une indigestion • les urgences (f.) • s'étouffer

🎧 014 **Les échecs** un revers • rater

🎧 015 **Les qualités (2)** autonome • volontaire

Langue & S'entraîner

5 Dites si les phrases expriment des états positifs ou négatifs.

	🙂	🙁
Ex. : Il n'est pas souvent de mauvaise humeur.	✓	
a. L'enthousiasme est un des traits de son caractère.		
b. Elle vit de façon peu harmonieuse.		
c. Sa sérénité est perçue dans chacun de ses gestes et de ses mots.		
d. Il fait preuve d'une bonne estime de soi.		
e. On ne fait pas toujours preuve de générosité.		
f. Elles sont très vertueuses.		
g. Je ressens souvent un sentiment de malaise devant les autres.		

Style

L'anaphore pour insister sur une idée ou attirer l'attention (2)
Elle consiste à répéter le même mot ou la même expression.
Tu verras, c'est qu'du bonheur / Tu verras, c'est d'la joie / Les pleurs et les sautes d'humeur / Et puis tu défieras papa et puis tout l'reste / Tu verras, c'est qu'du bonheur

La métaphore pour imager une idée (1)
C'est le fait de désigner une chose, une personne à partir d'une expression imagée concrète.
On dit qu'il faut parfois croquer la vie à pleines dents. = profiter pleinement de la vie
Rien ne peut plus les satisfaire, ils fondent en larmes. = se mettre à beaucoup pleurer
Elles personnalisent la production et peuvent apporter un ton familier.

6 Associez chaque expression imagée à son sens littéral.

1. Avoir une patience d'ange
2. Avoir la banane
3. Recharger ses batteries
4. Ne pas faire de cadeau
5. Ne pas y aller par quatre chemins
6. Tenir le coup
7. Se faire des cheveux blancs
8. Avoir le cœur gros
9. Ne pas avoir de sang dans les veines

a. s'inquiéter
b. sourire
c. agir ou parler directement
d. résister
e. être triste
f. ne pas être courageux
g. récupérer de l'énergie
h. avoir beaucoup de patience
i. être très sévère, sans pitié

Leçon 3 — Grammaire

Les adverbes pour nuancer un propos

Pour indiquer la fréquence
Ainsi méditer **occasionnellement** ou **souvent** fera de vous un être plus heureux.

Pour nuancer l'intensité
48 % sont « **juste** heureux », 32 % sont « **considérablement** heureux » et 8 % sont « **profondément** heureux ».

Pour ajouter une information complémentaire
Le développement durable d'une nation passe **également** par la dimension économique. Une approche **plus** globale doit intégrer dans la notion de progrès des éléments non-économiques.

▶ PRÉCIS GRAMMATICAL P. 172

Langue & S'entraîner UNITÉ 1

7 Classez les adverbes de fréquence et d'intensité.

a. Entourez les adverbes équivalents à « occasionnellement » et soulignez les adverbes équivalents à « souvent ».
(de temps en temps) • exceptionnellement • habituellement • régulièrement • parfois • rarement

b. Classez les adjectifs selon le degré d'intensité : -, +, ++, +++ dans la phrase « Je suis ... satisfait de ma vie ».
considérablement (++) • extrêmement ____ • profondément ____ • vivement ____ • un peu ____ • sensiblement ____ • assez ____ • insuffisamment ____ • partiellement ____ • vraiment ____ • absolument ____

Le conditionnel présent (1)
Pour imaginer, décrire un projet incertain
Ce **serait** un lieu où il y **aurait** des habitations. Chaque groupe, chaque famille **aurait** une maison à elle ou **pourrait** partager une maison.

FORMATION, VALEURS ET EMPLOI DU CONDITIONNEL PRÉSENT ▶ PRÉCIS GRAMMATICAL P. 188

8 016 **Des personnes ont répondu à la question « Que serait pour vous un monde idéal ? ». Écoutez et complétez les réponses.**

Ex. : Tous les habitants vivraient en paix.
a. Les gens _____ les mêmes droits.
b. Personne ne _____ de faim.
c. Il n'y _____ pas de guerre.
d. On _____ tout ce qu'on veut.
e. Chacun _____ la loi.
f. Nous _____ le temps de faire les choses.
g. L'esprit de tolérance _____ .

9 Jérôme et Sylvie imaginent leur vie idéale. Retrouvez le texte original avec les verbes au conditionnel présent.

La vie, là, **est** facile, **est** simple. Toutes les obligations, tous les problèmes qu'implique la vie matérielle **trouvent** une solution naturelle [...]. Ils **décachettent** leur courrier, ils **ouvrent** les journaux. Ils **allument** une première cigarette. Ils **sortent**. Leur travail ne les **retient** que quelques heures, le matin. Ils se **retrouvent** pour déjeuner, d'un sandwich ou d'une grillade, selon leur humeur ; ils **prennent** un café à une terrasse, puis **rentrent** chez eux, à pied lentement [...]. Certains jours, ils **vont** à l'aventure. Nul projet ne leur **est** impossible. Ils ne **connaissent** pas la rancœur, ni l'amertume, ni l'envie. Car leurs moyens et leurs désirs **s'accordent** en tous points, en tout temps. Ils **appellent** cet équilibre bonheur et **savent** par leur liberté, par leur sagesse, par leur culture, le préserver, le découvrir à chaque instant de leur vie commune.

La vie, là, **serait** facile, _____ simple. Toutes les obligations, tous les problèmes qu'implique la vie matérielle _____ une solution naturelle [...]. Ils _____ leur courrier, ils _____ les journaux. Ils _____ une première cigarette. Ils _____ Leur travail ne les _____ que quelques heures, le matin. Ils se _____ pour déjeuner, d'un sandwich ou d'une grillade, selon leur humeur ; ils _____ un café à une terrasse, puis _____ chez eux, à pied lentement [...]. Certains jours, ils _____ à l'aventure. Nul projet ne leur _____ impossible. Ils ne _____ pas la rancœur, ni l'amertume, ni l'envie. Car leurs moyens et leurs désirs _____ en tous points, en tout temps. Ils _____ cet équilibre bonheur et _____ par leur liberté, par leur sagesse, par leur culture, le préserver, le découvrir à chaque instant de leur vie commune.

D'après *Les Choses*, Georges Perec, 1965

Vocabulaire

017 **L'alimentation (1)** la diète • un panier de légumes • un régime • végétalien(ne) • végétarien(ne)

018 **Les matières (1)** en paille • en terre crue

019 **L'économie** un don • un échange monétaire • le niveau de vie • le Produit Intérieur Brut • le Produit National Brut

020 **L'État (1)** une communauté • une commune • une gouvernance • une municipalité • une nation

021 **Les expérimentations** un cobaye • une expérience • un laboratoire

022 **Les sondages** un critère • un domaine • un indicateur • une population • un questionnaire • les répondants (m.) • un seuil • une terminologie • mesurer

Langue & S'entraîner

Phonétique

Les groupes rythmiques 🎧 023 ▶ 02

La parole est découpée **en groupes rythmiques**. Ce sont des groupes de mots **prononcés comme un seul mot phonétique**. Ils sont constitués de syllabes toutes régulières, sauf la dernière qui est plus longue. L'intonation monte ou descend sur cette dernière syllabe.

Écoutez l'extrait de la chronique de Christophe André p. 16, Doc. 2. Marquez les groupes rythmiques par « / » quand la voix monte et par « // » quand la voix descend.

Parce que le bonheur se savoure souvent sans qu'on ait besoin de mots, et que le malheur se décortique, on rumine, on ressasse, on gémit, on se plaint. Le second donne l'impression d'être plus riche et intéressant. Il est juste plus bavard ! Le bonheur est peut-être l'émotion la plus délicate à mettre en mots, et aussi à transmettre par les mots, lire un témoignage ou un récit de bonheur ne rend pas forcément heureux, et agace même parfois. C'est pour cela qu'on fait moins souvent de bonnes histoires, films ou romans, avec le bonheur, le malheur est plus captivant.

10 🎧 024 **À deux** Réécoutez avec le corrigé (livret de transcriptions p. 37). Répétez l'extrait en respectant le rythme, l'intonation et l'accentuation.

11 On peut découper un discours en groupes rythmiques de différentes manières. Lisez ces phrases de Christophe André, p. 16, Doc. 2.
   a. 1. Dès qu'on s'intéresse / à un sujet, / on en perçoit / la richesse, / la diversité / et la subtilité. /
      2. Dès qu'on s'intéresse à un sujet, / on en perçoit la richesse, / la diversité et la subtilité. /
   b. 1. Et mal savourer / les émotions agréables, / c'est priver notre bonheur / de ressources quotidiennes / inépuisables. /
      2. Et mal savourer les émotions agréables, / c'est priver notre bonheur / de ressources quotidiennes inépuisables. /

Culture(s) vidéo

Travail : faut-il un chef du bonheur ?

2 **À deux** Regardez la vidéo **avec le son**. ▶ 03
   a. **Expliquez** le sens de l'expression « métro, boulot, dodo ».
   b. Existe-t-il une expression équivalente dans votre pays ?
   c. Que suggère le spécialiste pour favoriser le bonheur au travail ? Que proposeriez-vous d'autre ? **Échangez**.
   d. De quelle personne interrogée vous sentez-vous le/la plus proche ?

 Regardez la vidéo **sans le son**. ▶ 03
   a. Combien y a-t-il de parties dans cette vidéo ? Donnez-leur un titre.
   b. À quoi associez-vous les images accélérées du début ? Décrivez les lieux et les personnes de la vidéo.

3 **En petit groupe** Existe-t-il des chefs du bonheur dans les entreprises de votre pays ? Pensez-vous qu'ils soient nécessaires au sein des entreprises ? **Échangez**.

Sommes-nous prisonniers de notre apparence ?

UNITÉ 2

VOUS ALLEZ APPRENDRE À :

› raconter une discrimination
› imaginer l'humain du futur
› parler de votre apparence

VOUS ALLEZ UTILISER :

LEÇON 5
› les marqueurs temporels (1)
› les temps du passé (imparfait, passé composé et plus-que-parfait)

LEÇON 6
› le futur simple et le futur antérieur
› le conditionnel (2)

LEÇON 7
› le subjonctif présent et passé
› l'opposition
› la concession

TECHNIQUES POUR…

› participer à une discussion
› **la médiation** : corriger une fausse information

LANGUE & S'ENTRAÎNER

CULTURE(S) VIDÉO

 06

Le TikTok de Mademoiselle Imanne

LEÇON 5 — Raconter une discrimination

COMPRENDRE

DOC. 1

Le Parisien
@LeParisien

Nous avons rencontré Sylvain, surnommé « Freaky Hoody », l'instituteur tatoué de la tête aux pieds qui dérange. « J'ai le droit de me tatouer, c'est mon corps, j'en fais ce que je veux. »

8:41 – 19 sept. 2020

♡ 612   💬 Répondre   ⤴ Copier le lien du tweet

1 Lisez le tweet du journal *Le Parisien* (Doc. 1).

  a. Décrivez la photo.

  b. Répondez.
  1. À votre avis, quelles sont les personnes que Sylvain dérange ? Son apparence peut-elle avoir une incidence sur son travail ? Pourquoi ?
  2. Que pensez-vous de son message ? **Échangez**.

2 Lisez l'interview (Doc. 2).

  a. Qu'apprend-on sur Sylvain ?

  b. Quel problème a-t-il rencontré ? Pourquoi ?

  c. Quel a été son sentiment face à la situation ? **Justifiez**.

3 **À deux** Relisez l'interview (Doc. 2).

  a. Complétez la frise chronologique du parcours de Sylvain.

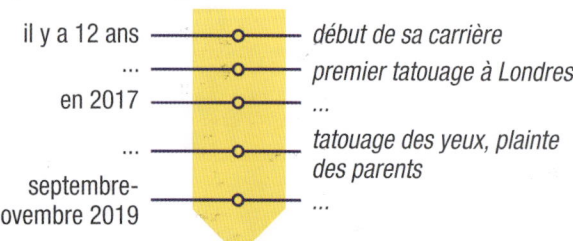

  - il y a 12 ans — début de sa carrière
  - … — premier tatouage à Londres
  - en 2017 — …
  - … — tatouage des yeux, plainte des parents
  - septembre-novembre 2019 — …

DOC. 2

🔴🟡🟢 ◀ ▶ 🔍 agentsdentretiens.com

AGENTS D'ENTRETIENS.COM
POUR BALAYER LES IDÉES REÇUES   ○ articles

NOUVEAUTÉS TENDANCES MUSIQUE SOCIÉTÉ GASTRONOMIE TOUS LES UNIVERS ⌄

Sylvain, délit de faciès

C'est à 27 ans que Sylvain se lance à corps perdu dans le tatouage et décide de faire de son corps […] un tableau vivant où la chair laisse bien vite place à l'encre. Aujourd'hui, âgé de 35 ans « Freaky Hoody » est l'un des hommes les plus tatoués
5 au monde. Problème pour ce professeur des écoles, certains parents d'élèves n'apprécient que peu cette apparence et les plaintes répétées lui interdisent désormais d'exercer auprès des maternelles dont il s'occupait avec une bienveillance reconnue de tous. Dans un pays républicain qui prône la
10 tolérance, on peut légitimement s'étonner que notre système éducatif ait décidé de pointer du doigt[1] un homme apprécié pour ses qualités professionnelles prétextant une apparence physique supposée en inadéquation avec son activité.

Lorsque tu as commencé à te tatouer, à 27 ans, ta démarche
15 **allait-elle au-delà du simple ornement corporel ?**
J'étais à cette époque à Londres pour travailler. […] Là-bas, en plus, les tatouages ne sont pas du tout perçus comme chez nous. En France, historiquement, les tatoués étaient souvent ceux qui étaient partis au bagne à Cayenne et revenaient
20 avec de l'encre sur le corps pour signifier qu'ils avaient été prisonniers. […]

Aujourd'hui, tu es sous les feux des projecteurs[2] car ton apparence physique t'interdit désormais d'enseigner auprès des maternelles. Tu peux nous expliquer le déroulement qui
25 **a conduit à cette décision ?**
Cela fait douze ans que j'enseigne et trois ans que je fais des remplacements courts entre une demi-journée et trois semaines. […] L'année dernière [en 2019], après que je m'étais fait tatouer les yeux en noir, je suis allé me présenter à la
30 directrice. Un élève m'aurait vu alors que je passais devant une classe et aurait eu peur. C'est ce que l'on m'a dit car je n'ai personnellement pas rencontré cet élève. Cet enfant aurait le soir même parlé de moi à ses parents et ces derniers ont écrit une lettre pour signifier leur mécontentement.
35 Il y avait déjà eu des lettres de plaintes concernant mon apparence physique mais j'avais jusqu'alors toujours été

  b. Relevez toutes les indications de temps (durée, moment, chronologie) du témoignage de Sylvain.

  c. Proposez une reformulation pour chacune des indications de temps. **Échangez**.
  Ex. : J'étais <u>à cette époque</u> à Londres… = à ce moment-là

  d. Listez les temps verbaux utilisés par Sylvain pour raconter son expérience. **Expliquez**.

LEÇON 5

4 💬 **En petit groupe** Regardez la vidéo d'Agustin et répondez.

 Et vous ? Que pensez-vous des tatouages ? Comment sont-ils considérés dans votre pays ? 04

5 Lisez le titre du reportage radiophonique (Doc. 3). Selon vous, quel est le sens de l'expression « contrôle au faciès » ?

6 Écoutez le reportage (Doc. 3).

a. Décrivez l'incident (lieu, contexte, personnes).

b. Repérez les informations sur Zakaria et Mamadou (origine, âge, situation professionnelle). Correspondent-elles à votre définition du contrôle au faciès (act. 5) ? Échangez.

○ vidéo   ○ podcast

soutenu par ma hiérarchie. La lettre des parents de cet élève était très véhémente. [...]
Pour la première fois, l'inspection m'a lâché et est immédiatement allée dans le sens des parents. J'ai été mis au placard³ pendant deux mois, de septembre à novembre 2019. [...] Le fait d'être pointé du doigt et laissé de côté sans pouvoir enseigner n'a pas été très facile à vivre. Le 7 novembre 2019, j'ai eu un entretien à la DSDEN (Direction des Services Départementaux de l'Éducation Nationale) à la suite de quoi il a été décidé que je ne remplacerais plus qu'en classes élémentaires du CP au CM2 [...].

Lorsque tu t'es lancé dans le tatouage alors que tu étais déjà professeur des écoles, tu ne t'es jamais dit que l'évolution de ton apparence physique allait, à terme, poser problème ?
Au moment où j'ai commencé à me faire tatouer, je n'ai égoïstement pensé qu'à moi ! Naïvement, je croyais qu'en 2020 l'apparence ne posait pas de problème particulier. En tant que fonctionnaire, j'avais une garantie de l'emploi et d'ailleurs, à l'entretien, je sentais bien que s'ils avaient pu se débarrasser de moi, ils l'auraient fait, mais cela leur était impossible.

La différence fait peur seulement quand on ne la connaît pas et que l'on ne tente pas de la comprendre !
Oui, c'est tout le principe de la xénophobie. On a peur de l'inconnu, de l'étranger. Sur Internet, comme je fais le buzz⁴ en ce moment, j'ai vu qu'il y avait à mon égard des références au diable, ce genre de trucs... Comment peut-on en être encore là ? Lorsque j'ai commencé à me faire tatouer, je n'étais pas dans une démarche où je souhaitais être le porte-parole de la tolérance. Si enseigner aux enfants peut leur permettre de moins s'attacher à l'apparence physique, il y aura je l'espère moins d'intolérance vis-à-vis de la différence. Aujourd'hui, si je peux aider à une certaine ouverture d'esprit⁵, alors j'en suis heureux.

1 être pointé du doigt (form. péjorative) : mettre en évidence ; 2 être sous le feu des projecteurs : être le centre d'intérêt ; 3 être mis au placard : être mis à l'écart ; 4 faire le buzz (fam.) : avoir un retentissement médiatique ; 5 une ouverture d'esprit : la tolérance

7 **À deux** Réécoutez le reportage (Doc. 3).

a. Prenez des notes sur les différentes étapes de cet événement.

b. Racontez l'événement. Utilisez les indications de temps relevées dans l'activité 3b.

8 💬 **En petit groupe** Existe-t-il des formes de discrimination au faciès dans votre pays ? À quoi sont-elles liées ? Échangez.

9 **À deux** Réécoutez le reportage (Doc. 3).

a. Relevez les termes du domaine de la justice. Classez-les dans les catégories suivantes.
citoyen • institution

b. Associez les expressions familières suivantes à leur équivalent en français courant.

a. tilter   1. être intelligent
b. mettre la rage   2. comprendre
c. en avoir dans la tête 3. mettre en colère

c. Connaissez-vous d'autres expressions familières ? Échangez avec la classe.

AGIR

10 ✏️ 💬 Racontez une situation de discrimination dans un reportage radio.

a. **À deux** Choisissez une situation de discrimination (physique, genre...).

b. Prenez des notes sur le contexte, le problème rencontré et les conséquences de cette discrimination.

c. Enregistrez votre reportage.

d. **En groupe** Partagez votre reportage avec la classe.

e. **En groupe** Lequel vous a le plus surpris ? Échangez.

> Langue & S'entraîner p. 38-39

DOC. 3 🎧 025
www.streetpress.com
STREET PRESS
Contrôle au faciès : ils ont gagné contre l'État
▶ ÉCOUTER

trente et un 31

LEÇON 6 : Imaginer l'humain du futur

COMPRENDRE

DOC. 1

L'évolution de nos visages d'après Alan Kwan

Aujourd'hui

Selon le travail du docteur Alan Kwan, expert en génomique de l'université de Washington et de l'artiste Nickolay Lamm.

Ce à quoi nous pourrions ressembler d'ici 100 000 ans

Le *Huffingtonpost*, © Nickolay Lamm

1 Observez les photos de Nickolay Lamm (Doc. 1).

a. Comparez-les.

b. À votre avis, quelles sont les causes de ce changement physique ? Échangez.

DOC. 2 — 026

www.francebleu.fr

ici — Toute la France — Changer
Infos • Sports • Culture • Vie quotidienne — bleu Écouter la radio

L'homme du futur ? Plus grand, moins poilu et avec la grosse tête[1]

▶ Écouter

On n'arrête pas l'Histoire…
Le week-end à 13 h 30 et toute la semaine sur francebleu.fr
Par **Atelier de création Provence Alpes Méditerranée, Jérôme Prod'homme**
France Bleu

Mercredi 10 mars 2021 à 11 h 30

Jérôme est arrivé avec plusieurs photos d'êtres humains, à mon avis, il a un truc à nous dire concernant le physique… On va bien voir…

[1] avoir la grosse tête : être prétentieux (jeu de mots ici)

2 Lisez la page de France Bleu (Doc. 2). Repérez le nom de l'émission. Comment l'interprétez-vous ?

3 Écoutez l'émission (Doc. 2). De quel type d'émission s'agit-il ? Vérifiez vos hypothèses (act. 2).

4 À deux Réécoutez l'émission (Doc. 2).

a. Répondez.

1. Combien d'années nous séparent des Australopithèques ?
2. Quelle était leur apparence ?
3. Comment les chercheurs expliquent-ils les variations de taille ?

b. Relevez les évolutions futures. Quels temps verbaux sont utilisés pour les présenter ? Justifiez.

c. Quel est le ton employé à plusieurs moments de l'émission ? Expliquez.

dramatique • académique • humoristique

5 En petit groupe a. Trouvez-vous ces évolutions physiques réalistes ?

b. Imaginez d'autres évolutions du corps. Donnez les raisons de ces évolutions. Échangez.

6 Observez la photo de l'article (Doc. 3).

a. Décrivez la situation.

b. Lisez le titre de l'article et reformulez-le.

7 Lisez l'article de France Info (Doc. 3).

a. Quelle est l'intention du journaliste ? Choisissez.

1. Faire des prévisions et mettre en garde contre les dérives possibles de la technologie.
2. Décrire les échecs technologiques du passé et rassurer sur l'avenir.
3. Décrire négativement le présent et prendre parti contre l'utilisation des technologies dans le futur.

b. Identifiez les deux parties et proposez un intertitre. Comparez vos réponses avec celles de la classe.

8 À deux Relisez l'article (Doc. 3).

a. Relevez les technologies associées aux parties du corps suivantes.

cerveau • main • yeux • oreilles • bras • genou • nerf • squelette

LEÇON 6

DOC. 3

franceinfo:

Nouveau monde. L'homme réparé du futur : ces technologies au service des malades

Dans le futur, les personnes privées d'une main, d'un bras ou d'une jambe pourront les remplacer par des prothèses intelligentes aussi facilement que l'on se fait faire une paire de lunettes. En vingt ans, les prothèses médicales ont fait des progrès phénoménaux. On est passé des prothèses mécaniques aux prothèses bioniques, réellement en symbiose avec le corps. Grâce à des mini-moteurs électriques, des capteurs de vitesse ou de charge, des microprocesseurs et des algorithmes d'apprentissage des mouvements humains sans oublier des électrodes connectées directement sur les nerfs, les jambes et les avant-bras robotiques permettent de réaliser des prouesses.

Des genoux bioniques permettent de monter les escaliers avec une démarche quasi normale. Des prothèses oculaires et auditives permettront demain de redonner la vue et l'audition aux aveugles et aux sourds.

Dans le futur, on pourra aussi se faire greffer un organe interne, tel qu'un cœur ou un foie ; non pas une simple prothèse mécanique mais un organe vivant imprimé en 3D grâce à des cellules souches. Cependant, tout cela ne manquera pas de poser des questions éthiques. Certains voudront utiliser ces technologies pour améliorer leurs performances. Comment fixer la frontière entre l'homme réparé et l'homme augmenté ? C'est la promesse du transhumanisme. Il n'y a qu'un pas entre l'exosquelette qui redonne la marche à un tétraplégique et un exosquelette qui transforme un soldat en surhomme capable de courir des heures sans se fatiguer et de porter trois fois son poids.

C'est déjà le cas avec les pilotes de chasse qui se font opérer des yeux pour améliorer leur acuité visuelle. Dans le futur, les sportifs dotés de prothèses seront sans doute bien plus performants que les autres. Idem pour les professionnels qui, par exemple, utiliseront des outils directement connectés à leurs cerveaux grâce à des implants cérébraux. Par exemple, un bras tournevis. Ceux qui n'auront pas accès à ces technologies, notamment pour des raisons financières, seront pénalisés. Toutes ces choses qui nous paraissent inacceptables aujourd'hui pourraient bien nous sembler tout à fait normales demain. *Reste à savoir quels progrès nous déciderons de mettre en place une fois que ces différentes technologies auront intégré notre quotidien.*

b. Classez les innovations médicales de la plus probable à la plus surprenante. **Échangez**.

c. Repérez les innovations qui ont permis aux prothèses d'être en harmonie totale avec le corps.

9 **À deux** Lisez la phrase en italique (Doc. 3).

a. À quel moment les progrès pourront-ils être mis en place ?

b. Quelle est la chronologie de ces deux actions ?

c. Identifiez les deux temps verbaux employés. Justifiez leur utilisation.

AGIR

10 Imaginez l'humain du futur.

a. **À deux** À l'aide des documents et de votre imagination, décrivez l'humain du futur. **Échangez**.

b. Dessinez-le.

c. Légendez le dessin avec les évolutions physiques et technologiques. Notez les aspects positifs et négatifs de ces évolutions.

d. **En groupe** **Présentez** et **expliquez** votre dessin à la classe.

e. **En groupe** **Choisissez** la représentation la plus crédible.

Postez votre dessin légendé sur le groupe de la classe et **échangez**.

> **Langue & S'entraîner** > p. 39-40

Leçon 7 — Parler de son apparence

COMPRENDRE

DOC. 1

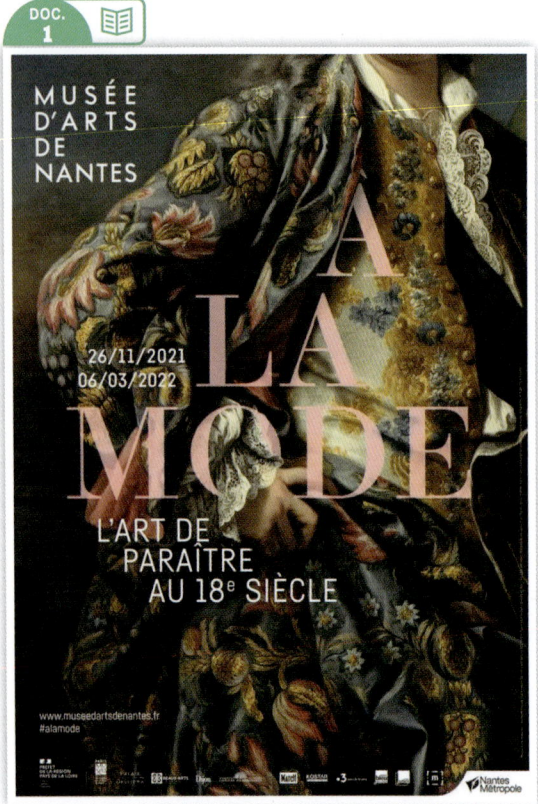

MUSÉE D'ARTS DE NANTES

À LA MODE
L'ART DE PARAÎTRE AU 18ᵉ SIÈCLE

26/11/2021 – 06/03/2022

www.museedartsdenantes.fr
#alamode

1 Observez l'affiche (Doc. 1).

a. Identifiez le titre de l'exposition, le sous-titre, le lieu et les dates.

b. Répondez.
1. Qui est représenté sur l'affiche ?
2. Nommez les vêtements, les motifs et les couleurs.

c. Les codes vestimentaires ont-ils beaucoup évolué depuis cette époque ? Expliquez.

d. À deux Comparez avec l'évolution des codes vestimentaires dans votre culture et échangez.

2 Lisez l'interview (Doc. 2).

a. Quel est le thème ?

b. Qui est la personne interviewée ? À quelle occasion ?

c. Décrivez sa tenue. Vous semble-t-elle habituelle pour une actrice ? Expliquez.

DOC. 2

marie claire

Adèle Exarchopoulos : « Tout est politique dans le vêtement. »

À l'occasion de la sortie du film Rien à foutre[1], *où elle joue le rôle principal, Adèle Exarchopoulos se livre sur son rapport à la mode.*
Rencontre avec une actrice qui passionne le luxe français.

5 Qu'elle incarne Cassandre, hôtesse de l'air sur vols low cost dans son nouveau film *Rien à foutre* ou Soraya la conquérante dans la série comique *La Flamme*, l'actrice jubile à brouiller les pistes et à questionner les « convenances ». Il en va ainsi avec elle en matière de mode : égérie de grands noms du luxe, proche du
10 créateur Julien Dossena, cette fille d'infirmière qui a grandi en rêvant aux icônes pop de sa génération n'aime rien tant que bousculer les idées reçues. Elle a quelque chose d'une star du hip-hop en goguette[2].

Quand Adèle Exarchopoulos arrive à notre rendez-vous, sur
15 la terrasse chauffée d'un café anonyme du boulevard Saint-Germain, elle porte une large doudoune, un jogging et des baskets, tout cela de luxe et blanc cassé, ainsi qu'un grand sac de courses Hermès, de ceux qu'arborent au coude les touristes fortunés pour transbahuter leurs achats.

20 « Mais si tu crois qu'il y a du Hermès là-dedans, tu te trompes ! » nous lance-t-elle goguenarde[3], nous qui imaginions, c'est vrai, qu'elle venait de craquer pour un Birkin XXL [un sac de luxe].

De ce sac en papier orange, elle extrait alors quelques vieux tupperwares et des poignées de colliers de bonbons, cette
25 friandise hyper chimique qui lui rappelle son enfance. Voilà qui résume bien la relation décomplexée, distanciée, spontanée, rigolarde, que l'actrice entretient avec la mode. À se jouer du « bon » et du « mauvais » goût, du haut et du bas de gamme, des codes masculins et féminins, en experte.

30 « Tout est politique dans le vêtement : ce que tu fais de la mode, comment tu en joues, ce qu'elle montre de toi aux autres, qui conçoit ce que tu portes, c'est politique et tant mieux. »

Être ambassadrice Fendi, politiquement, cela dit quoi de vous par exemple ?

35 « Que je ne suis pas réduite à un portant : les gens de Fendi me laissent réfléchir à la façon dont j'ai envie de porter les pièces et font appel à ma créativité.

Ce que j'aime chez Fendi, c'est qu'à leurs défilés, il y a des mannequins plus-size : je trouve ça fou et triste qu'en 2022, il y
40 ait encore tant de marques pour qui ce n'est toujours pas le cas et qu'on n'ait encore rien décidé pour faire évoluer les choses. »

1 rien à foutre (vulgaire) : en avoir rien à faire ; 2 en goguette : de passage ; 3 goguenard(e) : moqueur(euse)

LEÇON 7

3 À deux Relisez l'interview (Doc. 2).

a. D'après Adèle Exarchopoulos, « Tout est politique dans le vêtement. » Quels exemples donne-t-elle pour argumenter ses propos ?

b. Pourquoi a-t-elle choisi de représenter la maison de prêt-à-porter Fendi ?

c. Relevez les mots et expressions liés au domaine de la mode.

DOC. 3 🎧 027

4 Écoutez la chronique (Doc. 3).

a. De quoi parle-t-elle ?

b. En petit groupe Proposez un autre titre à cette chronique. Échangez.

5 Réécoutez la chronique (Doc. 3).

a. Décrivez le jogging (forme, matière…).

b. Comparez l'usage d'origine de ce vêtement avec son usage actuel. Quel paradoxe exprime la journaliste ?

c. À deux Relevez les procédés pour exprimer le paradoxe.
Ex. : Cet habit mal-aimé, moqué et **pourtant** ultra-plébiscité.

d. Connaissez-vous d'autres expressions pour exprimer un paradoxe ou une opposition ?

6 À deux Lisez la dernière phrase de la chronique.

« Qu'on est bien dans son jogg, <u>dommage qu'il faille</u> bientôt se rhabiller et redevenir quelqu'un aux yeux du monde. »

a. Pourquoi résume-t-elle parfaitement la chronique ?

b. Lisez la phrase surlignée dans le document 2. Qu'exprime-t-elle ?

c. Quel est le mode utilisé dans les deux phrases ? Quels sont les temps verbaux employés ? Justifiez.

d. Reformulez les deux phrases avec d'autres expressions du regret.

7 En petit groupe Avez-vous un vêtement que vous affectionnez particulièrement ? Expliquez ce qu'il représente pour vous. Échangez.

DOC. 4

Un jour, je suis allé dans un grand magasin de vêtements et j'y ai acheté des habits et des chaussures. Je voulais me débarrasser de mes vêtements de sport, de mes vêtements de jogging, et acheter des jeans, des
5   polos, des chemises, compatibles avec ma nouvelle façon de rire et de parler, un long manteau noir qui m'arrivait jusqu'aux genoux, des chaussures que dans notre famille on appelait des chaussures de ville, noires, à talonnettes, qui avaient l'apparence du daim.
10   J'avais une nouvelle voix, sans accent — du moins c'est ce que je croyais — un nouveau rire, une nouvelle apparence. Je contemplais mon reflet dans le miroir et je pensais : tu es quelqu'un d'autre. Elena participait à ma transformation, elle m'avait appris à faire des nœuds
15   de cravate, les nœuds Windsor, qu'elle trouvait les plus beaux, et je les portais pour aller au lycée. Le soir où Nadya m'a vu avec une cravate, elle a presque sursauté : eh bien Eddy, vous vous embourgeoisez. Elle ne savait pas que c'était la plus belle phrase qu'elle aurait pu me
20   dire, et les jours d'après, je me la suis répétée jusqu'à la folie.

Changer : Méthode, Édouard Louis, © Éditions du Seuil, 2021

8 Lisez l'extrait de *Changer : Méthode* (Doc. 4).

a. À quoi Édouard Louis associe-t-il les vêtements ? Comparez avec la chronique (Doc. 3).

b. Pourquoi Édouard Louis veut-il changer de vêtements ?

c. Pensez-vous que ce soit possible ? Échangez.

AGIR

9 En petit groupe Sommes-nous prisonniers de notre apparence ?

a. Parcourez l'unité 2. Quel(s) document(s) avez-vous trouvé le(s) plus intéressant(s) ? Pourquoi ? Échangez.

b. Trouvez des exemples où l'apparence est : contraignante • libératrice.

c. Quel document correspond le mieux à votre relation à l'apparence ? Justifiez.

d. Pensez-vous maîtriser votre apparence ? Échangez.

> Langue & S'entraîner   p. 40-41

Techniques pour...

...participer à une discussion

🎧 ÉCOUTER

DOC. 1 🎧 028

1 [Découverte] Écoutez les quatre extraits de la discussion (Doc. 1).

a. Quel est le thème ?

b. Quel est le point de vue de chaque intervenant ?

2 À deux Réécoutez les quatre extraits de la discussion (Doc. 1).

a. Associez chaque expression à un intervenant (Isabelle, Amina, Gérard).

1. … tu peux nous donner un exemple ?
2. Il m'est arrivé, il y a quelques années…
3. Oui, oui, je comprends que… Mais même si…
4. Je regrette, mais…
5. Autrement dit…
6. Alors, oui, je suis assez d'accord…
7. Certes…
8. Attends, attends, je te coupe.
9. Heu… l'apparence est… comment dirais-je… heu…
10. C'est dingue !

b. Quelle est l'attitude d'Isabelle, d'Amina et de Gérard ?

3 À deux [Analyse] Réécoutez les quatre extraits de la discussion (Doc. 1).

a. Associez ces actions aux expressions de l'activité 2a.

1. Exprimer son accord
2. Admettre
3. Interrompre quelqu'un
4. Exprimer son désaccord
5. Nuancer un propos
6. Demander des précisions
7. Hésiter
8. Reformuler, préciser
9. Partager son expérience
10. Exprimer un sentiment

b. Quelles autres expressions pourrait-on utiliser ? Échangez.

💬 PARLER

4 En petit groupe Participez à une discussion sur l'uniforme à l'école.

a. Cherchez des arguments pour et contre.

b. Listez les expressions que vous utiliserez.

c. Formez deux groupes : l'un pour l'uniforme, l'autre contre.

d. Défendez votre position lors de la discussion.

LEÇON 8

POUR participer à une discussion

- **Exprimer son accord**
  Absolument !
  Et voilà !
  Hum hum.
  Alors, oui, je suis assez d'accord…

- **Exprimer son désaccord**
  Je ne suis pas d'accord. Ça ne devrait pas…
  Contrairement à ce que tu dis, Gérard…
  Je regrette mais…

- **Admettre**
  Oui, oui, je comprends que… mais…
  Certes…

- **Nuancer un propos**
  En principe, c'est illégal.
  Dans certains cas, l'apparence compte.

- **Demander des précisions**
  Pour toi, c'est du sexisme ?
  Gérard, tu peux nous donner un exemple ?

- **Reformuler, préciser**
  Autrement dit…
  C'est-à-dire…
  Et en plus…

- **Hésiter**
  Heu… l'apparence est… comment dirais-je… heu…

- **Partager son expérience**
  Eh bien, il m'est arrivé il y a quelques années une histoire intéressante.
  J'ai pu constater que…

- **Exprimer un sentiment**
  Ce n'est jamais acceptable !
  C'est insupportable que…
  C'est, hélas, inconscient.
  C'est dingue !
  C'est vraiment dommage que…
  Ça m'attriste énormément.

- **Interrompre quelqu'un**
  Attends, attends, je te coupe.

… la médiation : corriger une fausse information

DOC. 2

WayneBarnes
@WayneBarnes

Oooh… la discrimination ! 😕 Les entreprises françaises n'ont pas le droit d'embaucher de jolies femmes. Et c'est la loi ! 🤐
Tout va bien en France ! 😐
#cafaitdebat #television #discrimination
@cafaitdebatlemission

DOC. 3

www.legifrance.gouv.fr

CODE DU TRAVAIL

Tout salarié, tout candidat à un emploi, un stage ou une période de formation en entreprise est protégé par la loi contre les discriminations à l'embauche et au travail. Le Code du travail (art. L.1132-1) interdit toute distinction entre salariés fondée notamment sur : l'origine ; le sexe ; les mœurs ; l'orientation ; l'identité sexuelle ; l'âge ; la situation de famille ; la grossesse ; les caractéristiques génétiques ; l'appartenance ou la non-appartenance, vraie ou supposée, à une ethnie, une nation ou une race ; les opinions politiques ; les activités syndicales ou mutualistes ; les convictions religieuses ; l'apparence physique ; le nom de famille ; le lieu de résidence ; l'état de santé ; le handicap.

5 Wayne, étudiant australien, a regardé une émission sur la discrimination. Surpris, il tweete le soir même. Lisez le tweet (Doc. 2).

a. Quel est le domaine de la discrimination mentionnée par Wayne ?

b. À deux Pensez-vous que ce qu'il dit est vrai ? Échangez.

6 À deux Lisez l'extrait du Code du travail (Doc. 3). Relevez les informations qui contredisent le tweet de Wayne.

7 À deux Rédigez un commentaire au tweet de Wayne pour corriger ses erreurs. Vous pouvez choisir parmi les formules suivantes.

Je ne crois pas que… • *C'est plutôt…* • *Ce n'est pas… c'est…* • *En France, on n'a pas le droit de…*

Leçon 5 — Grammaire

Les marqueurs temporels (1)

Pour indiquer la durée
pendant + durée / cela fait + durée + que
de + date + à + date / entre + date + et + date
J'ai été mis au placard pendant deux mois, de septembre à novembre 2019.

Pour indiquer le moment
à + âge / en + année / le + date / aujourd'hui / en ce moment / à cette époque / l'année dernière / désormais
J'étais à cette époque à Londres pour travailler.

Pour indiquer une relation temporelle entre deux actions

■ L'antériorité
jusqu'alors + phrase / jusqu'à + nom
Il y avait déjà eu des plaintes [...], mais j'avais jusqu'alors toujours été soutenu par ma hiérarchie.

■ La simultanéité
– lorsque / quand / au moment où + indicatif
Au moment où j'ai commencé à me faire tatouer, je n'ai égoïstement pensé qu'à moi !
– alors que / pendant que + indicatif
Tu t'es lancé dans le tatouage alors que tu étais déjà professeur des écoles.

■ La postériorité
– à la suite de + nom ou pronom
J'ai eu un entretien [...] à la suite de quoi il a été décidé que je ne remplacerais plus qu'en classes élémentaires.
– après que / aussitôt que + indicatif
Aussitôt que j'ai commencé à me faire tatouer, certains parents m'ont regardé bizarrement.
– immédiatement
L'inspection m'a lâchée et immédiatement est allée dans le sens des parents.

LES MARQUEURS TEMPORELS ▶ PRÉCIS GRAMMATICAL P. 178-179

1 Complétez avec un mot de la liste.
à • pendant • l'après-midi même • jusqu' • désormais • à cette époque • à la suite de quoi • entre... et • cela fait... que • il y a

a. **Pendant** mon enfance et .... à l'adolescence, j'étais de corpulence normale.
b. J'ai commencé à grossir .... 15 .... 17 ans.
c. ...., je n'étais pas rejeté par les autres.
d. .... 20 ans, je pesais 100 kilos.
e. .... 5 ans, j'ai postulé à un emploi de vendeur.
f. La directrice m'a reçu le matin et ...., j'ai reçu une réponse négative.
g. .... 5 ans maintenant .... je cherche du travail sans succès.
h. ...., je me bats dans une association contre les discriminations liées à l'apparence.
i. Je suis passé à la télé .... le ministre m'a invité à le rencontrer.

Les temps du passé

Pour faire un récit

■ **L'imparfait**
– pour décrire les circonstances d'un événement ou d'un fait ponctuel
C'était ma nouvelle passion et j'étais bien décidé à m'y consacrer à fond.
– pour faire une description ou raconter des habitudes
En France, historiquement, les tatoués étaient souvent ceux qui étaient partis au bagne à Cayenne.

■ **Le passé composé** pour exprimer des actions ponctuelles ou une succession d'actions qui font avancer le récit.
Pour la première fois, l'inspection m'a lâché et est allée immédiatement dans le sens des parents.

■ **Le plus-que-parfait** pour exprimer une action passée antérieure à une autre action passée.
Il y avait déjà eu des lettres de plaintes mais j'avais jusqu'alors toujours été soutenu par ma hiérarchie.

FORMATION DES TEMPS ET ACCORDS DU PARTICIPE PASSÉ ▶ PRÉCIS GRAMMATICAL P. 186-187

Langue & S'entraîner UNITÉ **2**

2 Conjuguez les verbes au passé composé, à l'imparfait ou au plus-que-parfait.

Depuis mon enfance, j'<u>ai été cataloguée</u> (être cataloguée) comme fille originale. C'est vrai que petite, je _____ (s'habiller) toujours avec des vêtements colorés et je _____ (sortir) souvent avec des déguisements que j'_____ (fabriquer). Adolescente, chaque mois, je _____ (se teindre) les cheveux de différentes couleurs. Les passants me _____ (regarder) bizarrement et certains _____ (se moquer) de moi. Mes parents et mes amis _____ (essayer) de me parler mais j'_____ (être) têtue ! Quand je _____ (devenir) adulte, je _____ (s'apercevoir) que je ne _____ (pouvoir) plus me permettre une telle originalité et porter certains vêtements que j'_____ (acheter). Cela fait deux ans que je travaille dans une banque et j'_____ (être souvent convoquée) à cause de mes tenues, mes collègues m'_____ (alerter) sur les risques. Bref, j'_____ (vivre) quelques expériences désagréables et j'_____ (décider) d'être plus discrète, mais au travail seulement !

Vocabulaire

🎧 029 **Le tatouage** la chair • l'encre (f.) • un ornement corporel • un tatouage / être tatoué(e)

🎧 030 **La discrimination** une atteinte à la dignité • un délit de faciès • l'intolérance (f.) / la tolérance • la xénophobie • discriminatoire • être victime

🎧 031 **La justice (1)** une affaire • un(e) avocat(e) • une condamnation • une décision de justice • une devise • une faute lourde • accuser • être bafoué(e) • déposer une plainte (contre) / porter plainte (contre) • faire appel (de)

+ **Registre familier** tilter • mettre la rage • en avoir dans la tête

Leçon 6 Grammaire

Le futur simple et le futur antérieur

■ **Le futur simple** pour faire une prévision, formuler une promesse ou annoncer un programme
*Dans le futur, on **pourra** aussi se faire greffer un organe interne, tel qu'un cœur ou un foie.*

■ **Le futur antérieur** pour indiquer une action qui se déroule avant une autre action au futur
*Quels progrès **déciderons**-nous de mettre en place **une fois que** ces technologies **auront intégré** notre quotidien ?*

Formation du futur antérieur : **avoir** ou **être** au futur simple + **participe passé du verbe**

❗ Le futur antérieur s'utilise souvent après : **dès que** ; **lorsque** ; **après que** ; **une fois que** ; **aussitôt que** ; **quand**.

LES TEMPS DU FUTUR ▶ PRÉCIS GRAMMATICAL P. 185-186

3 Conjuguez les verbes au futur ou au futur antérieur.

Ex. : **Pourrons**-nous (pouvoir) toujours parler de genre humain une fois que chaque partie du corps **aura été remplacée** (être remplacée) par une prothèse ?

a. Quand on _____ (découvrir) un médicament pour soigner les maladies, les humains _____ (rechercher) l'immortalité.
b. Lorsque les sciences _____ (permettre) de réaliser l'impossible, l'être humain _____ (ressembler) à une machine !
c. Après que les greffes de cœur _____ (devenir) des actes de chirurgie courants, nous _____ (avoir) une plus grande espérance de vie.
d. Il n'y _____ (avoir) plus de limite morale à la recherche scientifique aussitôt que les modifications génétiques _____ (être légalisé).
e. Les individus _____ (ne plus penser) lorsque l'intelligence artificielle _____ (se substituer) aux cerveaux.

Le conditionnel (2)

Pour exprimer une probabilité ou une possibilité dans le futur

❗ On utilise en général **devoir** et **pouvoir** au conditionnel pour exprimer une hypothèse implicite. Le verbe **devoir** indique une forte probabilité et le verbe **pouvoir** une possibilité.
*Et on **devrait** grandir encore un peu dans le futur.* (= Les gens seront probablement plus grands dans le futur.)
*Ce à quoi nous **pourrions** ressembler d'ici 100 000 ans.* (= Si on en croit les études, nous ressemblerons à ça.)

FORMATION, AUTRES VALEURS ET EMPLOI DU CONDITIONNEL ▶ PRÉCIS GRAMMATICAL P. 188

Langue & S'entraîner

4 Reformulez avec le verbe *devoir* ou le verbe *pouvoir* au conditionnel selon que la phrase exprime une possibilité ou une probabilité.

Ex. : L'être humain va peut-être disparaître. → L'être humain **pourrait** disparaître.
a. La technologie va probablement révolutionner la médecine.
b. Les mains et les pieds vont vraisemblablement s'allonger.
c. Il est possible que nous ayons tous au moins une prothèse.
d. Il est probable que le corps humain ne ressemblera plus à celui d'aujourd'hui.
e. Notre cerveau sera peut-être connecté à un ordinateur.

Vocabulaire

🎧 032 **Le corps (1)** un avant-bras • une cellule souche • le cerveau • le crâne • le foie • un nerf • un organe • poilu(e)

🎧 033 **Les sens** l'acuité visuelle • l'audition • la vue • oculaire • sourd(e)

🎧 034 **Les dispositifs artificiels** un avant-bras robotique • une prothèse auditive • une prothèse bionique • une prothèse mécanique • la symbiose

🎧 035 **La technologie et les innovations futures** un algorithme d'apprentissage des mouvements humains • un bras tournevis • un capteur de vitesse ou de charge • une électrode connectée • un exosquelette • un implant cérébral • un imprimé en 3D • un microprocesseur • un mini-moteur électrique • le transhumanisme

5 🎧 036 **Écoutez les définitions et associez le mot correspondant.**
a. un exosquelette • b. une prothèse bionique • c. l'acuité (visuelle) • d. un implant • e. une symbiose

Leçon 7 — Grammaire

Le subjonctif présent

Pour exprimer un sentiment

■ **le mécontentement, la déception, le regret, la tristesse**
– Il est regrettable/décevant/dommage que… / être déçu(e)/insatisfait(e)/mécontent(e) que…
*Qu'on est bien dans son jogg, **dommage qu'**il **faille** bientôt se rhabiller et redevenir quelqu'un aux yeux du monde.*
– trouver fou/triste/dommage que…
*Je trouve ça fou et triste **qu'**en 2022, il y **ait** encore tant de marques pour qui ce n'est toujours pas le cas.*

■ **la crainte**
craindre que… / avoir peur que… / il est effrayant que…
*Il craint **qu'**on **ait** une mauvaise image de lui avec son jogging.*

■ **la joie, le bonheur, la fierté**
– être heureux (heureuse)/content(e)/ravi(e)/fier(fière) que
– ça fait plaisir que / c'est génial que…
*Ils sont fiers que les mentalités **évoluent** et **qu'**on **puisse** être plus libre dans la tenue que l'on porte.*

■ **la surprise**
être surpris(e)/étonné(e) que…
*Je ne suis pas surprise que les gens **soient** si intolérants.*

❗ Quand les deux sujets de la phrase sont identiques, on utilise l'infinitif.
*Ils sont heureux de **participer** à ce défilé.*

FORMATION DU SUBJONCTIF PRÉSENT ET AUTRES VALEURS DU SUBJONCTIF ▶ PRÉCIS GRAMMATICAL P. 189

6 Faites une seule phrase avec le subjonctif présent ou l'infinitif.

Ex. : On me dit ce que je dois porter. Je déteste ça. → Je déteste qu'on me dise ce que je dois porter.
Elle est jugée sur son apparence. Elle est vraiment déçue. → Elle est vraiment déçue d'être jugée sur son apparence.
a. Nous ne respectons pas les convenances. Les gens sont choqués.
b. Il doit constamment porter une cravate. Il ne le supporte pas.
c. Elle casse les codes de la mode. Ça l'amuse.
d. Vous avez le droit de vous habiller comme vous voulez. C'est super !
e. Son patron lui permet d'avoir les cheveux bleus. Elle a de la chance.
f. Le bermuda n'est pas autorisé dans son entreprise. Il le regrette.

Langue & S'entraîner UNITÉ 2

Le subjonctif passé
Pour exprimer l'antériorité

Formation : auxiliaire **avoir** ou **être** au subjonctif présent + **participe passé du verbe**
*Je trouve fou et triste qu'en 2022 on n'**ait** encore rien **décidé** pour faire évoluer les choses.*

FORMATION DU SUBJONCTIF PASSÉ ET AUTRES VALEURS DU SUBJONCTIF ▶ PRÉCIS GRAMMATICAL P. 189

7 Faites une seule phrase avec le subjonctif présent ou passé.

Ex. : Cette maison de couture a fermé ses portes. C'est regrettable ! → C'est regrettable que cette maison de couture ait fermé ses portes.

a. Ce styliste est déçu. Son défilé n'a pas eu de succès et a été très critiqué par la presse.
b. L'industrie de la mode a évolué et s'est adaptée aux nouveaux modes de vie. C'est bien !
c. La haute couture ne s'est pas démocratisée et s'adresse toujours à une classe privilégiée. Je trouve ça dommage.
d. Ce jeune couturier est fier. Sa première collection a permis de le faire connaître et ses créations ont été applaudies.
e. Les mannequins n'ont pas toutes le même physique et cela permet de pouvoir s'identifier. Je trouve ça génial.

L'opposition
Pour relier deux idées opposées

– **et pas** / **au contraire**
*On fait du vêtement une sorte d'armure entre soi et le monde, ou **au contraire**, une manière de se présenter.*

– **à la différence de** / **à l'opposé de** / **à l'inverse de** / **inversement à** / **contrairement à** + **nom** ou **pronom**
***À la différence d'**autres **vêtements** de ce type, il ne semble pas avoir été conçu pour faciliter une activité physique.*

– **alors que** / **tandis que** + **indicatif**
*Je porte un jogging pour ne rien faire à la maison **alors que** je n'en **porte** pas pour faire du sport.*

LES RELATIONS LOGIQUES ▶ PRÉCIS GRAMMATICAL P. 181

La concession
Pour relier deux idées inattendues ou paradoxales

– **toutefois** / **or** / **néanmoins**
*J'adore porter des joggings. **Or**, c'est très mal vu en général.*

– **malgré** + **nom**
*Il a décidé de porter une cravate **malgré** les désagréments.*

– **quoique** / **bien que** + **subjonctif** • **même si** + **indicatif**
***Bien que** le jogging ne **soit** pas bien **perçu** socialement, j'adore en porter !*

– **sans que** + **subjonctif**
*Certaines enseignes produisent des vêtements **sans que** les employés ne **soient** protégés par le droit du travail.*

LES RELATIONS LOGIQUES ▶ PRÉCIS GRAMMATICAL P. 181

8 Reformulez les phrases avec l'expression entre parenthèses.

Ex. : Il veut suivre la mode bien que cela ne corresponde pas toujours à sa personnalité. (or) → Il veut suivre la mode or cela ne correspond pas toujours à sa personnalité.

a. Le week-end, il s'habille très décontracté mais pas la semaine. (contrairement à)
b. Elle porte souvent des joggings et des pulls à la différence de son mari qui porte toujours des costumes. (tandis que)
c. Bien qu'il ait beaucoup d'argent, il s'habille très simplement. (même si)
d. Elle porte toujours des chaussures à talons même si ce n'est pas très confortable. (et pourtant)
e. J'adore mettre la vieille veste de mon père et il ne le sait pas. (sans que)
f. Elle porte beaucoup de noir et pas ses amies. (à l'inverse de)
g. Il est obligé de porter des cravates bien qu'il déteste ça ! (or)
h. Il ne met pas de manteau pourtant il fait froid. (bien que)

Vocabulaire

🎧 037 **Les vêtements** des chaussures (f.) à talonnettes • une doudoune • un jogging • un nœud de cravate / un nœud Windsor • une poche • un polo

🎧 038 **La mode (1)** une ambassadrice/un ambassadeur • une égérie • un(e) mannequin • haut de gamme / bas de gamme

🎧 039 **Les matières (2)** un bout de tissu • le coton • le daim • les matières (f.) synthétiques

🎧 040 **Les formes et la couleur** la tenue • informe • mou/molle • resserré(e) • size (anglicisme) • blanc cassé

Langue & S'entraîner

Phonétique

Les liaisons 🎧 041 ▶ 05

Les liaisons sont obligatoires, interdites ou facultatives.

Écoutez l'extrait de la chronique p. 35, Doc. 3.

a. Dites s'il y a une liaison (‿) ou pas de liaison (x) entre les mots surlignés.

À la différence d'autres vêtements de ce type, ils ne semblent pas avoir été conçus pour faciliter une activité physique (…). Toutefoi**s, à** signaler : il**s o**nt des poches, sont resserrés à la taille e**t aux** cheville**s, é**vitant de tomber ou de traîner, se faisant ainsi parfaitement oublier. E**t e**nfin, pour que le tableau soit comple**t :** il**s** son**t e**n coton, et pas en matière synthétique. (…)

Mais quand j'y pense, c'es**t-à**-dire quand je me regarde dan**s u**ne glace, je ne peux pas m'empêcher de m'interroger : comment cet habit, qui a tout de l'ami qui tire vers le bas, voire de la mauvaise fréquentation, serai**t-il** devenu mon meilleur allié ? Pire, comment ce bout de tissu, banal, mou, gris, e**n u**n mot, négligeable, serai**t-il** devenu cette partie de moi, et même u**n é**lément fondateur de ma personne ? Là est tout le paradoxe : comment ce vêtemen**t i**nforme es**t-il** pourtant ce qui informe désormais mo**n e**xistence ?

b. **À deux** Vérifiez vos réponses avec le corrigé (livret de transcriptions p. 37). Justifiez la liaison (liaison obligatoire ? interdite ? ou facultative ? Pourquoi ?) ou son absence.

9 🎧 042 **À deux** Écoutez cette version du premier paragraphe de l'extrait p. 35, Doc. 3 : les liaisons facultatives sont faites, notamment après les verbes et les adverbes. Répétez en faisant le maximum de liaisons. Attention ! Ne faites pas les liaisons interdites !

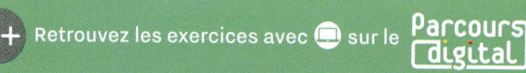

Retrouvez les exercices avec 💻 sur le Parcours digital

Culture(s) vidéo

Le TikTok de Mademoiselle Imanne

▶ 06

1 Regardez la vidéo TikTok <u>sans le son</u>. ▶ 06
a. Où est tournée la vidéo ? Pour quel événement se prépare la jeune femme ?
b. Décrivez les différentes tenues (vêtements et accessoires). Laquelle préférez-vous ? **Expliquez**.
c. Repérez les commentaires ajoutés sur les images. Qu'apportent-ils à la vidéo ?

2 **En petit groupe** Regardez la vidéo <u>avec le son</u>. ▶ 06
a. Notez les commentaires que fait l'influenceuse sur la tenue qu'elle choisit.
b. Sa tenue vous semble-t-elle adaptée à la situation ? **Échangez**.
c. Quelle tenue conseilleriez-vous à une Française pour un rendez-vous professionnel dans votre pays ? **Échangez**.

3 **À deux** Regardez à nouveau la vidéo. ▶ 06
a. Quelle relation l'influenceuse entretient-elle avec ses abonnés ? Quel est leur profil-type selon vous ? **Expliquez**.
b. Observez le nombre de « j'aime » et de commentaires. S'agit-il d'une influenceuse célèbre ? **Échangez**.

Préparation au DELF B2

COMPRÉHENSION DE L'ORAL

Comprendre les informations essentielles d'un document radiophonique

Vous écoutez une émission à la radio.

🎧 043 **Lisez les questions. Écoutez le document puis répondez.**

1. Julien Peron et Béatrice Robin Brézina pensent que la définition du bonheur…
   - ☐ a. change selon les cultures et les peuples.
   - ☐ b. diffère pour chaque habitant de la Terre.
   - ☐ c. est la même pour tous les habitants de la Terre.

2. Béatrice Robin Brézina affirme que le bonheur…
   - ☐ a. est possible pour chaque être.
   - ☐ b. est impossible dans notre société.
   - ☐ c. est inconnu pour la plupart des personnes.

3. Selon Béatrice Robin Brézina, les problèmes de la vie peuvent…
   - ☐ a. cacher le bonheur.
   - ☐ b. interdire le bonheur.
   - ☐ c. renforcer le bonheur.

4. Pour Béatrice Robin Brézina, le bonheur, c'est…
   - ☐ a. rechercher avant tout le plaisir.
   - ☐ b. vivre et partager l'instant présent.
   - ☐ c. avoir conscience des difficultés de la vie.

5. Elle estime que prendre des médicaments…
   - ☐ a. est parfois inévitable
   - ☐ b. peut être une solution } pour accéder au bonheur.
   - ☐ c. n'est pas envisageable

6. Parmi les gens qu'a rencontrés Béatrice Robin Brézina, les plus heureux étaient…
   - ☐ a. les plus riches.
   - ☐ b. les plus modestes.
   - ☐ c. les plus intelligents.

7. Elle estime qu'on peut se rapprocher du bonheur…
   - ☐ a. en étudiant.
   - ☐ b. en regardant la nature.
   - ☐ c. en possédant des choses.

Préparation au DELF B2

◖ Comprendre les informations essentielles d'un document radiophonique

Vous écoutez une émission à la radio.

🎧 044 Lisez les questions. Écoutez le document puis répondez.

1. Dans son émission, Louise Tourret parle…
   - ☐ a. de l'éducation à la beauté.
   - ☐ b. de l'importance de la beauté.
   - ☐ c. de la place de la beauté dans l'éducation.

2. Louise Tourret affirme que les enfants…
   - ☐ a. aiment parler de la beauté.
   - ☐ b. sont indifférents à la beauté.
   - ☐ c. associent la beauté au succès.

3. Dans son livre, Georges Vigarello raconte qu'à partir de la Renaissance, la question de l'apparence esthétique…
   - ☐ a. est liée à l'image de la femme.
   - ☐ b. accorde plus de place à l'homme.
   - ☐ c. s'éloigne de l'image de la femme.

4. Georges Vigarello explique que, dans la représentation de la beauté à la Renaissance…
   - ☐ a. la femme a un rôle privilégié.
   - ☐ b. la femme est enfermée dans un rôle décoratif.
   - ☐ c. la femme bénéficie d'une image plutôt dynamique.

5. Annie Bacon relève une contradiction…
   - ☐ a. dans les discours sur la beauté qui sont diffusés aujourd'hui.
   - ☐ b. dans les images que les jeunes publient sur les réseaux sociaux.
   - ☐ c. dans les mouvements qui critiquent la perfection des magazines.

6. Selon Georges Vigarello, aujourd'hui, les critères de beauté…
   - ☐ a. évoluent.
   - ☐ b. sont immobiles.
   - ☐ c. sont refusés en bloc.

7. Annie Bacon estime qu'il faut…
   - ☐ a. revoir le concept de beauté.
   - ☐ b. élargir le concept de beauté.
   - ☐ c. dépasser le concept de beauté.

Pouvons-nous encore sauver la planète ?

UNITÉ 3

VOUS ALLEZ APPRENDRE À :

> faire un état des lieux sur la pollution
> alerter le public sur un risque
> proposer des solutions

VOUS ALLEZ UTILISER :

LEÇON 9
> la nominalisation
> le pronom relatif *dont*

LEÇON 10
> l'hypothèse (1)
> le conditionnel passé (révision)

LEÇON 11
> le discours rapporté
> les connecteurs pour organiser son discours (1)

TECHNIQUES POUR…

> rédiger une pétition
> **la médiation :** gérer un malentendu culturel

LANGUE & S'ENTRAÎNER

Style : la comparaison (pour imager une idée)

CULTURE(S) VIDÉO
La Recyclerie, à Paris

LEÇON 9 : Faire un état des lieux sur la pollution

COMPRENDRE

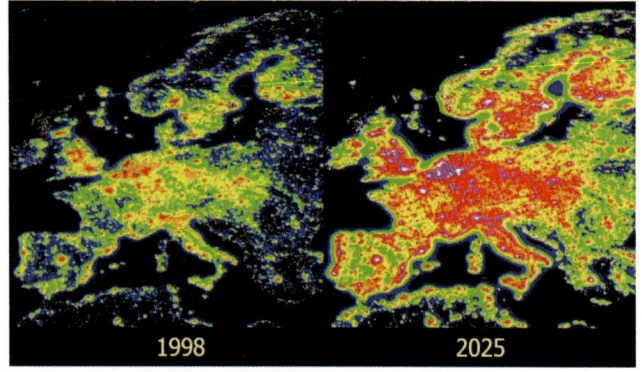

ÉVOLUTION DE LA POLLUTION LUMINEUSE EN EUROPE — 1998 / 2025
Cinzano, Falchi, Elvidge. U.N. Special Environmental Symposium Vienne (12-16 July 1999)

1 Observez le titre et les photos (Doc. 1).
   a. Combien d'années séparent les photos ?
   b. Que constatez-vous ? À votre avis, que représentent les couleurs ?
   c. Donnez des exemples de pollution lumineuse.

2 Lisez la lettre d'information (Doc. 2).
   a. Quel est l'objectif de ce document ?
   b. Qu'est-ce qui est à l'origine de la pollution lumineuse ? Depuis quand s'est-elle aggravée ?
   c. Quelles sont les conséquences sur la biodiversité ?
   d. Relevez les solutions proposées.

L'ÉCHO LOGIQUE — JUIN 2020 — N°12

VOTRE AGGLOMÉRATION VOUS INFORME
MARNE et GONDOIRE communauté d'agglomération

LA POLLUTION LUMINEUSE

Le développement des sociétés humaines s'est traduit ces dernières décennies par une urbanisation massive, accompagnée d'une démultiplication des éclairages artificiels nocturnes. Cela génère une pollution lumineuse qui a pris de l'ampleur ces dernières années et dont les conséquences sont nombreuses : non seulement sur la faune et la flore, mais aussi sur les ressources énergétiques ou encore sur l'astronomie ou sur la santé humaine.

QU'EST-CE QUE LA POLLUTION LUMINEUSE ?
La pollution lumineuse est l'excès de lumière artificielle émise par les centres urbains. Il s'agit des lumières intérieures et extérieures des habitations et
5 bâtiments, de la signalisation aérienne et maritime, ainsi que de l'éclairage public.

La consommation énergétique en France
Selon l'Agence de l'Environnement et de la Maîtrise de l'Énergie (ADEME), dont les résultats sont fiables, ce
10 ne sont pas moins de 11 millions de points lumineux qui constituent le parc d'éclairage public en France dont 30 à 50 % seraient obsolètes, énergivores et peu efficaces. L'éclairage public correspond à 41 % de la consommation d'électricité des communes et émet
15 annuellement 670 000 tonnes de CO_2. [...]

Quels impacts sur la biodiversité ?
Les lumières artificielles perturbent le sens de l'orientation et les cycles de migration de nombreuses espèces. Par exemple, pour les oiseaux diurnes, les
20 végétaux, les amphibiens ou certains mammifères terrestres tels que les chauves-souris, la pollution lumineuse entraîne des dérèglements des rythmes biologiques et des cycles de reproduction, un morcellement des habitats, la restriction des déplacements, un accès restreint à la nourriture et même l'apparition de maladies. [...]

Un impact sur la santé humaine ?
L'homme n'échappe pas à cette règle. Pour les êtres diurnes dont l'homme fait partie, la nuit est un moment particulièrement important car c'est le moment où le
30 corps synthétise de la mélatonine, hormone régulatrice de « l'horloge interne », du système immunitaire et permettant la protection des cellules.

QUELLES SOLUTIONS ?
- Adapter l'éclairage aux besoins
- Préserver des zones sans éclairage quand cela est possible
- Baisser l'intensité d'éclairage de certaines zones
- Réaliser des extinctions temporelles
- Maîtriser le flux lumineux et favoriser l'éclairage vers le sol

LEÇON 9

3 À deux Relisez (Doc. 2).

a. Repérez dans le texte les noms qui correspondent aux mots en gras.
1. La pollution lumineuse **dérègle** les rythmes biologiques.
2. La lumière **morcelle** l'habitat des animaux.
3. Certaines zones devraient bénéficier d'un éclairage moins **intense**.

b. Que remarquez-vous ? Complétez la règle.
On peut former un nom à partir d'un ... ou d'un ... .

c. Trouvez d'autres exemples dans le texte.

d. Relevez les mots en relation avec :
la nature • la lumière.

4 Relisez (Doc. 2).

a. Quel est l'impact de la pollution lumineuse sur l'homme ? Repérez la phrase dans le texte.

b. Expliquez sa construction.

c. Repérez les pronoms « dont » dans le texte. Justifiez leurs emplois.

5 À deux Seriez-vous d'accord pour baisser ou supprimer l'éclairage nocturne ? Quelles pourraient être les difficultés ? Échangez.

6 Écoutez l'interview (Doc. 3).

a. Qui est Guillaume Pitron ?

b. Quel est son message ?

7 À deux Réécoutez (Doc. 3).

a. Relevez et classez les sources de pollution dans les catégories suivantes.
la pollution visible • la pollution invisible

b. Dessinez le parcours d'un like. Expliquez.

c. Qu'est-ce qui distingue la pollution lumineuse (Doc. 2) de la pollution automobile ?

8 Lisez l'extrait de *Human Psycho* (Doc. 4).

a. À quel genre littéraire appartient-il ? Choisissez.
roman d'anticipation • récit historique • essai

b. Quelle phrase résume le mieux l'extrait ? Choisissez et échangez.
1. L'humanité est menacée par des virus.
2. Les humains n'arrivent pas à contrôler leur propre civilisation.
3. L'économie a besoin d'infrastructures pour se développer.

c. À quoi la civilisation est-elle comparée ?

Aujourd'hui l'humanité est composée de presque 8 milliards d'êtres humains connectés par un réseau quasi infini de télécommunication et de moyens de transport, de voies maritimes et aériennes, de fret et de maillage routier, administrés par une myriade[1] de traités internationaux et de textes juridiques.

Ce vaste corps est perfusé par des millions de machines agricoles, il pompe du pétrole et rejette constamment du CO_2 dans l'atmosphère, produit des OGM pour se nourrir, échange 300 tonnes de marchandises et 29 000 milliards d'octets d'informations par seconde et se renouvelle à raison de 90 millions d'âmes par an.

Ce superorganisme, monstrueusement performant, qui parasite la Terre comme un virus étouffe son hôte, possède dorénavant sa vie propre et se déploie d'après ses propres règles. Il est bien plus complexe qu'une fourmilière. Et il n'a que faire de nos atermoiements[2] affolés par la perspective du réchauffement climatique.

Human Psycho, Sébastien Bohler, © Bouquins, 2022

[1] une myriade : un très grand nombre ; [2] des atermoiements : des hésitations

d. À deux Associez les phrases aux figures de style.
1. Ce vaste corps est perfusé par des millions de machines agricoles... (l. 7-8)
2. ...qui parasite la Terre comme un virus étouffe son hôte (l. 13-14)

a. une comparaison
b. une métaphore

e. En petit groupe À votre avis, pourquoi l'auteur utilise-t-il ces figures de style ? Échangez.

AGIR

9 Faites un état des lieux sur la pollution de votre ville.

a. À deux Listez les différents types de pollution de votre ville.

b. Décrivez les dispositifs écologiques existants : recyclage, éclairage LED, espaces verts, transports en commun, marchés de produits locaux... Échangez.

c. En petit groupe Préparez des visuels sur les types de pollution et sur les dispositifs écologiques.

d. Présentez votre état des lieux sur la pollution de votre ville et proposez des solutions complémentaires. Justifiez.

e. En groupe Choisissez les solutions les plus pertinentes. Échangez.

> Langue & S'entraîner p. 54-55

LEÇON 10 — Alerter le public sur un risque

COMPRENDRE

DOC. 1

1 Observez le dessin de Plantu (Doc. 1).

   a. Décrivez-le. À votre avis, qui sont les personnes ? Que font les souris ?

   b. Proposez une interprétation du dessin. Échangez.

   c. Pourquoi s'agit-il d'une caricature ? Expliquez.

   d. Imaginez ce que disent les personnes.

DOC. 2 🎧 046

2 Écoutez le reportage (Doc. 2).

   a. Quel est le thème de la discussion ?

   b. Qui sont les personnes interrogées ? Que font-elles ? Choisissez.
   1. Elles questionnent l'engagement pour le climat.
   2. Elles s'inquiètent de l'inaction politique pour le climat.
   3. Elles font l'éloge de l'action des politiciens pour le climat.

   c. Quel est leur état d'esprit à propos de la situation climatique ?

   d. En petit groupe Partagez-vous le point de vue des intervenants ? Échangez.

3 À deux Réécoutez (Doc. 2).

   a. Quel est l'objectif de leur discours ? Associez.
   1. Marie   a. Avertir
   2. Noé   b. Exprimer un regret

   b. Relevez un exemple pour chaque objectif.

   c. Donnez le temps verbal et le mode utilisés dans les exemples (act. 3b).

   d. Repérez les mots en relation avec les manifestations.

4 💬 En petit groupe Avez-vous déjà participé ou assisté à une manifestation pour le climat ? Racontez.

DOC. 3

Emma Haziza @EmmaHaziza

Aujourd'hui 5/5/2022, jour du dépassement pour la 🇫🇷 de l'utilisation de ses ressources planétaires annuelles.
Si toute l'humanité vivait comme nous Français, toutes les ressources que la 🌍 peut renouveler en un an seraient consommées, il nous faudrait 2,9 Terres/an.

9:14 – 5 mai 2022

5 Lisez le tweet d'Emma Haziza (Doc. 3).

   a. Que se passe-t-il en mai ?

   b. D'après vous, quel est son état d'esprit ?

   c. Sur quoi veut-elle nous alerter ?

6 Observez le site de France Inter (Doc. 4).

   a. Qui est la personne invitée ?

   b. D'après vous, qu'est-ce qu'une hydrologue ?

LEÇON 10

DOC. 4

https://www.radiofrance.fr/franceinter/podcasts/l-invite-de-8h20-le-grand-entretien

Accueil > Émissions > L'invité de 8 h 20 : le grand entretien > Emma Haziza, hydrologue : « Tout ce qui se passe dans nos vies se retrouve dans nos rivières »

Podcast L'invité de 8 h 20 : le grand entretien

Vendredi 6 mai 2022 par Jérôme Cadet

Emma Haziza, hydrologue : « Tout ce qui se passe dans nos vies se retrouve dans nos rivières »

Emma Haziza, hydrologue, fondatrice de Mayane, centre de recherches appliquées dédié à l'adaptation climatique, alerte sur l'éventuel manque d'eau dans les prochaines années et sur la dégradation de la qualité de celle-ci.

La question est très sérieuse selon Emma Haziza, « Sur à peu près tous les continents, l'eau verte, incluse dans nos sols, utilisée par les micro-organismes, s'évapore », explique-t-elle. Car « à partir du moment où les sols sont de mauvaise qualité, ils n'ont plus la capacité de conserver cette eau ». Le principal facteur « est l'agriculture intensive », poursuit-elle, car elle « rend les sols arides, les salinifie » et « en modifie les conditions chimiques ».

« On voit partout une dégradation massive des terres avec des conséquences sur le cycle de l'eau », ajoute Emma Haziza. « Si l'on perd cet apport et que les sols ne retiennent plus et ne permettent plus le déroulement de ce cycle, vous perdez la capacité des continents à conserver cette eau qui finit dans l'atmosphère et les océans ». Une eau perdue et que l'on retrouve « en précipitations diluviennes », explique-t-elle.

Tous les territoires ne sont pas confrontés de la même façon à ce problème. En France, on l'a constaté, « dès qu'arrivent des vagues de chaleur et des canicules, on a des sécheresses éclair et des territoires qui basculent. Cette année, on démarre en étant déficitaires ». Ces dernières années, « des territoires ont dû être alimentés par des camions citernes », et « tout le monde n'est pas logé à la même enseigne », estime Emma Haziza, rappelant qu'un Européen consomme réellement entre 5 000 et 7 000 litres d'eau par jour, en comptant « l'eau cachée dans nos modes de consommation ». « Cette eau est en train d'être perdue sur tous les continents et la plus grande clé, c'est l'agriculture et l'alimentation », précise-t-elle.

« Si tout le monde suivait notre modèle d'alimentation carnée, on ne tiendrait pas longtemps », lance encore Emma Haziza. Selon elle, « on a de la chance qu'une grande partie des continents mangent plus de poulet que de viande rouge » étant donné qu'il faut « trois fois plus » de ressources pour du bœuf que pour du poulet. « C'est un problème d'espace agricole et de la quantité d'eau utilisée derrière ». Selon elle, « réduire de plus en plus » notre consommation de viande est « la plus grande action qu'on peut avoir aujourd'hui. Plus on mangera des produits locaux, des fruits, des légumes et des légumineuses, plus on contribuera à sauver la planète. »

---

7 À deux Lisez le résumé de l'émission (Doc. 4).

a. Quel est l'objectif d'Emma Haziza ? Choisissez.
1. Donner des conseils pour mieux consommer l'eau.
2. Avertir sur l'impact négatif de l'humanité vis-à-vis de l'eau.
3. Expliquer l'évolution du cycle de l'eau.

b. Quelles sont les principales causes des problèmes liés à l'eau et leurs conséquences ?

c. Placez les intertitres suivants au bon endroit.
1. « On fait partie du cycle de l'eau »
2. « Tout le monde n'est pas logé à la même enseigne »
3. « Va-t-on bientôt manquer d'eau ? »

8 À deux Relisez le résumé (Doc. 4).

a. Relevez dans le texte une phrase pour indiquer :
1. la conséquence de la dégradation des sols sur le cycle de l'eau.
2. un avertissement sur notre façon de consommer.

b. Laquelle est la plus probable ?

c. Quelle est leur structure grammaticale ? Quels sont les temps et modes verbaux employés ? Expliquez leur utilisation.

d. Identifiez les solutions proposées par Emma Haziza et suggérez-en d'autres. Échangez.

e. Repérez le contraire des expressions suivantes :
1. très humide • 2. dessaler • 3. l'absence de pluie • 4. une période très froide • 5. se liquéfie

AGIR

9 En petit groupe Rédigez un article pour alerter sur l'inaction politique.

a. **Choisissez** une cause qui vous intéresse. **Échangez**.

b. Listez les conséquences actuelles de l'inaction politique sur votre cause.

c. Exprimez des regrets et mettez en garde sur les risques futurs.

d. Organisez vos idées. Rédigez une introduction et des intertitres (trois ou quatre parties).

e. **Répartissez-vous** la rédaction des différentes parties du développement. Rédigez individuellement.

f. Relisez les différentes parties et **proposez** des améliorations (exemples à ajouter, style...).

Partagez votre article sur le groupe de la classe et **échangez**.

> Langue & S'entraîner   p. 55-56

LEÇON 11 — Proposer des solutions

COMPRENDRE

1 Lisez le graphique (Doc. 1).

a. Quel est le thème ? À quoi correspondent les différentes couleurs ?

b. Classez les actions selon les domaines.
alimentation • énergie • foyer • transports

c. Ces données vous surprennent-elles ? Expliquez.

d. À deux Quels gestes appliquez-vous personnellement ? Échangez.

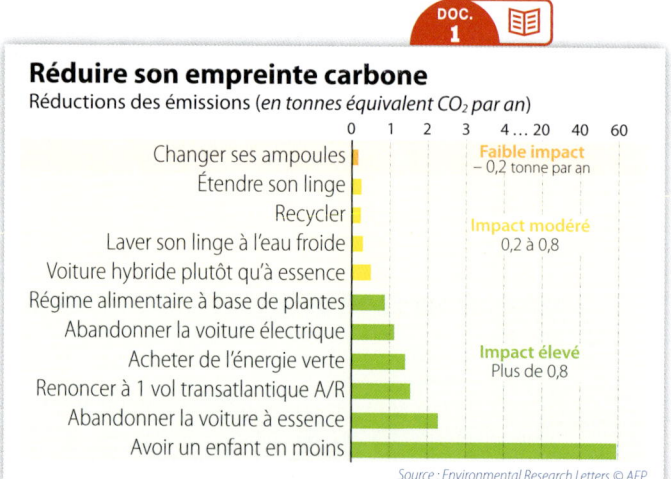

DOC. 1 — Réduire son empreinte carbone
Réductions des émissions (en tonnes équivalent CO₂ par an)

- Changer ses ampoules
- Étendre son linge
- Recycler
- Laver son linge à l'eau froide
- Voiture hybride plutôt qu'à essence
- Régime alimentaire à base de plantes
- Abandonner la voiture électrique
- Acheter de l'énergie verte
- Renoncer à 1 vol transatlantique A/R
- Abandonner la voiture à essence
- Avoir un enfant en moins

Faible impact – 0,2 tonne par an
Impact modéré 0,2 à 0,8
Impact élevé Plus de 0,8

Source : Environmental Research Letters © AFP

DOC. 2

https://www.vie-publique.fr/en-bref/284713-nouveau-rapport-du-giec-des-solutions-face-au-rechauffement-climatique

RÉPUBLIQUE FRANÇAISE — Vie publique, Au cœur du débat public

Accueil / Actualités / En Bref / Rapport du GIEC d'avril 2022 : quelles solutions face au réchauffement climatique ?

En bref — SOCIÉTÉ — INTERNATIONAL

Rapport du GIEC[1] d'avril 2022 : quelles solutions face au réchauffement climatique ?
Publié le 6 avril 2022

Le 4 avril 2022, les experts du climat de l'ONU qui font partie du GIEC ont publié un nouveau rapport consacré aux solutions pour réduire les émissions de gaz à effet de serre. Ces préconisations ont pour objectif de limiter le réchauffement climatique à 1,5 degré Celsius comme cela avait été convenu avec l'Accord de Paris en 2015.

Remplacement des énergies fossiles, captage de CO_2, limitation des émissions de méthane, réduction de la demande énergétique... Le troisième volet du rapport du Groupe intergouvernemental d'experts sur l'évolution du climat (GIEC) se penche notamment sur les différentes pistes à suivre afin de limiter au maximum le réchauffement climatique par rapport à l'ère pré-industrielle.

Ce rapport fait suite au deuxième volet du sixième rapport d'évaluation du GIEC publié le 28 février 2022 qui portait sur les effets, les vulnérabilités et les capacités d'adaptation à la crise climatique. Quant au premier volet, en date d'août 2021, il concluait que le changement climatique était plus rapide que prévu.

Une énergie moins carbonée

Afin de limiter la hausse mondiale des températures, les experts du GIEC suggèrent de remplacer les énergies fossiles (charbon, pétrole, gaz) par des sources d'énergie bas-carbone ou neutres (hydroélectricité, photovoltaïque, éolienne...).

Face à ce constat, le GIEC considère également nécessaire de mettre en place des techniques d'élimination du dioxyde de carbone (plantations d'arbres, extraction du CO_2 de l'atmosphère...).

Dans le même temps, les experts du GIEC évoquent le problème des émissions de méthane (un autre gaz à effet de serre très puissant) à la fois par le biais de la production d'énergies fossiles mais aussi des élevages d'animaux.

Une réduction de la demande énergétique

Par ailleurs, les experts du GIEC préconisent d'autres modifications structurelles permettant de réduire la demande énergétique. Cette plus grande sobriété passerait à la fois par l'alimentation (régime alimentaire moins carné) ; le logement (isolation des bâtiments) ; le travail (télétravail) ; les transports (véhicules électriques, mobilités douces).

Parmi les autres pistes, le rapport souligne également l'importance de limiter tout type de gaspillage (en particulier le gaspillage alimentaire).

Enfin, face au développement des villes (70 % de la population mondiale en 2050), les experts du GIEC estiment important de repenser le fonctionnement futur des zones urbaines « grâce à une consommation d'énergie réduite (par exemple en créant des villes compactes et piétonnes), à l'électrification des transports en combinaison avec des sources d'énergie à faibles émissions et à une meilleure absorption et stockage du carbone en utilisant la nature ».

[1] GIEC : Groupe d'experts intergouvernemental sur l'évolution du climat

LEÇON **11**

2 Observez la page Internet de l'article et lisez le titre (Doc. 2).

a. De quel type de site s'agit-il ? À qui s'adresse-t-il ?

b. Sur quel document de référence porte l'article ?

c. Selon vous, quels sont les objectifs de cet article ?

3 À deux Lisez l'article (Doc. 2).

a. Quelle est l'intention des experts du GIEC ?

b. Repérez et expliquez l'information donnée dans chacune des trois parties.

4 À deux Relisez l'article (Doc. 2).

a. Reformulez les deux grandes préconisations du GIEC.

b. Comment sont introduites les observations et les préconisations du GIEC ? Que remarquez-vous ?

c. Relevez un exemple pour chaque structure utilisée :
• verbes suivis d'un infinitif : **Ex. :** Les experts du GIEC suggèrent de remplacer les énergies fossiles.
→ suggérer de + infinitif ;
• verbes suivis d'un nom : … ;
• verbes suivis de l'indicatif : … .

d. Retrouvez d'autres verbes permettant d'introduire le discours indirect. Échangez avec la classe et complétez votre liste (act. 4c).

5 À deux Relisez l'article (Doc. 2).

a. Repérez les connecteurs. **Ex. :** par ailleurs…

b. Classez-les selon leur fonction. Échangez avec la classe.
• introduire un exemple : …
• ajouter une idée : **Ex. :** Par ailleurs,
• faire figurer deux explications : …
• insister sur une idée : …
• préciser : …
• conclure : …

6 À deux Regardez la vidéo de Pedro et répondez.

Et vous, que pensez-vous de cette exploitation des ressources ? Avez-vous le même problème dans votre pays ?
▶ 07

DOC. 3 🎧 047

7 Écoutez l'émission (Doc. 3).

a. D'après vous, quelle est la profession de la personne interviewée ?

b. Quel est le thème de l'interview ?

8 À deux Réécoutez (Doc. 3).

a. *Vrai* ou *faux* ? Justifiez.
1. Il pense que le problème climatique est le plus important.
2. Il estime que, pour changer les choses, il faut changer de mentalité.
3. La solution pour sauver le climat n'est pas technique.

b. Quelle est son attente principale ? Êtes-vous d'accord avec lui ? Échangez.

c. Relevez les synonymes des expressions suivantes.
l'énergie du soleil • l'énergie atomique • l'énergie du vent

d. À l'aide de la transcription, identifiez les connecteurs et retrouvez leur fonction (livret de transcriptions p. 9-10). Complétez votre liste (act. 5b).

1. or   a. pour justifier
2. en effet   b. pour préciser
3. en l'occurrence   c. pour opposer

AGIR

9  Pouvons-nous encore sauver la planète ?

a. En petit groupe Parcourez l'unité 3. Créez une carte mentale en classant les problèmes écologiques et les actions proposées.

b. Ajoutez vos propositions d'actions pour le futur. Échangez.

c. En groupe Comparez vos cartes mentales et partagez les propositions de votre groupe avec la classe.

d. Échangez sur la faisabilité des différentes propositions et répondez à la problématique.

> Langue & S'entraîner p. 56-57

cinquante et un

LEÇON 12 — Techniques pour...

... rédiger une pétition

📖 LIRE

DOC. 1

1 ....

2 ....

Pétition adressée au maire de Marseille,
Monsieur Benoît Payan
Hôtel de ville
13233 Marseille cedex 20

3 .... → Marseille, le 23 septembre 2023

4 .... → **Marseille, on étouffe !**

Monsieur le Maire,

5 .... En tant qu'habitants de Marseille, ville sur-bétonnée, nous subissons de plein fouet le réchauffement climatique et souffrons fortement de la hausse des températures, qu'elle soit liée aux fortes chaleurs ou à la circulation très dense dans et aux abords de la ville. Les conséquences pour notre santé sont désastreuses !

6 .... Or, il est démontré que les végétaux permettent de réduire considérablement les températures dans les villes. Dans ce sens, l'Organisation mondiale de la Santé recommande un minimum de 9 m² d'espace vert par habitant dans les centres urbains.

7 .... Maintenant, plus que jamais, vous devez agir pour le bien de la communauté, car nous sommes au point de non-retour climatique. Il est temps que nous ne fassions plus les frais de l'immobilisme de l'État et que Marseille devienne une ville plus respirable.

8 .... Nous exigeons que vous mettiez en place des opérations de végétalisation de la ville. En habillant des colonnes, des piliers, ou même des murs en béton avec des plantes, en créant des îlots de verdure, elle contribuerait de ce fait à diminuer les effets du réchauffement climatique.

9 .... Ce projet apporterait de nouveaux espaces verts pour la ville de Marseille, avec de multiples avantages environnementaux pour les citoyens tout en changeant positivement l'image de notre ville. En plus d'avoir un effet anti-stress, cette végétalisation améliorerait la santé des citoyens.

Monsieur le Maire, nous vous demandons d'agir au plus vite !

10 ....

Nom	Prénom	Code postal	Signature
DUTILLEUL	REMI	13005	
EL MANSOUR	ISMAEL	13380	
CURE	DAPHNE	13400	

1 [Découverte] Lisez la pétition (Doc. 1).
a. Qui en sont les auteurs ? À qui s'adressent-ils ?
b. Pourquoi font-ils une pétition ?
c. Que demandent-ils ?

2 À deux [Analyse] Relisez (Doc. 1).
a. Associez les intitulés suivants aux parties 1 à 10 de la pétition.
A. Appel à l'action
B. Signatures
C. Titre de la pétition
D. Identité et adresse du/de la destinataire
E. Auteurs de la pétition
F. Ville et date d'envoi de la pétition
G. Constat
H. Propositions d'actions
I. Conséquences positives
J. Justification

b. Quelle partie est répétée ? Pourquoi, à votre avis ?

c. Repérez une expression pour :
1. Appeler à une réaction
2. Faire un constat
3. Faire des propositions d'actions
4. Exprimer des conséquences positives
5. Justifier

LEÇON 12

POUR rédiger une pétition

- **Indiquer le lieu et la date**
  Marseille, le 23 septembre 2023
- **Indiquer :**
  – ses coordonnées ou celles de son association/collectif en haut à gauche de la pétition
  – l'adresse du/de la destinataire en haut à droite de la pétition
- **Donner un titre**
  Marseille, on étouffe !
- **Utiliser :**
  – une formule d'appel au début : *Monsieur le Maire*
  – une formule de prise de congé à la fin : *Monsieur le Maire, nous vous demandons d'agir au plus vite !*
- **Faire un constat**
  Nous souffrons fortement de la hausse des températures, qu'elle soit liée aux fortes chaleurs ou à la circulation très dense dans et aux abords de la ville. Les conséquences pour notre santé sont désastreuses !
- **Justifier**
  Or, il est démontré que les végétaux permettent de réduire considérablement les températures dans les villes.
- **Appeler à l'action**
  Nous exigeons que...
  Maintenant, plus que jamais, vous devez agir...
- **Faire des propositions d'action**
  En habillant des colonnes, des piliers, ou même des murs en béton avec des plantes, en créant des îlots de verdure...
- **Exprimer des conséquences positives**
  Elle contribuerait de ce fait à diminuer les effets du réchauffement climatique.
  Ce projet apporterait...

ÉCRIRE

3 **En petit groupe** Rédigez une pétition.

  a. Listez les actions à mettre en place.

  b. Rédigez votre pétition.

> Vous êtes parent d'élève et vous faites partie d'une association qui milite pour privilégier les circuits courts et favoriser le recyclage des aliments à la cantine scolaire. Malgré plusieurs courriels adressés à la mairie, aucune mesure n'a été mise en place. Votre association décide de rédiger une pétition afin de faire évoluer la situation.

... la médiation : gérer un malentendu culturel

DOC. 2 🎧 048

4 Tamara Mansfield, originaire de Vancouver (Canada), vient d'intégrer une entreprise française. Sa collègue, Laeticia Samson, la présente à sa hiérarchie. Écoutez la conversation.

  a. Citez les noms des différentes personnes. Quelle est leur position dans l'entreprise ?

  b. Quel est le problème ?

  c. Comment Tamara s'aperçoit-elle de l'erreur commise ?

5 **À deux** Réécoutez.

  a. Cochez les stratégies mises en place par Laetitia Samson pour gérer la situation.
  ☐ Elle reformule les propos.
  ☐ Elle exclut Tamara de la conversation.
  ☐ Elle donne des explications.
  ☐ Elle rassure Tamara.
  ☐ Elle fait des reproches à Tamara.

  b. Imaginez ce que le directeur aimerait dire à Tamara. **Échangez.**

  c. Que pensez-vous de cette situation ? Comment auriez-vous réagi si vous aviez été à la place du directeur ? **Échangez.**

6 💬 **En petit groupe** Avez-vous déjà vécu une situation de malentendu lié à une différence culturelle (dans votre travail, avec des amis...) ? **Racontez.**

cinquante-trois 53

Langue & S'entraîner

Leçon 9 — Grammaire

La nominalisation

■ À partir d'un verbe

Il existe 3 principaux suffixes : **-age** : *éclairer → éclairage* ; **-ment** : *développer → développement* ; **-tion** et ses variantes (**-ssion, -xion, -sion, -son**) : *percevoir → perception, opprimer → oppression, connecter → connexion, corroder → corrosion, guérir → guérison*

❗ Parfois, le nom est plus court que le verbe ; il n'y a pas de suffixe : *impacter → impact*.

■ À partir d'un adjectif

Il existe 2 principaux suffixes : **-eur** : *ample → ampleur* ; **-té** (**-ité, -eté**) : *intense → intensité*

▶ PRÉCIS GRAMMATICAL P. 171

1 🎧 049 Écoutez les noms. À partir de quels verbes ou de quels adjectifs sont-ils formés ?
Ex. : consommation → consommer

2 Nominalisez les titres de journaux comme dans l'exemple.
Ex. : La planète est sauvée ! → Sauvetage de la planète !
a. Il change de programme ! → _____ de programme !
b. Il faut être sobre. → De la _____, s'il vous plaît !
c. Les plages vont être nettoyées. → _____ prochain des plages !
d. On restreint le carburant. → _____ du carburant à partir de demain
e. Le gouvernement est très efficace. → Grande _____ du gouvernement
f. On va réduire la pollution de 10 %. → Projet de _____ de la pollution de 10 % !
g. La liberté de circuler est menacée. → _____ sur la liberté de circuler !
h. On va permettre ou interdire le fuel ? → _____ ou _____ du fuel ?

Le pronom relatif *dont*

Pour relier deux phrases et éviter les répétitions

■ Complément d'un verbe ou d'un adjectif introduit par *de*
*Ce sont des infrastructures **dont** j'ai parlé tout à l'heure.* (→ j'ai parlé **des** infrastructures)

■ Complément d'un nom introduit par *de*
*Cela génère une pollution **dont** les conséquences sont nombreuses.* (→ les conséquences **de** la pollution)

❗ Le pronom **dont** permet également de faire référence à une partie d'un ensemble.
*Il y a 11 millions de points lumineux **dont** 30 % sont obsolètes.*

LES PRONOMS RELATIFS SIMPLES ▶ PRÉCIS GRAMMATICAL P. 177

3 Faites une seule phrase avec *dont*. Notez entre parenthèses l'expression qui justifie son utilisation.
Ex. : La sobriété énergétique est un thème important. On doit s'en préoccuper. → La sobriété énergétique est un thème important dont on doit se préoccuper (se préoccuper de).
a. Un des vrais dangers pour la planète est l'utilisation d'Internet. Nous en abusons.
b. Supprimons les pollutions. Leur impact négatif sur la santé est évident.
c. Les GAFAM envahissent notre quotidien. Google en fait partie.
d. La pollution invisible est un phénomène sérieux. La plupart des gens n'en sont pas conscients.
e. Il faudrait réduire les activités énergivores. Leur efficacité n'est pas prouvée.
f. Le gouvernement prend des décisions. Nous ne sommes pas informés de ces décisions.
g. Certains chercheurs proposent des solutions. On n'en a jamais entendu parler.
h. Il est impératif de trouver des dispositifs. Leur mise en place est très simple.
i. On doit absolument protéger les animaux diurnes. Une partie d'entre eux est en voie d'extinction.
j. Nous devrions restreindre la communication numérique. Sa pollution est invisible.

4 Complétez les questions d'un micro-trottoir avec *qui, que, dont, où*.
Ex. : Pensez-vous que l'utilisation **que** vous faites d'Internet est un danger pour la planète ?
a. Par où passent tous les messages _____ vous sont envoyés et _____ vous écrivez ?
b. Vous pensez que les lieux _____ sont stockés vos photos _____ on nomme clouds sont virtuels ou matériels ?

 cinquante-quatre

Langue & S'entraîner UNITÉ 3

c. Pour vous, qu'est-ce qui pollue le plus ? Les voitures _____ circulent ou les e-mails _____ les gens s'échangent ?
d. D'après vous, existe-t-il une pollution _____ nous ne connaissons pas l'existence, une pollution _____ est invisible, _____ nous ne percevons pas concrètement et _____ nous ne nous méfions pas ?

Style

La comparaison
Pour imager une idée (2)
Elle met en relation deux éléments grâce à un mot de comparaison : **comme**, **tel**, **pareil à**, **de la même façon que**…
*Ce superorganisme qui parasite la Terre **comme** un virus étouffe son hôte.*

Vocabulaire

🎧 050 **La lumière** un éclairage • un flux (lumineux) • l'intensité (f.) • nocturne / diurne

🎧 051 **Les infrastructures** une antenne 4G • un câble en cuivre • la fibre • le fret • le maillage routier • un réseau (de télécommunication) • le signal • la signalisation aérienne / maritime / sous-marine • une voie maritime / aérienne • énergivore • obsolète

🎧 052 **La nature** un amphibien • la biodiversité • une chauve-souris • le cycle de reproduction • la faune • la flore • un mammifère terrestre • la migration • vital(e)

🎧 053 **La science** l'astronomie (f.) • une technologie • immatériel(le) / dématérialisé(e) • pomper • rejeter

🎧 054 **La santé (1)** une cellule • une hormone • la mélatonine • un superorganisme • le système immunitaire • un virus • perfuser • se renouveler • synthétiser (une hormone, une vitamine)

🎧 055 **Les verbes de la conséquence** entraîner • générer • permettre • perturber • prendre de l'ampleur • produire • restreindre • se déployer • subir

🎧 056 **Les expressions** l'horloge interne • C'est un enfer. • y aller un peu fort

5 Compléter les phrases avec un verbe de la liste pour exprimer la conséquence.
générer • restreindre • perturber • prendre de l'ampleur • permettre • subir • entraîner
Ex. : Ce sont certainement les jeunes générations qui vont **entraîner** leurs aînés dans une plus grande prise de conscience.
a. La pollution est en train de _____ le système immunitaire de l'être humain.
b. Les animaux vont continuer à _____ les effets de la pollution lumineuse.
c. Il faut agir vite sinon les effets destructeurs sur la biodiversité vont _____ .
d. Les villes doivent _____ les éclairages à ceux qui sont indispensables pour la sécurité.
e. Les mesures prises par le gouvernement devraient _____ de lutter efficacement contre le dérèglement climatique.
f. Une réflexion commune va probablement _____ des solutions communes.

Leçon 10 Grammaire

L'hypothèse (1)

■ **Sur le présent**
– La conséquence est réalisable dans l'avenir.
si + **présent** / **futur** ou **futur proche**
*Si les mesures ne **sont** pas prises aujourd'hui, notre futur **va être détruit**.*
– La conséquence est difficilement réalisable dans le présent ou contraire à la réalité.
si + **imparfait** / **conditionnel présent**
*Si tout le monde **suivait** notre modèle d'alimentation carnée, on ne **tiendrait** pas longtemps.*

■ **Sur le passé**
– La conséquence n'est pas réalisée dans le présent.
si + **plus-que-parfait** / **conditionnel présent**
*Peut-être que **s'**il y a quarante ans les décideurs **avaient écouté** les scientifiques, on n'en **serait** pas là et voilà, peut-être qu'on **ferait** autre chose de notre vie aujourd'hui.*

Langue & S'entraîner

– La conséquence ne s'est pas réalisée dans le passé.
si + **plus-que-parfait** + **conditionnel passé**
*Si nous **avions écouté** les scientifiques, nous n'**aurions** pas **vécu** de telles canicules.*

L'HYPOTHÈSE AVEC *SI* ▶ PRÉCIS GRAMMATICAL P. 182

+ **Révision** Le conditionnel passé   FORMATION ET EMPLOI ▶ PRÉCIS GRAMMATICAL P. 188

6 Faites une seule phrase avec une hypothèse.
Ex. : Heureusement que les jeunes se mobilisent plus que leurs aînés. On n'ira donc pas à la catastrophe écologique.
→ Si les jeunes ne se mobilisaient pas plus que leurs aînés, on irait à la catastrophe écologique.
a. Les hommes politiques ne se sont pas attaqués aux problèmes à temps. La situation s'est aggravée.
b. Tout le monde ne prend pas conscience du problème. On ne progresse pas beaucoup.
c. Les citoyens gaspillent l'eau. Nos ressources diminuent.
d. Les gens ne se sont pas mobilisés assez tôt. Les ressources de la planète sont dans un état déplorable.
e. Les consommateurs ne réduisent pas leur consommation électrique. Il y a donc des coupures d'électricité.
f. On n'a pas interdit l'agriculture intensive. Les sols se sont considérablement dégradés.
g. On doit continuer à agir. La situation évolue dans le bon sens.

Vocabulaire

🎧 057 **L'eau** un camion-citerne • le cycle de l'eau • une eau cachée • une eau verte • un(e) hydrologue • un océan • des précipitations (f.) diluviennes • salinifier • s'évaporer

🎧 058 **La chaleur** la canicule • la sécheresse • une vague de chaleur

🎧 059 **L'alimentation (2)** l'agriculture (f.) intensive • une alimentation carnée • les légumineuses (f.) • un produit local • la viande rouge

🎧 060 **La manifestation** une convention citoyenne • les décideurs (m.) • un flyer • une mobilisation • des préparatifs (m.) • alerter • se mobiliser

🎧 061 **Les expressions** C'est la dernière ligne droite. • On est loin du compte.

+ **Mots antonymes** Un antonyme est un mot ou une expression qui a un sens contraire.
– sec ≠ humide → deux mots différents
– **des**saler / sal**in**ifier → deux mots de la même famille avec des préfixes ou suffixes qui donnent un sens contraire

7 Associez les antonymes.
a. protester
b. se dégrader
c. refroidissement
d. contestation
e. faire l'éloge de
f. se préoccuper de
g. alerter
h. se mobiliser

1. approbation
2. critiquer
3. être indifférent à
4. ne pas prévenir
5. s'améliorer
6. ne rien faire
7. réchauffement
8. être d'accord avec

Leçon 11 — Grammaire

Le discours rapporté
Pour résumer des paroles, synthétiser des idées

■ **Les verbes pour rapporter des paroles**
Le discours est rapporté dans une phrase qui commence par un verbe introducteur : **dire** ; **demander** ; **rétorquer**...

■ **Les verbes pour résumer, pour synthétiser**
se pencher sur / **évoquer** + nom
*Le troisième volet du rapport du GIEC **se penche** notamment **sur** les différentes pistes à suivre.*

Langue & S'entraîner UNITÉ 3

- **Les verbes pour exprimer le conseil**
– **préconiser** + nom
*Les experts du GIEC **préconisent** d'autres modifications structurelles permettant de réduire la demande énergétique.*
– **suggérer de** + infinitif
*Les experts du GIEC **suggèrent de** remplacer les énergies fossiles.*

- **Les verbes pour décrire un point de vue**
considérer nécessaire/souligner l'importance/estimer important de + infinitif
*Le GIEC **considère** également **nécessaire de** mettre en place des techniques d'élimination du dioxyde de carbone.*

LE DISCOURS RAPPORTÉ ▶ PRÉCIS GRAMMATICAL P. 183

8 Remplacez le verbe introducteur souligné par un verbe de la liste. Conjuguez les verbes.
souligner l'urgence de • considérer nécessaire de • suggérer de • se pencher sur • préconiser • évoquer
Ex. : Le ministre propose d'étudier le dossier au plus vite. → Le ministre *suggère d'*étudier le dossier au plus vite.
a. Les consommateurs abordent la question du coût des réformes.
b. Le rapport s'intéresse aux conséquences futures.
c. Les spécialistes conseillent de reporter la réunion.
d. Les experts pensent qu'il est urgent de prendre une décision rapide.
e. L'analyse parle de la nécessité d'évaluer les risques d'une telle mesure.

Les connecteurs pour organiser son discours (1)

- **Pour introduire un exemple :** comme, par exemple
*Il faut repenser le fonctionnement futur des zones urbaines (**par exemple** en créant des villes compactes et piétonnes).*
- **Pour ajouter une idée :** dans le même temps, par ailleurs, en outre, de plus, quant à
***Dans le même temps**, les experts du GIEC évoquent le problème des émissions de méthane.*
- **Pour justifier une idée :** en effet, d'ailleurs
*Oui, je crois que c'est très important parce que, **en effet**, on parle beaucoup de sauver le climat.*
- **Pour préciser une information :** en l'occurrence + nom
*Ce qui est important, ce n'est pas de chercher comment diminuer les externalités négatives, **en l'occurrence** les émissions de CO_2, mais c'est de se demander si on souhaite éradiquer la forêt pour construire un supermarché.*
- **Pour faire figurer deux explications :** à la fois... mais aussi..., d'une part... d'autre part...
*Les experts du GIEC évoquent le problème des émissions de méthane **à la fois** par le biais de la production d'énergies fossiles **mais aussi** des élevages d'animaux.*
- **Pour insister sur une idée :** notamment, en particulier, tout particulièrement
*Le troisième volet du rapport du GIEC se penche **notamment** sur les différentes pistes à suivre.*
- **Pour apporter une conclusion :** enfin, en définitive, en somme, après tout, tout bien considéré
***Enfin**, [...] les experts du GIEC estiment important de repenser le fonctionnement futur des zones urbaines.*

LES CONNECTEURS POUR ORGANISER UN DISCOURS ▶ PRÉCIS GRAMMATICAL P. 191

9 Soulignez le connecteur qui convient.
Ex. : Ce projet tend à réduire l'empreinte carbone des ménages. *De plus* • À la fois, il permet de faire des économies.
a. Le gouvernement, **en effet** • **en l'occurrence** le ministre de l'Écologie, doit faire face à la crise !
b. Afin de sauver la planète, il faudrait **quant à** • **notamment** penser à vivre autrement.
c. La crise a été bien gérée ; **en effet** • **enfin** le ministre a réagi très vite et dans le bon sens.
d. On limite la consommation des citoyens mais, **dans le même temps** • **notamment** l'énergie est gaspillée par l'État.
e. Pour résoudre les problèmes, il faut **en l'occurrence** • **à la fois** des mesures restrictives **enfin** • **mais aussi** des mesures incitatives. **Par ailleurs** • **Par exemple** n'oublions pas l'urgence de la situation !
f. La première réunion a eu un effet positif ; **quant à** • **en l'occurrence** la seconde, aucune décision n'en est sortie.
g. On s'est réuni souvent, on a discuté longtemps et on a **enfin** • **en effet** trouvé une solution.

Vocabulaire

🎧 **062 Les sources d'énergie** l'absorption (f.) • le dioxyde de carbone • l'énergie bas-carbone ou neutre / éolienne / fossile / nucléaire / solaire • l'essence (f.) • les gaz (m.) à effet de serre • le méthane • le stockage du carbone

🎧 **063 Les transports** une mobilité douce • une voiture hybride

🎧 **064 Les actions** le captage • l'électrification (f.) • l'extraction (f.) • l'isolation (f.) • la limitation • la plantation • une préconisation • la sobriété

Langue & S'entraîner

Phonétique

L'oralité et la grammaire de l'oral 065 08

Quand on parle, on ne respecte pas toutes les règles de l'écrit. Il existe une « grammaire » de l'oral. Cette façon de parler, bien que majoritaire, est considérée comme familière.

En petit groupe Réécoutez Noé, p. 48, Doc. 2. Comment prononce-t-il les mots ou groupes de mots surlignés ?
- Bah parce que finalement, il n'y a aucune des mesures de la convention citoyenne qui est reprise intégralement... quasiment, je sais pas, il y a une dizaine sur les cent quarante-neuf qui étaient prévues. Dans les objectifs qui étaient posés, c'était 40 % de réduction des émissions à effet de serre, avec la loi climat on est autour de 21 % à peu près, donc on voit qu'on est très loin du compte, et la loi elle pose des objectifs à 2040, 2050, pour eux ça représente pas grand-chose, pour nous c'est notre futur et on va avoir quarante, cinquante ans quand on sera dans ces années-là, et pour nous, ça a des conséquences, donc si les mesures, elles ne sont pas prises aujourd'hui, notre futur, il va être détruit.

10 En petit groupe a. Notez les transformations écrit → oral. Ex. : « parce que » est prononcé « pasque ».
b. Déduisez quelques règles de l'oral.

11 066 **À deux** Regardez le corrigé de l'activité 10 (livret de transcriptions p. 38). Écoutez les deux phrases suivantes. Répétez-les en respectant le code oral !
a. Tu n'as pas vu les flyers qui étaient là ? Ils étaient sur la table rouge, ils sont bien quelque part !
b. Il n'y a pas de problème, elle pourra venir à la manif. Mais je ne sais pas à quelle heure !

+ Retrouvez les exercices avec 💻 sur le **Parcours digital**

Culture(s) vidéo

La Recyclerie, à Paris

▶ 09

13 HEURES INITIATIVE UN RESTAURANT DE PARTAGE

1 Regardez la vidéo sans le son. ▶ 09
a. D'après vous, quels mots qualifient le mieux ce lieu ? **Choisissez**.
hétérogène • exotique • luxueux • anticonformiste • novateur • progressiste

b. Répondez.
1. Que peut-on y faire ?
2. L'homme arrive en monocycle électrique. Qu'est-ce que cela nous dit de lui ?

2 À deux Regardez la vidéo avec le son. ▶ 09
a. Notez les informations pratiques sur le lieu.
b. Quel est le régime alimentaire proposé à la Recyclerie ? **Expliquez**.
c. Comment comprenez-vous l'expression « l'homme aux mains d'or » ? **Expliquez**.

3 En petit groupe
a. Imaginez une devise pour le lieu. **Justifiez**.
b. Aimeriez-vous fréquenter ce lieu ? Connaissez-vous un lieu similaire ? **Échangez**.

Les langues sont-elles sacrées ?

UNITÉ 4

VOUS ALLEZ APPRENDRE À :

- expliquer une évolution
- adapter votre registre
- parler de votre rapport au français

VOUS ALLEZ UTILISER :

LEÇON 13
- le passé simple
- les marqueurs temporels (2)
- l'infinitif passé

LEÇON 14
- les pronoms compléments

LEÇON 15
- la concordance des temps au passé / le discours indirect

TECHNIQUES POUR…

- analyser et interpréter un extrait littéraire
- **la médiation** : simplifier un texte

LANGUE & S'ENTRAÎNER

Style :
- La question rhétorique
- La personnification (pour rendre vivante une chose ou une idée)

CULTURE(S) VIDÉO

Les accents régionaux, une discrimination à l'embauche ?

LEÇON 13 — Expliquer une évolution

COMPRENDRE

Doc. 1 — À chaque région son dialecte

FLAMAND — Dag !
BRETON — Demat !
MOSELLAN — Moein !
LANGUE D'OÏL — Bonjour !
ALSACIEN — Buschur !
CRÉOLE GUADELOUPÉEN / MARTINIQUAIS — Bonjou !
BASQUE — Egun on !
LANGUE D'OC, OCCITAN — Bonjorn !
FRANCO-PROVENÇAL — Bonjor !
CRÉOLE RÉUNIONNAIS — Bonzour !
CATALAN — Hola !
CORSE — Banghjornu !

→ influences étrangères

1 Observez la carte (Doc. 1).
  a. Quelles sont les deux langues régionales principales ?
  b. À votre avis, quelles langues étrangères ont une influence sur les différentes langues régionales ? Échangez.

2 Lisez l'article du blog (Doc. 2).
  a. Quel est le genre de l'article ? Donnez-lui un titre.
  b. Qui est Jules Ferry ? Expliquez la loi qu'il a imposée.

3 À deux Relisez l'article (Doc. 2).
  a. À quelles langues le français était-il confronté ?
  b. Quels rôles ont joué le clergé et les instituteurs ?
  c. Relevez les mots en rapport avec le conflit. Leur usage vous surprend-il ? Échangez.

Doc. 2

https://www.axl.cefan.ulaval.ca/francophonie/HIST_FR_s9_Fr-contemporain.htm

Avant que le français ne devienne la langue commune à la majorité des Français, il a fallu attendre plusieurs siècles. En effet, même si l'ordonnance de Villers-Cotterêts, signée en 1539 par François 1er, imposa le français comme langue officielle, après le milieu du 19e siècle (en 1863), on comptabilisait encore 7,5 millions de Français ignorant la « langue nationale » (sur près de 38 millions d'habitants, soit 20 %). Selon les témoignages de l'époque, les enfants des villages de province ne retenaient guère le français appris à l'école ; cette langue ne semblait pas laisser plus de trace que le latin n'en laissait à la plupart des élèves sortis des collèges. Les élèves reparlaient « le patois[1] » au logis[2] paternel.

Dès que la France adopta la loi Ferry, on institua la gratuité de l'école primaire (1881) et rendit obligatoire l'enseignement primaire (1882). En même temps, on laïcisa les programmes scolaires. Le français s'imposa ainsi sur tout le territoire de la France et se démocratisa. L'objectif de Jules Ferry était surtout d'éliminer le clergé des écoles publiques. En effet, certains membres du clergé encourageaient l'emploi des patois comme forme de résistance à la République et ce notamment dans les campagnes. On forma des instituteurs laïcs qui furent appelés plus tard « les hussards[3] noirs de la République » en raison de leur uniforme, une longue redingote noire et une casquette plate. Ces instituteurs formés à l'École normale et vêtus de noir furent considérés comme de véritables « missionnaires laïcs » répandant dans les campagnes leur idéal de laïcité, de tolérance et du savoir éclairé. Ils constituaient une véritable « infanterie enseignante » destinée à démanteler l'école catholique, c'est-à-dire à « lutter contre l'obscurantisme » et « promouvoir les valeurs républicaines ». Les patois ne purent que difficilement résister aux méthodes de répression et aux techniques de refoulement, de délation ou d'espionnage, qui marquèrent des générations d'enfants.

Au début du 20e siècle, comme la francisation n'allait pas assez vite au goût du ministère de l'Éducation nationale, les autorités suggérèrent fortement de faire nommer des instituteurs qui ignoraient tout des parlers locaux.

Après avoir œuvré pour développer le français à l'école, les gouvernements ont adopté pas moins de 40 lois (concernant surtout la presse, l'administration et l'orthographe) permettant d'ancrer le français sur le territoire.

Jules Ferry 1832-1893, ministre de l'Instruction publique entre 1879 et 1883

1 un patois : une langue très localisée, essentiellement orale ; **2** un logis : un endroit où on loge, où on habite ; **3** un hussard : un soldat de la cavalerie. Ici : un défenseur de la République.

LEÇON 13

4 *À deux* Relisez l'article (Doc. 2).

a. Repérez les différentes étapes qui ont permis d'imposer le français comme langue nationale.

b. Relisez les phrases suivantes au passé simple. Quel est l'infinitif des verbes ?
François 1ᵉʳ imposa le français comme langue officielle. • Les patois ne purent que difficilement résister aux méthodes de répression […] qui marquèrent des générations d'enfants.

c. Quels sont les autres temps utilisés dans le texte ? Justifiez leur emploi.

5 *En petit groupe* Relisez les phrases suivantes.
A. **Après** le milieu du 19ᵉ siècle (en 1863), on comptabilisait encore 7,5 millions de Français ignorant la « langue nationale ».
B. **Dès que** la France adopta la loi Ferry, on institua la gratuité de l'école primaire.
C. **Avant que** le français ne devienne la langue commune à la majorité des Français, il a fallu attendre plusieurs siècles.
D. **Après** avoir œuvré pour développer le français à l'école, les gouvernements ont adopté pas moins de 40 lois.
E. **En même temps**, on laïcisa les programmes scolaires.

a. Classez les mots en gras.

Antériorité	Simultanéité	Postériorité
avant que	…	…

b. Observez les verbes et reliez (plusieurs réponses possibles).

Antériorité   Infinitif
Simultanéité   Indicatif
Postériorité   Subjonctif

c. Lisez la première partie de la phrase D. Comment est formé l'infinitif passé ? Pourquoi est-il employé ici ?

6 *À deux* Regardez la vidéo d'Alec et répondez.

Et dans votre pays, y a-t-il plusieurs langues officielles ? Il y a des langues régionales ? Sont-elles influencées par d'autres langues ?

DOC. 3 🎧 067

C à vous
Mots arabes : indispensables à la langue française, avec Erik Orsenna
interview • 5 min • tous publics

7 Lisez la présentation de l'émission (Doc. 3).

a. Qui est Erik Orsenna ? Faites des recherches si nécessaire.

b. Quel est le thème de l'émission ?

8 *À deux* Écoutez l'émission *C à vous* (Doc. 3).

a. Vérifiez vos hypothèses (act. 7b).

b. Entourez les mots-clés de l'émission.
la grammaire • le vocabulaire • la syntaxe • les langues • la politique

c. Quelle est l'idée principale développée par Erik Orsenna ?

9 *À deux* Réécoutez l'émission *C à vous* (Doc. 3).

a. Quelles langues ont influencé la langue française d'après Erik Orsenna ? Quand ?

b. Repérez les deux langues critiquées au 16ᵉ siècle et aujourd'hui. Expliquez pourquoi.

c. Quelle est la position d'Erik Orsenna sur l'influence de l'anglais ? Quel terme emploie-t-il ? Qu'en pensez-vous ? Échangez.

10 *À deux* Réécoutez (Doc. 3).

a. Expliquez l'origine et l'évolution des mots suivants.
amiral • étranger • tennis
Ex. : abricot : praikokion (Grèce) → al-barquq (Syrie, arabe) → albercoc (Espagne, catalan) → abricot

b. Le français a-t-il emprunté des mots à votre langue ? Lesquels ? Expliquez leur sens d'origine.

c. Utilisez-vous des mots français dans votre langue ? Lesquels ? Échangez.

d. Erik Orsenna associe chaque langue à « un univers ». Partagez-vous ce point de vue ?

AGIR

11 ✏️ Expliquez les évolutions d'une langue dans un article de blog.

a. *En petit groupe* Faites des recherches sur les évolutions de votre langue (officialisation de la langue, influences d'autres langues, évolution du vocabulaire…). Prenez des notes.

b. Reportez les informations principales sur une frise chronologique.

c. Rédigez votre article en faisant apparaître les différentes étapes de l'évolution.

d. *En groupe* Partagez votre article de blog avec la classe.

📢 Choisissez l'article le plus complet et postez votre travail sur le groupe de la classe.

▶ Langue & S'entraîner ▶ p. 68-69

LEÇON 14 — Adapter son registre

COMPRENDRE

Booba, Aya Nakamura… quand des artistes issus de banlieue réinventent la langue française
De Genono, 23 novembre 2020

[…] De Rabelais à Aya Nakamura

Il y a quelques jours, le député LaREM[1] Rémy Rebeyrotte a provoqué le débat en encensant Aya Nakamura et sa propension[2] à réinventer les expressions françaises : « La richesse de la langue, c'est certes, son évolution permanente, mais ce qui rend le français vivant, c'est sa créativité. C'est pour ça, d'ailleurs, que face aux anglicismes, nous avons intérêt à réinventer notre langue en permanence. Quand je vois des jeunes comme Aya Nakamura, qui aujourd'hui, par sa chanson, est en train de réinventer un certain nombre d'expressions françaises, ça me paraît absolument remarquable. Il y a, à la fois, la capacité de la langue à se réinventer sans arrêt, et en même temps, à continuer à porter ses accents et sa diversité ».

Une chose est indéniable : de Booba à Aya Nakamura en passant par Rohff ou PNL, les artistes ayant grandi en banlieue ont trituré[3] la langue française, tordant sa grammaire et enrichissant son vocabulaire comme l'ont fait d'autres auteurs depuis des siècles. On pense à Rabelais (1483-1553), pour sa capacité à synthétiser des éléments de langues vernaculaires[4] ou d'argots à son lexique […]. Le français est une langue extrêmement vivante, dont les règles ne sont pas figées dans le temps. Elle évolue en fonction des usages, des influences étrangères, de l'apparition de nouveaux mots, ou de la popularité de certaines particularités linguistiques purement locales ou générationnelles qui finissent par s'imposer à tous.

Le rap français, un laboratoire de langue

À titre d'exemple, certains mots de verlan sont aujourd'hui adoptés par la majorité des couches sociales et des générations. Si le principe d'inverser des syllabes existe depuis des siècles, la popularisation du phénomène à partir du début des années 90 se fait en parallèle de l'explosion du rap en France. S'ils ne sont pas les seuls acteurs de la démocratisation du verlan, les rappeurs y contribuent en l'employant très tôt dans leurs textes : en 1990, sur le premier gros tube du rap français, *Bouge de là*, MC Solaar place par exemple les mots « chelou » ou « charclo ». […] Métaphores en pagaille, véritables exercices de style : le rap français devient un véritable laboratoire de langue, où les expérimentations sur la syntaxe, les figures de style, l'intégration d'argots, deviennent aussi nombreuses et certainement plus fréquentes que dans la littérature. Particulièrement influencé par le mode d'expression des banlieues, le rap français l'institutionnalise progressivement en le diffusant à plus grande échelle, et en laissant des traces d'un langage uniquement oral.

En mode, OKLM, ouais gros…

D'autres rappeurs ont su jouer avec la langue française en torturant sa syntaxe ou en reconstruisant sa grammaire. […] « Grâce à qui ta grand-mère parle en mode ? », demande Rohff dans son dernier titre. Le rappeur vitriot[5] est réputé pour sa faculté à populariser des expressions (le terme de « zumba », par exemple, devenu un qualificatif populaire pour un sous-genre entier de musique). L'exemple de la démocratisation de l'expression « en mode » démontre à quel point l'utilisation d'un mot ou d'un groupe de mots par un rappeur accélère sa diffusion auprès du grand public. […]

---

1 LaREM = La République en Marche, parti politique créé par Emmanuel Macron en 2016 ; 2 une propension : une tendance naturelle à faire quelque chose ; 3 triturer (sens péjoratif) : remanier, tordre ; 4 vernaculaire : propre à un pays ; 5 un Vitriot : un habitant de Vitry-sur-Seine, en région parisienne.

---

1 Lisez l'article (Doc. 1). Quel est le thème ? De qui parle-t-on ?

2 *À deux* Relisez l'article (Doc. 1).
  a. De quelle manière les artistes actuels font-ils évoluer la langue ? Notez deux exemples.
  b. D'après Rémy Rebeyrotte, « La richesse de la langue, c'est son évolution permanente. Nous avons intérêt à réinventer notre langue en permanence. » Qu'en pensez-vous ? Échangez.

3 *À deux* Relisez l'article (Doc. 1).
  a. Relisez les phrases suivantes. Que remplacent les pronoms en gras ?
  1. Les rappeurs **y** contribuent en **l'**employant très tôt dans leurs textes.
  2. Le rap français **l'**institutionnalise progressivement en **le** diffusant à plus grande échelle.
  3. Les artistes ayant grandi en banlieue ont trituré la langue française […] comme **l'**ont fait d'autres auteurs depuis des siècles.
  b. Expliquez la fonction des pronoms en gras et identifiez leur place dans la phrase.
  c. Quels autres pronoms connaissez-vous ? Expliquez leur emploi à partir d'exemples. Partagez avec la classe.

LEÇON 14

4 **En petit groupe** Des chanteurs influencent-ils la langue dans votre pays ? Donnez des exemples et traduisez-les. **Échangez.**

5 Observez le site du podcast (Doc. 2)

a. Quel est le thème ?

b. Que désigne le pronom « iels », selon vous ?

c. Pensez-vous qu'il existe une différence entre le langage des jeunes et le langage des adultes à l'oral ? **Échangez.**

6 **À deux** Écoutez le podcast (Doc. 2).

a. Identifiez des caractéristiques du langage oral et du « parler jeune ».

b. Qu'est-ce que les différentes séquences sonores permettent d'illustrer ?

c. *Vrai* ou *faux* ? **Justifiez.**
1. L'omission de la négation est typique du langage oral.
2. L'utilisation du verlan est propre aux jeunes.
3. L'évolution du vocabulaire est liée à l'évolution des besoins.
4. La syntaxe est en perpétuelle évolution et obéit à de nouveaux codes.

d. Ce document vous a-t-il fait changer d'avis (act. 5c) ? **Échangez.**

7 **À deux** Réécoutez le podcast (Doc. 2).

a. Relevez une phrase qui illustre :
l'omission de la négation • le verlan • le lexique spécifique lié au monde du travail.

b. Transformez les phrases relevées en langage courant.

c. Connaissez-vous d'autres marques de l'oral ? **Échangez.**

8 Lisez l'extrait du *Petit Prince* (Doc. 3). Décrivez la scène (personnages, lieu, intrigue).

DOC. 3

J'ai ainsi vécu seul, sans personne avec qui parler véritablement, jusqu'à une panne dans le désert du Sahara, il y a six ans. Quelque chose s'était cassé dans mon moteur. Et comme je n'avais avec moi ni mécanicien, ni
5 passager, je me préparai à essayer de réussir, tout seul, une réparation difficile. C'était pour une question de vie ou de mort. J'avais à peine de l'eau à boire pour huit jours.

Le premier soir je me suis donc endormi sur le sable à mille milles de toute terre habitée. J'étais bien plus isolé
10 qu'un naufragé sur un radeau au milieu de l'océan. Alors vous imaginez ma surprise, au lever du jour, quand une drôle de petite voix m'a réveillé. Elle disait :

— S'il vous plaît… dessine-moi un mouton !

Le Petit Prince, Antoine de Saint-Exupéry,
© Éditions Gallimard, 1942

DOC. 4 · 069

9 **À deux** Écoutez le même extrait du *Petit Prince*, raconté par Jean Rochefort (Doc. 4).

a. Quel est le style dominant de ce résumé ? **Choisissez.**
poétique • humoristique • tragique

b. Identifiez les synonymes du mot « homme » dans le registre familier.

c. Quels autres termes appartiennent au registre familier ? Proposez des équivalents en langage courant.

d. Quelles autres caractéristiques du langage oral (act. 6a) figurent dans cet extrait ? **Justifiez.**

AGIR

10 Adaptez un extrait oral familier dans un registre courant.

a. **En petit groupe** **Choisissez** une autre vidéo des *Boloss des belles lettres* de Jean Rochefort.

b. Repérez les idées principales et identifiez le titre de l'ouvrage dont il est question. **Prenez des notes**.

c. Repérez les expressions en français familier et proposez des équivalents en français courant. Faites des recherches si nécessaire.

d. **En groupe** Présentez la vidéo à la classe et **reformulez-la** dans un registre courant.

> **Langue & S'entraîner** p. 69-70

LEÇON 15 — Parler de son rapport au français

COMPRENDRE

DOC. 1 🎧 070

france inter — Grille des programmes · Podcasts · Info · Culture · Humour · Musique

Pourquoi aimez-vous la langue française ?

Avec nos invités :
Xavier Mauduit, agrégé et docteur en histoire
Julie Neveux, normalienne, agrégée d'anglais et maîtresse de conférences en linguistique à Sorbonne-Université
Julien Soulier, professeur de lettres classiques, auteur et spécialiste de la langue française

▶ ÉCOUTER

1 Lisez la présentation de l'émission (Doc. 1). Quel est le thème ? Qui sont les invités ?

2 Écoutez l'émission (Doc. 1).
  a. Quel sentiment les invités expriment-ils à propos de la langue française ?
  b. Entourez les caractéristiques associées à la langue française. **Justifiez.**
  la musicalité • la construction • la complexité • l'histoire • la beauté • la familiarité

3 À deux Réécoutez l'émission (Doc. 1).
  a. Comment les invités qualifient-ils la langue française ? Associez.
  1. le journaliste
  2. Xavier Mauduit
  3. Julien Soulier

  a. « une vieille dame excentrique »
  b. « mon outil de travail, mon outil de vie »
  c. « une palette subtile »

  b. Lisez la question posée par Julie Neveux. Cette question appelle-t-elle une réponse ? Quel effet produit-elle ?
  « Si vous demandiez à un francophone dont la langue maternelle est le français pourquoi il aime le français eh ben c'est hyper difficile. Pourquoi vous aimez quelqu'un ? »

  c. Quelle stratégie utilise chaque invité pour renforcer son propos ? **Justifiez.**
  la personnification • l'anaphore • la question rhétorique
  Ex. : Julie Neveux : la question rhétorique.

4 💬 À deux « Sans la langue, nous ne sommes rien. » Partagez-vous cette vision ? **Échangez.**

5 Lisez les deux interviews (Doc. 2 et 3).
  a. Quel est le thème commun ?
  b. Faites un rapide portrait de Laura Alcoba et de Atik Rahimi (pays d'origine, profession).

DOC. 2

Entretien avec Laura Alcoba

Laura Alcoba, avenante[1], commence à aborder avec nous son roman *Manèges, petite histoire argentine*, écrit en français puis traduit en espagnol (*La casa de los conejos*[2]). Elle évoque avec nous l'importance que revêt, pour elle, la question linguistique et le fait d'avoir écrit ce roman en français...

Laura Alcoba [...] C'est bizarre, parce que je l'ai écrit en français. [...] J'ai pris conscience très fortement par la suite que je n'aurais jamais raconté cette histoire si j'étais restée là-bas, et si j'étais restée en espagnol, parce que l'espagnol, c'est vraiment la langue où j'ai appris à me taire, à avoir peur de parler, à avoir peur de formuler les choses. Et si je dois beaucoup au français c'est aussi pour m'avoir permis de raconter cette histoire-là, donc ce n'est pas anodin. [...] Le fait que le français ait été nécessaire. [...] [Il] y a cette espèce de distance et d'éloignement qui permet de raconter des choses, quand on apprend à parler et à se taire en même temps, ce n'est pas facile de se défaire de ça. [...]

Et je dirais que *Le Bleu des abeilles*, mon dernier livre, répond à cette question : pourquoi je me suis exprimée en français ? C'est entrer dans la langue française comme un plaisir, une jouissance et une libération. [...]

Il y avait ces espèces « d'éclats » de sensations visuelles et puis, à partir de là, j'ai construit quelque chose. Souvent avec un flou dans ma tête sur la chronologie, mais je me disais que ça n'était pas grave puisque je l'avais vécu comme cela. J'espérais qu'on retrouverait mes sensations et mon vécu. Je me disais aussi qu'on ne comprendrait rien à ce livre. (rires) Même ces premières « images », je les ai écrites en français, je ne les ai pas écrites en espagnol du tout. [...]

Du coup, ce texte, je l'ai écrit dans une fraîcheur bizarre, en même temps, j'étais en 75-76, mais j'étais en français. [...] C'est tout le bizarre de ce livre, et le français y est pour beaucoup, et la distance y est pour beaucoup, géographique, même si j'y étais dans ma tête, j'étais très loin des débats qu'il pouvait y avoir à l'époque en Argentine. [...]

Amandine CERUTTI, ENS de Lyon

---

1 avenant(e) (adj.) : agréable, d'un abord facile ; 2 *La Maison des lapins*

LEÇON 15

Atiq Rahimi : « Je me bats avec les mots »

Dans un chat au Monde.fr, Atiq Rahimi, lauréat du prix Goncourt 2008, explique son rapport à l'écriture. « Écrire est un acte pulsionnel. », raconte l'auteur de Syngué sabour, Pierre de patience.

Diocletien : Pourquoi et comment vous avez décidé d'écrire en français ? Et surtout, pensez-vous que l'écriture est différente lorsque vous écrivez dans cette langue ? […]

Atiq Rahimi : J'ai trois catégories de langues : d'abord la langue grammaticale, où je mets l'allemand, par exemple. Deuxième catégorie : la langue fonctionnelle, l'anglais en est une. Troisième catégorie pour moi : la langue rhétorique. Ma langue maternelle, le persan, et la langue française appartiennent à cette troisième catégorie. Ce sont des langues dans lesquelles on peut être correct grammaticalement. Mais, au niveau rhétorique, des choses vous échappent, car la même idée peut être exprimée de différentes manières : soit d'une manière poétique, soit d'une manière très crue, soit avec des phrases longues, ou courtes… Et cette liberté est aussi un piège. Parce qu'il faut connaître quand même toute la subtilité culturelle et historique des langues, et aussi de la société qui les pratique. Donc oui, la langue persane est proche du français de ce point de vue, mais en même temps, passer d'une langue à l'autre, cela implique un voyage à faire, aussi bien linguistique que culturel. Ma langue maternelle, le persan, est une langue avec laquelle j'ai connu le monde, j'ai connu mes tabous, j'ai connu mes interdits, mes limites. Donc j'avais une sorte d'autocensure en écrivant en persan. Alors que dans ma langue d'adoption, comme c'est une langue choisie, on a une certaine liberté pour s'exprimer, car il n'y a pas cette autocensure et cette pudeur inconsciente ancrée en nous depuis l'enfance. […]

6 **À deux** Relisez les deux interviews (Doc. 2 et 3).

a. Quelle vision de la langue française les deux auteurs partagent-ils ?

b. Associez chaque intention à un auteur. **Justifiez**.

Donner sa vision générale des langues. • Expliquer en détail son travail d'écriture.

c. Quelle était la crainte de Laura Alcoba ?

7 **À deux** Relisez les phrases suivantes (Doc. 2).

« Je me disais que ça n'était pas grave puisque je l'avais vécu comme cela. » • « J'espérais qu'on retrouverait mes sensations et mon vécu. » • « Je me disais aussi qu'on ne comprendrait rien à ce livre. »

a. À quel moment de sa vie Laura Alcoba fait-elle référence ?

b. Transposez les phrases au discours direct. Observez les temps verbaux. Que remarquez-vous ? **Échangez**.

En Afghanistan peut-être ou ailleurs, une femme veille son mari blessé. […] Les heures et les jours passent tandis que la guerre approche. Et la langue de la femme se délie, tisse le récit d'une vie d'humiliation dans l'espoir d'une possible rédemption.

Lorsqu'elle atteint encore une fois le quatre-vingt-dix-neuvième « Al Qahhâr », sa main quitte la poitrine de l'homme et se déplace vers le cou. Ses doigts se perdent d'abord dans la barbe drue, y restent un souffle ou deux. Ils ressurgissent ensuite pour s'étendre sur les lèvres, caresser le nez, les yeux, le front et disparaître de nouveau dans l'épaisseur des cheveux crasseux, enfin. « Tu sens ma main ? » Corps brisé, penché sur lui, elle fixe ses yeux. Aucun signe. Tend l'oreille vers ses lèvres. Aucun son. Il a toujours cet air hagard : bouche entrouverte, regard perdu dans les poutres sombres du plafond.

Elle se baisse encore pour chuchoter : « Au nom d'Allah, fais-moi signe pour me dire que tu sens ma main, que tu vis, que tu reviens à moi, à nous ! Juste un signe, un petit signe pour me donner de la force, de la foi. » Ses lèvres tremblent. Elles supplient : « Juste un mot… », glissent et effleurent l'oreille de l'homme. « J'espère au moins que tu m'entends. » Sa tête se pose sur l'oreiller.

Syngué sabour, Pierre de patience, Atik Rahimi
© P.O.L, 2008

8 Lisez l'extrait de *Syngué sabour, Pierre de patience* (Doc. 4).

a. Décrivez la situation (personnages, lieu, action principale).

b. Relevez les termes en rapport avec le corps.

c. En quoi cet extrait illustre les propos d'Atiq Rahimi dans son interview ? **Justifiez**.

AGIR

9 **En petit groupe** Les langues sont-elles sacrées ?

a. Parcourez l'unité 4. Quel(s) document(s) avez-vous trouvé le(s) plus intéressant(s). Pourquoi ? **Échangez**.

b. Listez les arguments qui défendent et qui s'opposent à la problématique.

c. Associez un exemple (tiré des documents ou de votre propre expérience) à chaque argument.

d. Donnez votre avis sur la problématique sous la forme d'un commentaire.

> **Langue & S'entraîner** p. 70-71

LEÇON 16

Techniques pour...

... analyser et interpréter un extrait littéraire

DOC. 1

Simon est assis dans sa cuisine, seul. Il vient de ramasser les deux parties d'un vieux bol bleu. Une dans chaque main. Le bol est tombé sans qu'il s'en rende compte. Il lui a échappé des mains.
Maintenant il regarde par la fenêtre. Les deux moitiés ne pèsent pas le même poids.
On peut jouer toute une vie sur quelque chose de brisé. [...]
Il abaisse son regard sur la faïence bleue. Le bol a gardé en empreinte des traces plus sombres malgré les lavages. Depuis si longtemps c'est son bol du matin. Celui du premier café. Quand tout dort dans la ville et que lui, déjà, veille.
Le bol des pensées qui se cherchent, pas encore arrimées à la journée. La pensée qui flotte, entre sommeil et éveil. La concentration dont il aura besoin prend naissance là. Dans cet entre-deux. Aucun nom encore dans sa tête. Aucun cas précis. La couleur du ciel qui apparaît peu à peu, la sensation du chaud ou du froid sous la plante de ses pieds. C'est toujours le même bol entre ses mains, quelle que soit la saison. Et lui qui songe. Sa liberté du matin.

La Patience des traces, Jeanne Benameur, © Actes Sud, 2022

LIRE

1 [Découverte] Observez l'extrait littéraire (Doc. 1).

a. De quel type de texte s'agit-il selon vous ? Justifiez.
une pièce de théâtre • un roman • un poème

b. Y a-t-il des paragraphes ?

c. Que remarquez-vous concernant la ponctuation ? Les phrases sont-elles longues ou courtes ?

2 À deux Lisez l'extrait littéraire (Doc. 1).

a. Décrivez la scène (personnage, lieu, intrigue).

b. Lisez la phrase en italique. Est-ce une pensée de Simon ? Du narrateur ? À votre avis, à quel moment du livre se situe l'extrait ? Justifiez.

c. En petit groupe Échangez vos impressions sur cet extrait.

DOC. 2

Thomas Kern — le 12 décembre

L'extrait se situe au début du roman. Le personnage principal, Simon, est dans sa cuisine et vient de briser un bol. Cet événement le fait s'interroger sur sa vie. On ne connaît ni l'époque, ni le lieu. On sait seulement que cela se passe « le matin », « dans une ville ». Cette absence de repères indique que cela pourrait se produire partout, à n'importe quelle époque.
Le narrateur fait part des pensées de Simon, de ce qu'il ressent. On a l'impression d'être dans la peau du personnage, de vivre la scène de l'intérieur.
Il y a de nombreux paragraphes. Les phrases sont très courtes ou ponctuées par des virgules, on a l'impression que chaque mot est réfléchi.
Le style est très simple, le ton est saccadé. Il y a quelques répétitions de sons (« éveil » et « réveil », dans la phrase « La pensée qui flotte, entre sommeil et éveil »). On sent que les pensées de Simon se situent entre la réalité et le rêve.
L'extrait évoque plusieurs parties du corps de Simon : « ses mains », « la plante des pieds », ainsi que son ressenti, grâce aux différents sens : la vue « il regarde par la fenêtre », le toucher « la sensation du chaud et du froid ». De nombreuses références à la nature sont aussi faites. Cet extrait montre une grande sensibilité.
On relève plusieurs figures de style qui donnent une dimension poétique. Des anaphores (« *Aucun* nom dans sa tête. *Aucun* cas précis. ») rythment l'extrait. La métaphore « Sa liberté du matin » pour évoquer le bol donne un sens à cet objet. À partir de ce bol brisé, on comprend que l'équilibre est rompu et que cela va conduire Simon à prendre de nouvelles décisions et à changer sa vie.

3 À deux [Analyse] Relisez l'extrait (Doc. 1) et lisez l'analyse faite par Thomas dans sa copie (Doc. 2).

a. Associez les éléments suivants aux parties en couleur de l'analyse.
A. Analyse du style de l'auteur (phrases nominales, phrases simples ou complexes, sons similaires...)
B. Identification du narrateur (narrateur extérieur, narrateur connaissant les sentiments des personnages...)
C. Identification du type de texte (roman, poème...)
D. Identification de la forme (nombre de paragraphes, ponctuation...)
E. Repérage des principaux champs lexicaux
F. Compréhension globale de l'extrait (personnages, action principale, lieu, époque)
G. Identification des principales figures de style
H. Interprétation de Thomas

b. À quels moments apparaissent les interprétations ? Quels sont les principaux verbes utilisés ? Proposez-en d'autres.

LEÇON 16

 POUR analyser et interpréter un extrait littéraire

- **Identifier le type de texte et situer l'extrait dans l'œuvre**
  roman • nouvelle • pièce de théâtre • poème
  L'extrait se situe au début du roman…

- **Donner sa compréhension globale de l'extrait**
  Le personnage principal, Simon, est dans sa cuisine et vient de briser un bol. Cet événement le fait s'interroger sur sa vie.

- **Identifier le narrateur**
  type de pronoms employés • personnage(s) de l'histoire • narrateur connaissant les sentiments des personnages
  Le narrateur fait part des pensées de Simon, de ce qu'il ressent.

- **Analyser la forme du texte et le style de l'auteur**
  nombre de paragraphes • présence d'éventuels dialogues • longueur et types de phrases (phrases nominales, phrases complexes) • ponctuation…
  Pour un poème : versification • type de rimes…
  Le style est très simple, le ton est saccadé.

- **Repérer les principaux champs lexicaux**
  L'extrait évoque plusieurs parties du corps de Simon… De nombreuses références à la nature sont aussi faites.

- **Identifier les figures de style**
  métaphore • anaphore • personnification • accumulation…

- **Interpréter**
  On a l'impression d'être dans la peau du personnage… • On sent que… • On comprend que…

 ÉCRIRE

4 `À deux` **Analysez et interprétez un extrait littéraire.**

a. Choisissez un extrait de livre en français ou dans votre langue.

b. Observez la forme et **prenez des notes**.

c. Lisez et analysez l'extrait.

d. **Échangez** sur vos interprétations.

e. `Seul` Rédigez votre analyse et votre interprétation.

… la médiation : simplifier un texte

5 `À deux` Relisez l'analyse de Thomas (**Doc. 2**) et lisez sa publication sur Instagram (**Doc. 3**).

a. *Vrai* ou *faux* ? **Justifiez**.
A. Toutes les idées développées dans l'analyse figurent dans la publication.
B. Il n'y a aucun ajout dans la publication.

b. **Comparez les deux textes (Doc. 2 et 3). Lisez les techniques de simplification utilisées par Thomas et relevez des exemples pour chaque procédé.**
fusionner plusieurs phrases • construire des phrases plus courtes • employer des termes précis • utiliser des parenthèses

c. **Proposez d'autres manières de simplifier un texte. Échangez.**

6 Relisez votre analyse (act. **4**).

a. **Sélectionnez les informations à conserver.**

b. **Réduisez votre analyse pour la transformer en publication sur Instagram.**

DOC. 3

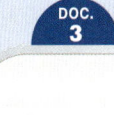

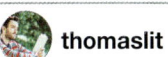 thomaslit

Aimé par lovelitte et d'autres personnes

J'ai lu *La Patience des traces* de Jeanne Benameur et j'ai adoré ! Je vous en parle rapidement.

Au début du roman, le personnage principal, Simon, casse un bol, ce qui le fait s'interroger sur sa vie. On a l'impression d'être dans la peau de Simon, de vivre la scène de l'intérieur.

Le style est très simple, chaque mot est réfléchi.

Le texte est musical. On se situe entre la réalité et le rêve. Il y a beaucoup de sensibilité dans cet extrait. Les champs lexicaux (corps, sensations, nature) se combinent à de nombreuses figures de style.

Ce début de roman nous donne des indices sur la décision que Simon va prendre… Mais je ne vous en dis pas plus, lisez-le !

Langue & S'entraîner

Leçon 13 — Grammaire

Le passé simple
Pour parler de faits ponctuels au passé
Formation : radical du présent (sauf formes irrégulières) + terminaisons du passé simple
Terminaisons
-ai, -as, -a, -âmes, -âtes, -èrent pour les verbes en –er (+ aller) : former → je form**ai**
-is, -is, -it, -îmes, -îtes, -irent pour la majorité des verbes en –ir : finir → je fin**is**
-us, -us, -ut, -ûmes, -ûtes, -urent pour la majorité des verbes en –re ou –oir : lire → il l**ut** ; pouvoir → il p**ut**
-ins, -ins, -int, -înmes, -întes, -inrent pour les verbes **tenir** et **venir** et leurs composés : tenir → il t**int** ; devenir → il dev**int**
Utilisation : Le passé simple a les mêmes valeurs que le passé composé mais il situe le récit loin du présent.
*La loi Ferry **institua** la gratuité de l'école primaire et **rendit** obligatoire l'enseignement primaire.*

▶ PRÉCIS GRAMMATICAL P. 187

1 Conjuguez les verbes au passé simple.
Il **fallut** (falloir) plus de cinq siècles pour inventer la langue française. Au 5ᵉ siècle avant notre ère, la Gaule parlait trois langues : le grec, le ligure et le gaulois. En 52 avant notre ère, les Romains _____ (envahir) la Gaule et _____ (importer) le latin qui _____ (s'installer) progressivement. Comme le gaulois était une langue presque uniquement parlée, il _____ (disparaître) sans laisser de grandes traces écrites. Au 5ᵉ siècle après notre ère, les Francs _____ (prendre) la place des Romains, ils _____ (prononcer) le latin à leur manière, _____ (ajouter) leurs mots et _____ (créer) une nouvelle langue, le roman. En 800, Charlemagne _____ (faire) revenir le latin dans les écoles et les églises. Au 10ᵉ siècle, le roman _____ (prendre) des formes différentes dans les régions et l'usage des langues régionales _____ (se renforcer) jusqu'en 1539. Le roi François Iᵉʳ _____ (signer) alors une ordonnance pour instituer le français comme langue de l'administration. En 1634, _____ (naître) l'Académie française qui _____ (avoir) comme rôle de normaliser et de perfectionner la langue. En 1694, le premier dictionnaire de l'Académie _____ (voir) le jour. Après la Révolution, en 1794, on _____ (décider) d'abolir les langues régionales pour généraliser le français. En 1802, Napoléon _____ (fonder) le lycée et en 1880, Jules Ferry _____ (instaurer) l'école obligatoire, gratuite et laïque : ces institutions _____ (rendre) la langue française obligatoire pour l'enseignement.

Les marqueurs temporels (2)
Pour indiquer une relation temporelle entre deux actions
■ **L'antériorité**
avant que / **jusqu'à ce que** + subjonctif (les deux sujets sont différents)
*Avant que le français ne **devienne** la langue commune à la majorité des Français, il a fallu attendre plusieurs siècles.*
❗ Si les sujets sont les mêmes, on utilise **avant de** + infinitif.
■ **La simultanéité**
– **au moment de** + infinitif ou + nom
*On forma des instituteurs laïcs **au moment d'imposer** le français.*
– **en même temps que** + indicatif
*La France institua la gratuité de l'école primaire **en même temps qu'**elle **rendit** obligatoire l'enseignement primaire.*
■ **La postériorité**
dès que / **depuis que** + indicatif
*Dès que la France **adopta** la loi Ferry, on **institua** la gratuité de l'école primaire.*

▶ PRÉCIS GRAMMATICAL P. 178-179

2 Soulignez les marqueurs temporels corrects.
Ex. : On a vraiment commencé à codifier la langue <u>au moment de</u> · jusqu'à la création de l'Académie française, en 1635.
a. Il a fallu attendre près de 50 ans **avant que** · **depuis que** la première édition du Dictionnaire de l'Académie soit publiée.
b. **Depuis que** · **En même temps que** cette institution existe, les Académiciens travaillent sur leur dictionnaire.
c. Un(e) académicien(ne) est membre de l'Académie **jusqu'à ce qu'** · **au moment de** il ou elle meure.
d. **Dès qu'** · **Avant qu'** un siège est vacant, un(e) autre personnalité propose sa candidature.
e. **Jusqu'à** · **Avant de** siéger, la personne élue doit faire un discours.

L'infinitif passé

Pour indiquer l'antériorité par rapport au verbe principal.
Formation : auxiliaire **être** ou **avoir** à l'infinitif + **participe passé du verbe**
Après **avoir** **discuté** longtemps et **s'être** **mis** d'accord, les parlementaires ont adopté la réforme de l'orthographe.

❗ **après** + infinitif passé = **après que** + indicatif
Après **avoir** **œuvré** pour développer le français à l'école, les gouvernements ont adopté pas moins de 40 lois.

L'INFINITIF ▶ PRÉCIS GRAMMATICAL P. 187-188

3 Réécrivez les phrases avec *après* + infinitif passé comme dans l'exemple.
Ex. : La Gaule a été occupée par les Romains, puis envahie par les Francs. → Après avoir été occupée par les Romains, la Gaule a été envahie par les Francs.
a. Dans les écoles, les élèves ont parlé latin, puis ils ont dû parler français.
b. L'État a créé l'école républicaine, puis il a formé des instituteurs laïcs.
c. La langue française s'est imposée dans les écoles, puis elle s'est répandue dans les familles.
d. Les locuteurs régionaux ont lutté contre la francisation, puis ils ont peu à peu abandonné.

Vocabulaire

🎧 071 **La langue (1)** un dialecte • un enrichissement • la francisation • une langue régionale • un patois

🎧 072 **Le conflit** la délation • l'espionnage (m.) • un hussard • une infanterie • un missionnaire • le refoulement • la répression • démanteler • éliminer • s'imposer

➕ **Registre familier** le pognon • en avoir marre = en avoir ras-le-bol

Leçon 14 — Grammaire

Les pronoms compléments

Pour éviter les répétitions
Le pronom se place avant le verbe dont il dépend. *Il a voulu **l'**écouter plusieurs fois.*

■ **Les pronoms COD (compléments d'objet direct)**

	Singulier	Pluriel
1re personne	me / m'	nous
2e personne	te / t'	vous
3e personne	le / la / l'	les

Le rap français institutionnalise progressivement le verlan en **le** diffusant à plus grande échelle.

■ **Les pronoms COI (compléments d'objet indirect)**

	Singulier	Pluriel
1re personne	me / m'	nous
2e personne	te / t'	vous
3e personne	lui	leur

Il devra expliquer **à son ami** les paroles de la chanson.
→ Il devra **lui** expliquer les paroles de la chanson.

■ **Le pronom *y***
• Pour remplacer un complément de verbe introduit par *à*
Les rappeurs contribuent <u>à la popularisation du phénomène</u>. → Les rappeurs **y** contribuent.
• Pour remplacer un complément de lieu introduit par une préposition *à, sur, vers, au, en, dans…*
Cette langue est née **dans** <u>la rue</u>. → Elle **y** est née.

■ **Le pronom *en***
• Pour remplacer un adjectif ou un verbe introduit par *de*
On aura <u>besoin</u> **de** nouveaux mots. → On **en** <u>aura besoin</u>.
• Pour remplacer un complément de lieu introduit par *de*
Le rap <u>vient</u> **des** <u>banlieues</u>. → Il **en** vient.
• Pour accompagner une quantité
Oui, je connais des dizaines de rappeurs français. → J'**en** connais **des dizaines**.

Langue & S'entraîner

❗ Penser **à**, s'adresser **à**, s'intéresser **à**... / s'occuper **de**, se souvenir **de**, parler **de** + **pronom tonique** (pour les personnes).
*Cette chanson s'adresse **à** eux. / Cette lettre parle **de** lui.*

❗ Les pronoms **le**, **en** et **y** peuvent remplacer une phrase.
*Les artistes ayant grandi en banlieue ont trituré la langue française [...] comme **l'**ont fait d'autres auteurs.*

▶ PRÉCIS GRAMMATICAL P. 173-174

4 Réécrivez le texte en supprimant les répétitions.
Le ministre de l'Éducation a invité un groupe de rap au ministère. Le groupe est venu **au ministère**. Le ministre a reçu les jeunes rappeurs pour complimenter **les jeunes rappeurs** ; il a dit **aux jeunes rappeurs** qu'ils aidaient à faire évoluer la langue française en enrichissant **la langue française** grâce à des nouveaux mots. Il a cité **quelques mots** et a mal prononcé **d'autres mots**. Il a parlé de la jeunesse et a dit que ce détournement des normes était lié à **la jeunesse**. Il veut encourager et récompenser **ce détournement des normes**. Il a conclu en disant : « Inventez des mots, faites connaître **ces mots** ; rajeunissez le dictionnaire en intégrant **dans le dictionnaire** vos créations ».
→ Le ministre de l'Éducation a invité un groupe de rap au ministère. Le groupe **y** est venu...

5 🎧 073 Écoutez et soulignez la réponse correcte.
Ex. : Elle pense à sa nouvelle chanson ? → <u>Elle y pense</u>. • Elle pense à elle.
a. Non, il ne s'y intéresse pas. • Non, il ne s'intéresse pas à lui.
b. Oui, on doit s'en souvenir. • Oui, on doit se souvenir d'eux.
c. On s'en moque parce que c'est drôle. • On se moque d'elles parce que c'est drôle.
d. Bien sûr, il faut s'en méfier. • Bien sûr, il faut se méfier d'elles.
e. Non, il n'est pas difficile de s'y habituer. • Non, il n'est pas difficile de s'habituer à elles.
f. Non, elle n'en dépend pas. • Non, elle ne dépend pas de lui.

6 Complétez les phrases par *le/l'*, *en* ou *y*.
Ex. : – On a intérêt à réinventer la langue ? – Oui, on **y** a intérêt !
a. – La langue va continuer d'évoluer. – J'____ suis sûre et je ____ espère !
b. – Le rap a contribué à moderniser la langue ? – Oui il ____ a contribué et on doit ____ être fier !
c. – La langue doit rester vivante. Je ____ souhaite vivement et j'____ tiens !
d. – Parle-t-on encore de simplifier certaines règles de grammaire ? – Oui, on ____ parle souvent, on ____ réfléchit.
e. – Certains veulent censurer les innovations. Peut-on les empêcher de ____ faire ?

Vocabulaire

🎧 074 **La langue (2)** l'argot (m.) • la popularisation
🎧 075 **Les nouveaux mots du monde professionnel** bullish • disrupter

+ **Registre familier** un beau gosse • un boloss • un keum • une meuf • le verlan • être vénère • chelou

7 Traduisez en français standard les deux phrases suivantes.
a. J'ai rencontré un keum chelou qui m'a demandé du pognon. Je suis vénère ! → J'ai rencontré un **homme**...
b. J'en ai ras le bol de ce boloss et de sa meuf ! → ...

Leçon 15 Grammaire

La concordance des temps au passé / Le discours indirect
Pour respecter une logique temporelle
Dans une phrase complexe, la subordonnée est souvent introduite par un verbe + **que** (savoir que, apprendre que, espérer que, penser que...).

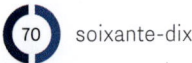

Lorsque ce verbe introducteur est au passé, le temps du verbe de la subordonnée change.
Le discours indirect au passé suit la même règle.

Verbe introducteur à tous les temps, sauf passé + *que*	Verbe introducteur au passé + *que*
Présent	**Imparfait**
Je **voudrais** savoir pourquoi vous **écrivez** en français.	Je **voulais** savoir pourquoi vous **écriviez** en français.
Discours direct : « Passer d'une langue à l'autre, cela **implique** un voyage à faire. »	**Discours indirect :** Il **a expliqué** que passer d'une langue à l'autre **impliquait** de faire un voyage.
Passé composé	**Plus-que-parfait**
Je ne **sais** plus comment j'**ai réussi** à apprendre cette langue difficile.	Je n'**ai** jamais **su** comment j'**avais réussi** à apprendre cette langue difficile.
Discours direct : « C'est une langue avec laquelle j'**ai connu** le monde. »	**Discours indirect :** Il **a ajouté** que c'était une langue avec laquelle il **avait connu** le monde.
Futur	**Conditionnel présent**
J'**espère** qu'on **retrouvera** mon vécu.	J'**espérais** qu'on **retrouverait** mon vécu.
Discours direct : « On ne **comprendra** rien à ce livre. »	**Discours indirect :** Elle se **disait** qu'on ne **comprendrait** rien à ce livre.

Les autres temps ne changent pas.
« J'ai pris conscience très fortement par la suite que je n'**aurais** jamais **raconté** cette histoire si j'**étais restée** là-bas. »
→ Elle a expliqué qu'elle n'**aurait** jamais **raconté** cette histoire si elle **était restée** dans son pays d'origine.

LE DISCOURS RAPPORTÉ ▶ PRÉCIS GRAMMATICAL P. 183

8 Complétez les phrases en faisant la concordance des temps.
Ex. : Je crois que je suis amoureux de la langue française. → J'ai cru longtemps que j'étais amoureux de la langue française.
a. Il s'aperçoit que les mots sont vivants, qu'ils ont vécu une longue vie avant parfois de mourir. → Il s'est aperçu que les mots _____ vivants, qu'ils _____ une longue vie avant parfois de mourir.
b. Cette langue présente beaucoup de subtilités ; il m'aurait fallu vivre dans le pays pour en connaître toutes les nuances, ce que je n'ai pu faire. → Il a expliqué que cette langue _____ beaucoup de subtilités et il a ajouté qu'il lui _____ vivre dans le pays pour en connaître toutes les nuances, ce qu'il n'_____ faire.
c. On ignore comment les langues évolueront et on se demande si elles vont résister à la simplification. → À l'époque, on ignorait comment les langues _____ et on se demandait si elles _____ à la simplification.

Style

La question rhétorique
Pour structurer un discours ou pour éveiller la curiosité
Pourquoi vous aimez quelqu'un ?
❶ La question rhétorique n'appelle pas de réponse.

La personnification
Pour rendre vivante une chose ou une idée
cette vieille dame excentrique → la langue française

Vocabulaire

🎧 076 **Le corps (2)** la pudeur • brisé(e) • charnel(le) • crasseux/crasseuse • dru(e) • entrouvert(e) • perdu(e) • pulsionnel(le)

🎧 077 **Les difficultés** une embûche • une chausse-trappe

🎧 078 **Les arts** une palette • un nuancier

Langue & S'entraîner

Phonétique

L'intonation porteuse de sens 🎧 079 ▶ 11

L'intonation contribue au sens des énoncés.
– Elle permet de distinguer une question (sans mot interrogatif) d'une affirmation.
Elle aime la langue française ? = interrogation • *Elle aime la langue française.* = affirmation
– Elle permet aussi de distinguer sur quelle information porte la question.

Réécoutez l'extrait du podcast p. 63, Doc. 2.

– Alors là, non, j'aime pas le football féminin.
– Comment ça ? Pourquoi ?
Comment ça ? Pourquoi ? → La femme demande la raison pour laquelle l'homme n'aime pas le foot féminin.

Dans cet autre contexte, le sens est différent.
– Alors là, non, j'aime pas le football féminin.
– Pourquoi ?
– Comment ça pourquoi ?
Comment ça pourquoi ? → L'homme demande pour quelle raison la femme lui demande « pourquoi ? »

Comment ça ? Pourquoi ? ≠ Comment ça pourquoi ?

9 🎧 080 **À deux** Écoutez et distinguez les deux sens. Répétez la phrase de votre choix

a. 1. Tu parles bien / le français ?
   2. Tu parles bien le français ?
b. 1. Tu habites où à Marseille ?
   2. Tu habites où / à Marseille ?
c. 1. C'est quand ton anniversaire / en mai ?
   2. C'est quand ton anniversaire en mai ?
d. 1. Tu travailles où à Toulouse ?
   2. Tu travailles où / à Toulouse ?

10 En petit groupe Trouvez d'autres questions où l'intonation peut changer le sens de la phrase. **Échangez** vos propositions.

➕ Retrouvez les exercices avec 💻 sur le **Parcours digital**

Culture(s) vidéo

Les accents régionaux, une discrimination à l'embauche ?

▶ 12

1 Lisez le titre du reportage et répondez.
   a. Quel est le thème ?
   b. À quel domaine est-il associé ?
   l'apprentissage • le monde professionnel • les voyages • la vie au quotidien

2 À deux Regardez la vidéo. ▶ 12
   a. Quelles villes reconnaissez-vous ? Sont-elles au sud ou au nord de la France ? **Échangez**.
   b. Quels accents entendez-vous ?
   c. Y avez-vous déjà été confrontés ? Si oui, cela vous a-t-il posé des problèmes de compréhension ? **Racontez**.

3 Regardez à nouveau la vidéo. ▶ 12
   a. Que propose le député Christophe Euzet ? Pourquoi ?
   b. Qu'en pensez-vous ? **Échangez**.

4 En petit groupe Existe-t-il différents accents dans votre pays ? Conduisent-ils à des discriminations ?

Préparation au DELF B2

COMPRÉHENSION DES ÉCRITS

Comprendre un texte informatif ou argumentatif

Vous lisez cet article qui parle d'écologie dans un magazine francophone.

Une première réserve de vagues en France

La France possède le deuxième domaine maritime mondial, après les États-Unis, mais elle est en retard pour la préservation des vagues. Après avoir visité le Pérou, le Portugal ou encore l'Australie, le surfeur explorateur Erwan Simon a créé une réserve de vagues dans la presqu'île de Quiberon, en Bretagne. Et son association *France Hydrodiversité*, fondée avec deux spécialistes de l'environnement marin, agit dans le but de préserver l'hydrodiversité marine de toute intervention humaine.

Le surfeur explique : « Une réserve de vagues, c'est un périmètre dans lequel on laisse les vagues déferler naturellement sans l'intervention de l'homme et sans artificialisation. Les vagues paraissent insaisissables. Elles ont une dimension environnementale, touristique et économique. Elles peuvent pourtant être menacées par l'action de l'homme ». Au Pays basque, dans les années 1960, des digues ont été construites pour agrandir le port de Bayonne, entraînant la disparition des vagues. Les espaces côtiers soumis à l'agitation des vagues permettent l'émergence de plusieurs espèces. « Il y a de la vie dans les vagues. Elles retournent le sable qui fera sortir les coquillages qui attirent les poissons qui attirent des oiseaux, etc. », ajoute-t-il.

La municipalité de Saint-Pierre-Quiberon a adhéré à cette proposition en délibérant en février 2022. « De cette façon, nous protégerons environ 30 hectares, représentant un patrimoine et une ressource naturelle, sportive, socio-économique et culturelle. Mais c'est avant tout un engagement moral et philosophique » a expliqué la maire, Stéphanie Doyen. Erwan Simon poursuit : « On est dans un contexte fébrile, où l'homme est un prédateur pour son environnement. C'est à nous de poser des limites. Chaque action de l'homme mène à des conséquences, même en mer. Il faut réfléchir à nos impacts dans tout ce que l'on fait. »

« Saint-Pierre-Quiberon est somme toute peu menacé et cela grâce à *Natura 2000*, le réseau européen qui permet de maintenir la diversité biologique des milieux, et la loi littoral, qui, en France, encadre l'aménagement de la côte pour la protéger d'une spéculation immobilière excessive », avance Stéphanie Doyen.

Erwan Simon nuance : « Mais un site *Natura 2000* peut accepter des travaux. Certains projets pourraient constituer des menaces pour une zone choisie et avoir un impact sur les vagues en modifiant les fonds marins, comme on l'a vu à Lorient avec son projet de cimenterie. »

Erwan Simon se bat pour qu'une législation concernant la protection des vagues soit approuvée. Il espère que d'autres collectivités surferont sur cet élan et créeront leur réserve de vagues. Il a été contacté par des citoyens du Pays basque, de Martinique et de Polynésie.

D'après Florian Tiercin,
https://actu.fr/bretagne/saint-pierre-quiberon, le 16/07/2022

Préparation au DELF B2

Pour répondre aux questions, cochez la bonne réponse.

1. D'après l'article, la France a un retard en matière de/d'…
   ☐ a. valorisation du domaine marin.   ☐ b. préservation des côtes.   ☐ c. artificialisation des côtes.

2. L'association *France Hydrodiversité* milite pour…
   ☐ a. empêcher l'artificialisation du domaine marin.
   ☐ b. faciliter les interventions humaines sur le domaine marin.
   ☐ c. faire valoir mondialement l'importance du domaine marin.

3. Selon Erwan Simon, les vagues sont menacées par…
   ☐ a. le tourisme sportif.   ☐ b. le réchauffement climatique.   ☐ c. la construction d'infrastructures.

4. Les vagues ont une importance en termes de…
   ☐ a. développement industriel.
   ☐ b. protection des espèces animales.
   ☐ c. préservation du paysage marin.

5. Selon Erwan Simon, l'action de l'homme sur l'environnement doit être…
   ☐ a. raisonnée.   ☐ b. spontanée.   ☐ c. diversifiée.

6. Pour Stéphanie Doyen, les instruments législatifs pour défendre les milieux biologiques…
   ☐ a. sont présents.   ☐ b. sont inexistants.   ☐ c. sont insuffisants.

7. Erwan Simon se bat pour…
   ☐ a. faire de Quiberon le seul site de ce type en France.
   ☐ b. faire adopter des lois pour protéger les sites maritimes.
   ☐ c. instaurer des vagues artificielles dans d'autres sites en France.

PRODUCTION ORALE

Défense d'un point de vue argumenté

Dégagez le thème soulevé dans le sujet ci-dessous et présentez votre point de vue sous la forme d'un exposé clair et argumenté de cinq minutes environ.

L'écriture inclusive pour rétablir l'égalité entre les genres ?

Si on y pense, la langue française est assez sexiste, notamment avec ses règles grammaticales. Vous vous rappelez la fameuse règle du « masculin l'emporte sur le féminin » ? Ou encore les *métiers sans équivalent au féminin*… Bref, on apprend des règles dès le plus jeune âge, sans se poser de questions sur leurs implications. Même si la langue en elle-même ne rend pas une société sexiste, toutefois elle ne favorise pas non plus les changements vers plus d'égalité.
Ainsi, difficile pour une femme de se sentir incluse lorsqu'elle postule à une offre de « développeur web ». Même si l'on comprend bien que l'offre est ouverte aussi bien aux femmes qu'aux hommes, le message implicite est tout de même présent.
Si toutes les entreprises proposaient des offres de « développeur ou développeuse web », on verrait peut-être plus de femmes dans ce domaine. Elles se sentiraient moins exclues et plus légitimes de suivre ce type d'études et de postuler à ces offres. Et ce n'est qu'un exemple parmi tant d'autres.

D'après www.hippocampe.fr/blog, publié le 26 avril 2021

La politique est-elle l'affaire de tous ?

UNITÉ 5

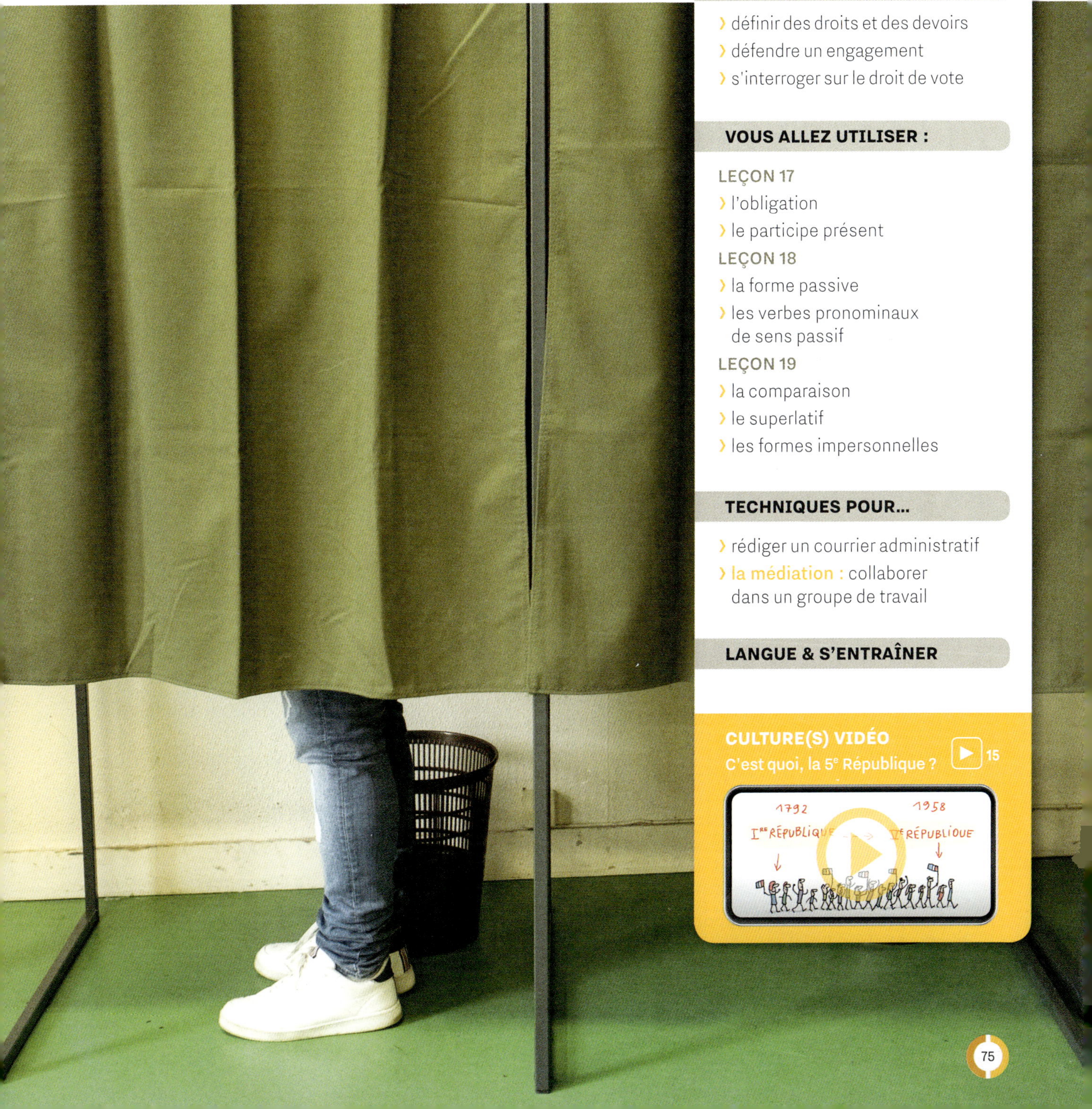

VOUS ALLEZ APPRENDRE À :
- définir des droits et des devoirs
- défendre un engagement
- s'interroger sur le droit de vote

VOUS ALLEZ UTILISER :

LEÇON 17
- l'obligation
- le participe présent

LEÇON 18
- la forme passive
- les verbes pronominaux de sens passif

LEÇON 19
- la comparaison
- le superlatif
- les formes impersonnelles

TECHNIQUES POUR...
- rédiger un courrier administratif
- **la médiation** : collaborer dans un groupe de travail

LANGUE & S'ENTRAÎNER

CULTURE(S) VIDÉO
C'est quoi, la 5ᵉ République ?

LEÇON 17 — Définir des droits et des devoirs

COMPRENDRE

DOC. 1

> « Le premier des droits de l'homme, c'est le devoir pour certains d'aider les autres à vivre. »
>
> Jean-Paul SARTRE (1905-1980), au président Giscard d'Estaing, 26 juin 1979

1 Lisez la citation (Doc. 1).

a. À qui s'adresse Jean-Paul Sartre ?

b. D'après vous, qui sont « les autres » ? Que pensez-vous de cette citation ? Échangez.

DOC. 2  081

2 Observez la page de France Culture et écoutez la chronique (Doc. 2).

a. À quel domaine appartient la chronique ?

b. Quelle est l'intention du chroniqueur ?

3 À deux Réécoutez la chronique (Doc. 2).

a. *Vrai* ou *faux* ? Justifiez.
1. Les devoirs ont toujours fait partie de la Déclaration des droits de l'Homme.
2. La condition pour exercer un droit est de respecter ses devoirs par rapport aux autres.
3. Politiquement, les droits et les devoirs sont inséparables.

b. Relevez les termes en rapport avec : l'individu • la collectivité.

c. Donnez votre définition des droits et des devoirs.

4 À deux Lisez les phrases.

A. Je dois respecter le droit de l'autre.
B. On est en droit d'exiger que les autres respectent leurs obligations à notre égard.

a. Quelle idée expriment ces deux phrases ? Choisissez.
l'obligation • l'opposition • l'interdiction

b. Comparez les deux phrases. Expliquez leur formation.

c. Reformulez ces phrases avec d'autres structures. Partagez vos propositions avec la classe.

5 À deux Avez-vous la même conception des droits et des devoirs ? Quels sont les droits et les devoirs les plus importants dans votre pays ? Expliquez.

6 Observez la page Internet (Doc. 3).

a. De quel site s'agit-il ?

b. Quelle est sa fonction ?

7 Lisez le texte (Doc. 3).

a. Placez les titres suivants au bon endroit.
1. Les droits et devoirs qui relèvent de la citoyenneté européenne
2. Qu'est-ce que la citoyenneté de l'Union européenne ?
3. Les fondements de la citoyenneté européenne

b. Résumez le contenu de chaque partie.

8 À deux Relisez le texte (Doc. 3).

a. Répondez.
1. Quelle est la condition pour obtenir la citoyenneté européenne ?
2. De quels droits disposent les citoyens de l'Union européenne ?
3. Les citoyens européens peuvent-ils exercer n'importe quel type d'emploi dans le service public en Europe ?

b. Identifiez les mots qui correspondent à ces définitions.
1. Personne qui relève de l'autorité d'un autre pays
2. Accord signé entre plusieurs États
3. Autorité suprême
4. État qui fait partie d'une organisation internationale

LEÇON 17

DOC. 3

Toute personne ayant la nationalité d'un État membre est automatiquement reconnue citoyenne de l'Union. La citoyenneté européenne complète la citoyenneté nationale sans la remplacer. C'est une citoyenneté dite « de superposition ».

5 D'après l'article 9 du traité sur l'Union européenne (TUE) et l'article 20 du traité sur le fonctionnement de l'Union européenne (TFUE), « est citoyen de l'Union toute personne ayant la nationalité d'un État membre ».
Les individus n'accèdent à la citoyenneté de l'Union européenne qu'au travers de l'État dont ils sont les ressortissants. [...]
L'une des originalités de la construction européenne est le rôle important qu'elle confère aux citoyens. Normalement,
10 dans les organisations internationales classiques, seuls les États sont directement concernés par les décisions adoptées (comme par exemple aux Nations unies). Dans l'Union européenne, les citoyens ont une reconnaissance juridique propre, à côté des États.
La notion de citoyenneté européenne a été introduite par le traité de Maastricht en 1992.

15 Les traités et la Charte des droits fondamentaux garantissant la citoyenneté européenne, les ressortissants des États membres bénéficient de droits supplémentaires.
• Le droit de circuler et de séjourner, de travailler et d'étudier sur le territoire des autres pays membres est reconnu aux citoyens. [...]
• En matière civique et politique, les citoyens européens bénéficient du droit de vote et d'éligibilité aux élections
20 municipales et aux élections du Parlement européen, dans l'État membre où ils résident et ce dans les mêmes conditions que les ressortissants de cet État. [...]
• Les citoyens de l'Union européenne jouissent également d'un droit de pétition et d'un droit d'initiative citoyenne.
• Leur est aussi attribué le droit d'adresser au Médiateur européen une plainte contre un acte de mauvaise administration commis par une institution ou un organe européen. [...]
25 L'exercice de ces droits est assorti de limitations et de conditions.
Étant citoyen de l'UE, chacun peut devenir conseiller municipal dans certains autres États membres, mais pas maire ou adjoint.
Ils peuvent être fonctionnaires dans leur État de résidence mais uniquement pour des emplois ne mettant pas en jeu la souveraineté de ce dernier.
30 Ils doivent enfin justifier de ressources suffisantes pour s'installer dans un autre État.
Hormis ces limitations, aucun traité n'énumère les devoirs du citoyen européen. Seul le préambule de la Charte des droits fondamentaux pose le principe que « la jouissance de ces droits entraîne des responsabilités et des devoirs ».

---

9 À deux Relisez les phrases.
A. Toute personne ayant la nationalité d'un État membre est automatiquement reconnue citoyenne de l'Union.
B. Les traités et la Charte des droits fondamentaux garantissant la citoyenneté européenne, les ressortissants des États membres bénéficient de droits supplémentaires.
C. Ils peuvent être fonctionnaires dans leur État de résidence mais uniquement pour des emplois ne mettant pas en jeu la souveraineté de ce dernier.

a. Reliez.
phrase A •   • expression de la cause
phrase B •   • ajout d'une précision
phrase C •

b. Observez la forme verbale employée dans ces phrases. Nommez-la et **expliquez** son utilisation.

AGIR

10 Définissez les droits et les devoirs au sein d'une association ou d'un club.

a. *En petit groupe* Imaginez une association ou un club dans un domaine particulier (sport, éducation, aide aux personnes...). Déterminez son objectif.

b. Listez les droits et les devoirs des membres de l'association ou du club. **Prenez des notes**.

c. **Présentez** votre association ou votre club à la classe. **Justifiez** les droits et les devoirs.

d. *En groupe* **Votez** pour votre association ou votre club préféré.

> Langue & S'entraîner p. 84

LEÇON 18 — Défendre un engagement

COMPRENDRE

DOC. 1

@phipx

1 Observez le dessin (Doc. 1).

a. Quel est le monument représenté ? Que font les personnes ?

b. Comment l'interprétez-vous ? Échangez.

DOC. 2 🎧 082

« Gilets jaunes » : qu'est-ce que le référendum d'initiative citoyenne ?

RIC et Gilets jaunes © Ludovic MARIN / AFP

2 Observez la photo et le titre de l'émission (Doc. 2).

a. Décrivez la photo.

b. Que signifie l'acronyme RIC ? D'après vous, en quoi consiste-t-il ?

3 À deux Écoutez l'interview (Doc. 2).

a. Quel est l'événement à l'origine de cette émission ? Vérifiez vos hypothèses à la question 2b.

b. Présentez la personne interrogée.

c. Quel est son objectif ?

4 À deux Réécoutez (Doc. 2).

a. Quel est le danger du RIC selon le professeur ? Justifiez.

b. Selon lui, que faut-il mettre en place pour lutter contre ce danger ?

c. Repérez les trois questions rhétoriques utilisées par le professeur.

d. Qu'apportent-elles au discours ? Échangez.

5 💬 En petit groupe a. Pensez-vous que les citoyens aient un rôle à jouer dans la vie politique, en plus du vote ? Échangez.

b. Les citoyens sont-ils impliqués dans les décisions politiques de votre pays ? Expliquez.

6 Lisez l'article de *La Dépêche* (Doc. 3)

a. Dans quelles rubriques peut-on le classer ? Entourez les bonnes réponses.
Justice • Consommation • Environnement • Éducation • Santé

b. Décrivez l'incident (lieu, contexte, personnes impliquées).

7 À deux Relisez l'article (Doc. 3).

a. Quelles ont été les conséquences de cet incident pour les habitants ?

b. Quelle initiative les habitants ont-ils prise ?

c. Comment ont réagi les auteurs des faits ?

d. Que pensez-vous de cette solution ? Échangez.

DOC. 3

LADEPECHE.fr

Des riverains engagent une action collective en justice après les fumées toxiques des vergers

Le mois d'avril, avec ses gelées tardives, a été difficile pour de nombreux agriculteurs. Mais pas seulement. Les Vauréens et habitants des communes environnantes ont également, par ricochet, été victimes de ces nuits de gel. En cause, le Domaine de Fontorbe. À la tête de 350 ha de vergers, des pommes pour la plupart, le propriétaire a dans la nuit du 12 au 13 avril utilisé de la paille imbibée de gasoil pour « réchauffer » ses
5 récoltes. Une méthode illégale, et pour le moins douteuse. Dès 6 heures du matin ce jour-là, d'épaisses fumées noires ont recouvert le ciel, causant d'importants dégâts. Plusieurs personnes ont été intoxiquées et ont été conduites à l'hôpital, de nombreuses habitations ont été recouvertes de suie, des routes coupées et impraticables, etc. Les habitants, choqués et en colère, pensaient en rester là. Mais pendant plusieurs jours, malgré l'intervention des pouvoirs publics, d'une mise en demeure de la préfecture et du dépôt de
10 plusieurs plaintes, le Domaine a continué à utiliser le même procédé plusieurs nuits d'affilée.

Création du collectif

[…] Les riverains ont décidé de ne pas se laisser faire, ainsi, une marche citoyenne à l'initiative d'un collectif a été organisée dans les rues de Lavaur le 24 avril. Un premier pas pour dénoncer l'attitude du Domaine de Fontorbe. Mais la lutte se poursuit pour eux, avec la création du collectif *Respirons 81*, « afin que le Domaine
15 de Fontorbe cesse ses pratiques illégales et de porter atteinte à la santé des habitants du Vaurais. Pour ce faire, *Respirons 81* lance une action collective en justice », expliquent les membres de l'association. […]

Le collectif a déjà réuni 59 inscrits, et compte bien voir grossir ses rangs rapidement. Des réunions d'information ouvertes aux habitants du Vaurais sont programmées dans les jours à venir.

Silence du propriétaire

20 […] Quelques semaines après cet épisode, le directeur du Domaine expliquait « ne pas avoir eu le choix pour sauver ses récoltes », et avait promis de se mettre autour de la table avec la population pour « renouer le dialogue ». Une rencontre qui se fait toujours attendre et qui a peut-être poussé les habitants à prendre, à leur tour, des mesures drastiques.

Rafik Benbagdad

---

8 **À deux** Relisez l'article (Doc. 3).

a. Relevez les phrases équivalentes aux phrases ci-dessous.
1. La suie a recouvert de nombreuses habitations.
2. On attend toujours une rencontre.

b. Qui fait l'action dans les phrases relevées ? Expliquez leur formation.

c. Quelles sont les différences entre les deux phrases relevées ? Expliquez.

d. Pourquoi utilise-t-on cette forme ?

AGIR

9 Défendez un engagement à travers un collectif citoyen.

a. **En petit groupe** Choisissez un engagement important pour vous. **Échangez**.

b. Créez un collectif citoyen pour le défendre, nommez-le et trouvez un slogan.

c. Indiquez les mesures à prendre pour défendre votre engagement. **Prenez des notes**.

d. Rédigez une présentation de votre collectif.

e. **Présentez** à la classe votre collectif et les mesures prises. **Expliquez**.

f. **En groupe** Choisissez le collectif que vous aimeriez rejoindre.

> Langue & S'entraîner p. 85-86

LEÇON 19 — S'interroger sur le droit de vote

COMPRENDRE

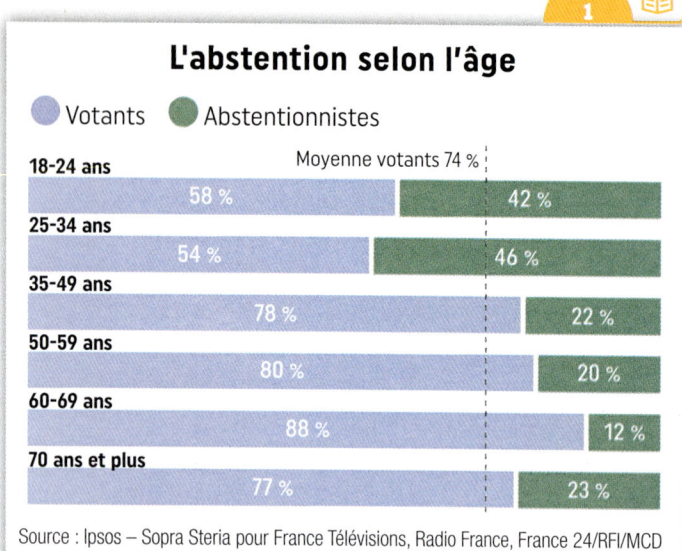

Doc. 1 — L'abstention selon l'âge (Votants / Abstentionnistes)

- 18-24 ans : 58 % / 42 %
- 25-34 ans : 54 % / 46 %
- 35-49 ans : 78 % / 22 %
- 50-59 ans : 80 % / 20 %
- 60-69 ans : 88 % / 12 %
- 70 ans et plus : 77 % / 23 %

Moyenne votants 74 %

Source : Ipsos – Sopra Steria pour France Télévisions, Radio France, France 24/RFI/MCD Public Sénat/LCP Assemblée Nationale et Le Parisien-Aujourd'hui en France

1 Lisez le graphique (Doc. 1).
   a. Qu'illustre-t-il ?
   b. Que remarquez-vous ? Ces chiffres vous surprennent-ils ? **Échangez**.

2 Lisez l'extrait de *Une vie française* (Doc. 2). Cochez la phrase qui résume le mieux l'extrait.
   ☐ A. Le narrateur remet en question son choix de ne pas voter.
   ☐ B. Le narrateur exprime sa volonté de s'engager en politique.
   ☐ C. Le narrateur critique la politique française et revendique ses droits.

3 **À deux** Relisez l'extrait (Doc. 2).
   a. Pour quel candidat le narrateur aurait-il pu voter ?
   b. Quel est le ton employé par le narrateur ? Entourez et **justifiez**.
   idéaliste • sarcastique • réaliste
   c. Quels sentiments éprouve-t-il à la suite des résultats de l'élection ?

Doc. 2

Je n'ai jamais voté. C'est un principe auquel j'espère ne pas avoir, un jour, à déroger[1]. Jusque-là, j'ai résisté à toutes les tentations, à toutes les entreprises de culpabilisation, de déstabilisation, aux pressions, aux chantages, à l'avalanche des argumentations fondées ou des arguties spécieuses[2] [...]. Disons simplement que [...] il ne s'est jamais trouvé tout au long de cette vie sous cette Ve République, un seul candidat en quête de voix à qui j'aurais confié avec plaisir les clés de ma voiture ou de mon pavillon, bref, un type avec lequel j'aurais aimé passer une semaine de vacances ou simplement partager une partie de pêche. Pourtant au soir du 19 mai 1974 lorsque je vis que Giscard d'Estaing était déclaré élu avec 1,62 pour cent d'avance, soit à peine 424 599 suffrages de plus que son adversaire, indéniablement *socialtraître*, mais en tout point préférable, j'eus, l'espace d'une heure, ce petit vague à l'âme[4] qui accompagne la digestion de mauvaises actions.

Une vie française, Jean-Paul Dubois, © Éditions de L'Olivier, 2004

[1] déroger : enfreindre, transgresser ;
[2] des arguties spécieuses : des subtilités de langage qui cachent l'absence d'arguments sérieux ;
[3] un vague à l'âme : un état mélancolique

Doc. 3

https://www.24heures.ch/le-droit-de-vote-cest-u

[24] OPINION — Éditorial

Le droit de vote ? C'est un devoir !

Le taux d'abstention historique en France aux élections régionales doit nous rappeler que le droit de vote n'est pas qu'un droit, c'est un devoir.

Avec une abstention de plus de 61 %, la France a connu dimanche (le 20/06/2021) le triste record de sa plus faible participation à une élection, du moins sous la Ve République. En Suisse, avouons-le, nous qui passons souvent pour des citoyens modèles, nous connaissons régulièrement pire et même bien pire, pas seulement lors de votations[1]. Mais il est vrai qu'on vote plus souvent et que de manière générale, le taux de participation est reparti à la hausse depuis l'introduction du vote par correspondance. Quant à eux, les Français votent beaucoup moins fréquemment et ne semblent pas vouloir modifier un système qui n'est pas le meilleur.

Il est certain qu'en modernisant son mode électoral, par correspondance ou Internet, la France gagnerait quelques points de participation et de même qu'elle faciliterait la vie de ses citoyens. Mais le problème est plus profond.

LEÇON 19

4 Lisez l'éditorial de *24 heures* (Doc. 3).

a. À la suite de quel événement le journaliste rédige-t-il cet éditorial ?

b. Cochez les caractéristiques de l'éditorial.
- 1. un titre pour attirer l'attention
- 2. un chapeau pour résumer
- 3. une phrase d'accroche pour interpeller
- 4. un ton neutre
- 5. une prise de position

c. Pourquoi le journaliste choisit-il ce type d'article ?

d. Lisez les questions en gras. Comment les appelle-t-on ? Quelle est leur fonction ?

5 À deux Relisez l'éditorial (Doc. 3).

a. Que pense le journaliste du droit de vote ?

b. Comment le vote est-il perçu par les citoyens français ? Justifiez.

c. Relevez les différences entre la France et la Suisse. Complétez le tableau et répondez.

	fréquence de vote	système de vote	taux de participation
FRANCE			
SUISSE			

1. Relevez les expressions utilisées par le journaliste pour comparer.
2. Classez-les dans les catégories **comparatif** · **superlatif**. Quelles différences observez-vous ?
3. À quels adjectifs correspondent « meilleur » et « pire » ? Quelle est l'autre exception ? Échangez.

6 À deux Relisez la phrase suivante.
Mais il est vrai qu'on vote plus souvent […].

a. Qu'exprime-t-elle ? Entourez.
l'obligation · la certitude · la nécessité

b. Repérez la structure et cherchez d'autres exemples dans l'éditorial.

c. Classez-les selon qu'ils expriment la certitude ou le doute.

d. Justifiez l'emploi du subjonctif ou de l'indicatif.

7 En petit groupe Regardez la vidéo d'Alina et répondez.

Et vous, que pensez-vous de l'obligation de voter ? Comment ça se passe dans votre pays ?
 13

DOC. 4 🎧 083
https://www.youtube.com/watch?v=aOFlwICX3oA
Le jugement majoritaire, qu'est-ce que c'est ?

8 Écoutez le podcast (Doc. 4). De quoi parle-t-on ? Pour quelles raisons le système de vote français actuel pose-t-il problème ?

9 À deux Réécoutez le podcast (Doc. 4).

a. À quoi servent les principes suivants ?
les mentions · la mention majoritaire · le profil de mérite

b. Listez les mots en relation avec le vote.

c. L'électeur peut-il choisir de voter blanc avec le jugement majoritaire ? Expliquez le principe de ce vote.

d. Que pensez-vous de ce système ? Échangez.

AGIR

10 En petit groupe La politique est-elle l'affaire de tous ?

a. Parcourez l'unité 5. Quel(s) document(s) vous a/ont appris quelque chose de nouveau ? Expliquez.

b. Avec quelles idées êtes-vous d'accord, ou pas ? Échangez.

c. Prenez position sur la problématique. Listez vos arguments. Échangez.

d. Rédigez un éditorial pour répondre à la problématique.

Partagez votre éditorial sur le groupe de la classe et échangez.

> Langue & S'entraîner p. 86-87

117477

Réflexions   Courrier des lecteurs

Voter a toujours été un effort : il est difficile de comprendre, de se faire une opinion, de percer la langue de bois des uns et de miel[2] des autres. Il est incertain, dans la complexité du monde, de trouver une politique capable de le changer. Pourquoi une partie importante de la population, notamment chez les jeunes, juge-t-elle cet effort inutile ? Autrefois on disait : voter est un devoir du citoyen, celui qui ne remplit pas ce devoir se retranche du droit de critiquer. **Qui le dirait encore aujourd'hui ? Qui considère que le droit de vote est un devoir ?** Pour la majorité, c'est un droit, simplement, qu'on a la liberté ou non d'exercer, comme on a la liberté, à tout moment, de critiquer tout ce qu'on veut. Voter n'est plus un devoir, mais un choix, une option, et il n'est pas sûr qu'on mesure à la fois individuellement et collectivement les implications de ce choix. Pour ma part, je me méfie des droits sans devoirs et je suis convaincu qu'il n'y a aucune liberté sans responsabilité.

Alain Rebetez, le 21/06/2021

1 une votation : nom donné au vote en Suisse ;
2 la langue de miel : l'hypocrisie

LEÇON 20
Techniques pour...
... rédiger un courrier administratif

LIRE

DOC. 1

Véronique Thimbaut
44 rue Oberkampf
75011 Paris

Assurance maladie de Paris
75 948 Paris Cedex 19

Paris, le 27 juillet 2023

Objet : Nouvelle demande de carte vitale
Pièce jointe : copie de la précédente demande de carte vitale

Madame, Monsieur,

[1] Affiliée à la sécurité sociale sous le numéro suivant : 2 68 09 14 327 057, je souhaite vous faire part d'un retard dans le traitement de mon dossier.

[2] En effet, dans un courrier datant du 23 avril 2023, je vous ai signalé la perte de ma carte vitale, à la suite du vol de mon portefeuille survenu le 20 avril.

[3] Je vous avais donc demandé de m'en faire parvenir une nouvelle. Je précise que cela fait maintenant trois mois que je me vois dans l'obligation d'envoyer des fiches de soins après chaque consultation. De fait, mon médecin ne peut avoir recours à la télé-transmission.

À ce jour, après vérification sur mon compte Ameli, je m'aperçois que je n'ai toujours reçu aucune réponse de votre part.

Je tiens à vous préciser que j'ai déjà rencontré ce problème par le passé lors de ma première demande de carte vitale en 2007.

[4] Je me permets d'insister auprès de vos services, ce désagrément me plaçant dans une situation particulièrement inconfortable.

[5] Je souhaiterais donc que mon dossier d'assurée soit mis à jour le plus rapidement possible afin d'éviter de nouvelles démarches administratives.

[6] En espérant que ma demande sera traitée dans les plus brefs délais, je vous prie d'agréer, Madame, Monsieur, mes salutations distinguées.

Véronique Thimbaut

1 [**Découverte**] Lisez le courrier (Doc. 1).

a. Qui a écrit le courrier ? À qui s'adresse-t-il ?

b. Pourquoi écrit-elle ce courrier ?

2 À deux [**Analyse**] Relisez le courrier (Doc. 1). Relevez les éléments suivants.
- lieu et date
- expéditeur
- objet
- formule de politesse
- formule d'appel
- signature
- destinataire
- corps du courrier

3 Relisez le courrier (Doc. 1). Associez les intitulés suivants aux parties 1 à 6.
A. Faire une demande spécifique
B. Expliquer
C. Demander un traitement rapide du dossier et prendre congé
D. Détailler l'historique des faits
E. Formuler l'objet du courrier
F. Insister

LEÇON 20

POUR rédiger un courrier administratif

- **Préciser l'expéditeur/trice du courrier**
  Véronique Thimbaut
  44 rue Oberkampf
  75011 Paris

- **Préciser le(s) destinataire(s) du courrier**
  Assurance maladie de Paris
  75 948 Paris Cedex 19

- **Indiquer la date**
  Paris, le 27 juillet 2023

- **Faire figurer l'objet du courrier**
  Nouvelle demande de carte vitale

- **Rédiger une formule d'appel**
  Madame, Monsieur,

- **Formuler sa demande**
  Affiliée à la sécurité sociale [...], je souhaite vous faire part d'un retard dans le traitement de mon dossier.

- **Expliquer**
  En effet, dans un courrier datant du 23 avril 2023, je vous ai signalé la perte de ma carte vitale, à la suite du vol de mon portefeuille...

- **Détailler l'historique des faits**
  dans un courrier datant du 23 avril 2023, je vous ai signalé... • Je tiens à vous préciser que j'ai déjà rencontré ce problème... • À ce jour, après vérification sur mon compte Ameli, je m'aperçois que...

- **Insister**
  Je me permets d'insister auprès de vos services...

- **Faire une demande spécifique**
  Je souhaiterais que mon dossier d'assurée soit mis à jour le plus rapidement possible afin d'éviter de nouvelles démarches.

- **Demander un traitement rapide du dossier et prendre congé**
  En espérant que ma demande sera traitée dans les plus brefs délais, je vous prie d'agréer, Madame, Monsieur, mes salutations distinguées.

ÉCRIRE

4 À deux Rédigez un courrier administratif.
a. Organisez les différentes parties de votre courrier.
b. Rédigez le courrier.

> Vous avez fait une demande de carte de séjour. La préfecture vous a fixé un rendez-vous pour que vous puissiez la récupérer or, une fois sur place, la carte de séjour n'est pas disponible. L'agent du comptoir vous recommande de rédiger un courrier à la préfecture pour faire part des faits et demander un traitement rapide de votre demande.

... la médiation : collaborer dans un groupe de travail

5 Lisez le nuage de mots suivant.

conseils, entraide, ateliers, partage, coopérer, interaction, tutorat, travail en groupe, jeux, écoute, discussions

a. Complétez-le avec d'autres termes qui vous évoquent la collaboration dans un groupe de travail.
b. Proposez un classement des différents termes.
Ex. : types d'activités : jeux, discussions, ateliers, tutorat...

6 À deux a. Classez les stratégies suivantes pour collaborer au mieux.
A. Définir des tâches
B. Déterminer les différentes étapes de travail
C. Réfléchir aux réunions à mettre en place
D. Identifier les compétences de chaque membre du groupe
E. Répartir les tâches
F. Constituer des groupes de travail
G. Attribuer un rôle à chaque membre du groupe (meneur, rédacteur...)
H. Mettre en commun le résultat d'une tâche
I. Décider du rendu final
J. Lister les étapes jusqu'à la finalisation du projet

b. Complétez la liste des stratégies pour favoriser la collaboration (act. 6a).
Ex. : S'assurer que tout le monde prend la parole

c. Proposez des outils (types de supports, applications...) facilitant la collaboration.
Ex. : Créer des documents partagés

7 En petit groupe a. Listez ce que représente pour vous une collaboration réussie.

b. Mettez en commun avec la classe. Échangez.

Langue & S'entraîner

Leçon 17 — Grammaire

L'obligation

■ **Obligation générale, nécessité**
il faut • **il est impératif/nécessaire/indispensable de** + **infinitif**
*Il **faut** noter qu'on se situe dans un cadre universel et législatif.*

■ **Obligation personnelle**
– **devoir** + infinitif
*Je **dois** respecter le droit de l'autre.*

– **il faut que** / **il est temps que** • **il est impératif/nécessaire/indispensable/important que** + subjonctif
Il est indispensable que les autres respectent mes droits.

■ **Exigence**
exiger/vouloir/demander que + subjonctif
*On est en droit d'**exiger que** les autres **respectent** leurs obligations à notre égard.*

❗ Le subjonctif est utilisé quand les deux sujets sont différents.

▶ PRÉCIS GRAMMATICAL P. 190-191

1 Transformez les phrases avec les éléments entre parenthèses.

Ex. : On doit obéir aux lois. (il est indispensable que / on) → Il est indispensable qu'on obéisse aux lois.
a. Il est nécessaire de réfléchir à la notion de droit et de devoir. (il est nécessaire que / tous les citoyens)
b. La démocratie exige d'être attentif à la liberté d'expression. (exiger que / chaque habitant)
c. Il est temps de faire évoluer la législation. (il est temps que / le parlement)
d. Il est important de restreindre certaines libertés. (il est important que / la loi)
e. Les citoyens doivent prendre le temps de s'informer. (il faut que / les citoyens)
f. L'UE demande de suivre des règles communes. (demander que / chaque membre)

Le participe présent

Pour caractériser, décrire
*Toute personne **ayant** (= qui a) la nationalité d'un État membre est automatiquement reconnue citoyenne de l'Union.*

Pour exprimer la cause
***Étant** citoyen de l'UE, chacun peut devenir conseiller municipal (= Comme il est citoyen de l'UE, …).*

❗ Avec cette valeur de cause, le participe présent peut avoir un sujet propre.
*Les traités de la Charte **garantissant** la citoyenneté européenne, les ressortissants des États membres, bénéficient de droits supplémentaires.*

FORMATION ▶ PRÉCIS GRAMMATICAL P. 188

2 Reformulez les questions avec un participe présent.

Ex. : Les citoyens qui possèdent un passeport européen peuvent-ils circuler librement dans l'Union européenne ?
→ Les citoyens **possédant** un passeport européen peuvent-ils circuler librement dans l'Union européenne ?
a. Les pays qui ne font pas partie de l'UE suivent-ils sa réglementation ?
b. Vu que je suis ressortissant de l'UE, est-ce que je peux voter aux élections européennes ?
c. Quelles conditions doit satisfaire un pays qui veut entrer dans l'UE ?
d. Comme la citoyenneté européenne se superpose à la citoyenneté nationale, a-t-on une double citoyenneté ?
e. Puisque j'ai la nationalité belge, est-ce que je peux devenir fonctionnaire allemand ?
f. Vu que nous ne savons pas parler luxembourgeois, pouvons-nous travailler au Luxembourg ?
g. Comme le Brexit exclut les Anglais de l'UE, est-ce qu'ils ont besoin d'un visa pour entrer en France ?

Vocabulaire

🎧 084 **La vie en société** l'interdépendance (f.) • la réciprocité • autrui • coexister

🎧 085 **Les textes de loi** la charte • la déclaration • le préambule • le traité • universel(le)

🎧 086 **La citoyenneté** le(la) citoyen(ne) • la citoyenneté européenne / nationale / de superposition • les droits individuels • l'individu (m.) • le(la) ressortissant(e)

Leçon 18 — Grammaire

La forme passive

■ À la forme passive, l'attention est portée sur l'objet de l'action. **Le sujet du verbe « actif »** (celui qui fait l'action) devient **le complément d'agent**, généralement introduit par **par**. **Le COD** devient **le sujet** du verbe passif.

Forme active
Est-ce que le juge constitutionnel contrôlera les lois votées par le peuple ?

Est-ce que les lois votées par le peuple seront contrôlées par le juge constitutionnel ?
Forme passive

■ **Formation** : **auxiliaire être** conjugué au temps voulu + **participe passé du verbe de l'action**

❗ Le complément d'agent n'est pas toujours exprimé et est parfois introduit par **de**.
*Des personnes **ont été intoxiquées**, de nombreuses habitations **ont été recouvertes** de suie.*

▶ PRÉCIS GRAMMATICAL P. 190

3 Écrivez les phrases à la forme passive.
Ex. : Le gouvernement doit consulter les citoyens. → Les citoyens doivent être consultés par le gouvernement.
a. Les députés représentent les citoyens.
b. Certaines associations mènent des actions collectives.
c. On prendra une décision prochainement pour résoudre le problème.
d. Les habitants de la ville ont créé un collectif citoyen.
e. Les tracts recouvrent les murs de la ville.
f. Il est impensable qu'un référendum abroge une loi.
g. On ne peut pas proposer une initiative populaire sur tous les sujets !

Les verbes pronominaux de sens passif

se faire / **se laisser** + infinitif
*Une rencontre qui **se fait** toujours **attendre**.* (= elle est attendue) / *Les habitants **se sont fait*** **intoxiquer**.* (= ont été intoxiqués) / *Ils ne **se sont pas laissé*** faire.*

* Les participes passés *fait* et *laissé* sont invariables.

❗ Certains verbes pronominaux peuvent également avoir un sens passif avec un sujet inanimé.
*La nouvelle **s'est vite répandue**.* (= Quelqu'un / Les médias a / ont répandu la nouvelle.)

▶ PRÉCIS GRAMMATICAL P. 190

4 Transformez avec les verbes *se faire* ou *se laisser*.
Ex. : De nombreuses personnes ont attendu le projet de loi. → Le projet de loi s'est fait attendre par de nombreuses personnes.
a. Le gouvernement a été critiqué par les syndicats.
b. La police disperse souvent les manifestants.
c. Certains arguments ont réussi à convaincre la ministre.
d. Nous espérons que les produits toxiques seront interdits.
e. Les grévistes ont accepté d'être expulsés pour qu'il n'y ait pas de violence.

5 Transformez avec un verbe pronominal de sens passif.
Ex. : De nombreuses critiques sont adressées au gouvernement. → De nombreuses critiques s'adressent au gouvernement.
a. Cette protestation est expliquée par la situation économique.
b. La manifestation a été organisée en deux jours.
c. Les réunions ont été multipliées ces derniers jours.
d. La mobilisation va être poursuivie jusqu'à un accord équitable.
e. On espère qu'une décision sera prise rapidement.

Langue & S'entraîner

Vocabulaire

🎧 087 **Les lieux (1)** les communes environnantes • le domaine

🎧 088 **L'État (2)** les pouvoirs publics • la préfecture

🎧 089 **Les actions citoyennes** le collectif • la marche citoyenne • la procédure référendaire • le référendum d'initiative citoyenne • les riverains

🎧 090 **La justice (2)** l'abrogation (f.) d'une loi • l'action (f.) collective en justice • le dépôt de plainte • la mise en demeure • une pratique illégale • porter atteinte à

🎧 091 **Les expressions** le coup de projecteur • une revendication phare • être à la tête de • grossir ses rangs • se prendre en main • par ricochet

Leçon 19 — Grammaire

La comparaison

■ Comparer plusieurs éléments
Rappel : **plus/moins/aussi/autant… que** • **plus de/moins de/autant de… que**
comme / de même que / ainsi que
C'est un droit, qu'on a la liberté ou non d'exercer, **de même qu'**on a la liberté de critiquer tout ce qu'on veut.

■ Faire deux comparaisons parallèles
– **autant… autant… / plus… plus… / moins… moins… / moins… plus… / plus… moins…**
J'ai l'impression que **plus** on a de liberté **moins** on réfléchit à la notion de responsabilité.
⚠ **Autant… autant** exprime une opposition.
Autant le droit de voter est acquis par tous comme une évidence **autant** le devoir de voter ne semble pas l'être.
– **plutôt que**
La France gagnerait des électeurs en proposant un autre mode de scrutin **plutôt qu'**en imposant le vote.
– **comme si** + **imparfait** ou **plus-que-parfait**
Certains citoyens se comportent **comme s'**il leur **était** possible de choisir certains devoirs.

■ Indiquer une gradation
de plus en plus / de moins en moins / de mieux en mieux / de pire en pire
Pourquoi une partie **de plus en plus** importante de la population juge-t-elle cet effort inutile ?

LE COMPARATIF ET LES AUTRES FORMES DE LA COMPARAISON ▶ PRÉCIS GRAMMATICAL P. 176-177

Le superlatif

Pour désigner le niveau extrême

■ le, la, les plus / moins + adjectif
La France a connu dimanche le triste record de **sa plus** faible participation à une élection.

■ le plus / le moins + adverbe
Ce sont les Suisses qui votent **le plus** souvent.

■ verbe + le plus / le moins
Ce sont les citoyens qui **votent le plus**.

■ le plus de / le moins de + nom
Ce sont eux qui ont **le moins de** temps pour voter.

⚠ **Comparatifs et superlatifs irréguliers :** bon(ne)(s) → (le/la/les) **meilleur(e)(s)** • bien → (le) **mieux**
On peut dire **(le/la/les) plus mauvais(e)(s)** ou **(le/la/les) pire(s)**.

▶ PRÉCIS GRAMMATICAL P. 176

6 Mettez les mots dans l'ordre.
Ex. : est • candidat • son • que • plus • Ce • intéressant • adversaire. • vraiment
→ Ce candidat est vraiment plus intéressant que son adversaire.
a. de • plus • la • est • âgée • candidates ? • Qui • les • toutes

Langue & S'entraîner UNITÉ 5

b. vote • par défaut • Je • que • autant • par conviction.
c. moins • son • Il • élu • avec • de • que • prédécesseur. • a été • voix
d. qu' • importante • abstention • L' • est • à Paris • en province. • aussi
e. Ce • votent • sont • les • qui • moins. • jeunes • le
f. Ce • est • électoral • vraiment • le • tous. • de • pire • système
g. de • deux • Les • l'autre. • candidats • ont • autant • l'un • voix • que • obtenu

7 Soulignez la structure comparative correcte.

Ex. : Parfois les jeunes électeurs votent <u>comme</u> • comme si leurs parents.
a. Les électeurs étudient **de mieux en mieux** • **de pire en pire** les programmes des candidats.
b. **Moins** • **Plus** il y a de candidats **moins** • **meilleur** le choix est facile.
c. Je vote **de moins en moins** • **de mieux en mieux** par conviction.
d. Il vaut mieux voter blanc **plutôt que** • **comme si** s'abstenir.
e. On peut voter à 18 ans **de même que** • **ainsi que** le prévoit la loi.
f. **Autant** • **Plus** l'abstention est faible pour une élection nationale **autant** • **moins** elle est forte pour une élection régionale.
g. Ce candidat s'adresse aux électeurs **de même qu'** • **comme s'** ils étaient stupides !
h. **Autant** • **Plus** je m'intéresse à la vie politique, **mieux** • **meilleur** je me considère comme un citoyen responsable.

Les formes impersonnelles

■ Pour exprimer une opinion générale

il est + **difficile/incroyable/insensé/normal** + **de** + **infinitif**

Il est difficile de **comprendre**, *de se faire une opinion, de percer la langue de bois des uns et de miel des autres.*

■ Pour exprimer une opinion ciblée / personnalisée

il est + **adjectif** + **que** + **indicatif** ou **subjonctif**

– Pour exprimer une certitude : **il est vrai/certain/sûr/évident/clair**… **que** + **indicatif** (ou conditionnel)
Mais **il est vrai qu'**on **vote** *plus souvent.*

– Pour exprimer un doute : **il n'est pas certain/pas sûr/pas évident/pas clair**… **que** + **subjonctif**
*Il n'est pas sûr qu'*on **mesure** *à la fois individuellement et collectivement les implications de ce choix.*

– Pour exprimer un jugement : **il est incroyable/insensé/inadmissible/anormal/bizarre**… **que** + **subjonctif**
*Il est anormal qu'*un citoyen n'**aille** *pas voter.*

EXPRIMER L'OPINION, PORTER UN JUGEMENT ▶ PRÉCIS GRAMMATICAL P. 191

8 Transformez les opinions générales en opinions ciblées/personnalisées avec les éléments donnés.

Ex. : Il n'est pas normal de s'abstenir de voter. (les gens) → Il n'est pas normal que les gens s'abstiennent de voter.
a. Il est inadmissible de ne pas prendre position. (vous)
b. Il est compréhensible de ne pas pouvoir faire de choix. (certaines personnes)
c. Il est anormal d'agir ainsi. (les hommes et femmes politiques)
d. Il est surprenant de n'avoir obtenu aucune voix. (ce candidat)
e. Il est difficile de se faire une opinion exacte. (nous)
f. Il est fabuleux de vivre en démocratie. (on)
g. Il est intéressant de comparer les candidats. (chaque citoyen)

Vocabulaire

🎧 092 **Les élections** le bulletin • le/la candidat(e) • un(e) concurrent(e) • l'électeur/l'électrice • le jugement majoritaire • la mention (majoritaire) • le mode électoral • le mode de scrutin • le profil de mérite • le suffrage • le taux d'abstention • l'urne (f.) • voter utile • la votation • le vote par correspondance / par Internet

🎧 093 **L'opinion politique** l'adhésion totale • l'opinion nuancée • le rejet

🎧 094 **Les expressions** la langue de bois

9 🎧 095 Écoutez et écrivez le numéro de la définition correcte.

Ex. : un électeur ou une électrice → 1
a. un bulletin de vote
b. voter utile
c. le taux d'abstention
d. une urne
e. un mode de scrutin
f. un suffrage

quatre-vingt-sept 87

Langue & S'entraîner

Phonétique

Les enchaînements 🎧 096 ▶ 14

Quand on parle, on ne coupe pas la voix entre les mots (sauf pour respirer, pour marquer une insistance ou une hésitation). En plus des liaisons, on fait des enchaînements vocaliques, par exemple : à_autrui, ou des enchaînements consonantiques, par exemple : de l'Homme_et du citoyen. Contrairement à la liaison, il n'y a pas d'enchaînement interdit.

❗ Quand la liaison est facultative, on peut choisir entre liaison et enchaînement.

❗ La liaison et les enchaînements (et l'élision = l'apostrophe) entraînent des homonymes surprenants. Par exemple : « c'est tout vert » se prononce comme « c'est_ouvert » !

À deux Écoutez l'extrait de la chronique p. 76, **Doc. 2**.
a. Notez les pauses par « / » et les enchaînements vocaliques ou consonantiques par « _ ».
– Comme si déclarer des droits était une sorte d'ouverture indéfinie, une sorte d'individualisme sans limite, sans relation à autrui, alors que les devoirs nous ramènent à notre condition relationnelle et sociale et comme s'il fallait compléter les droits individuels par les devoirs à l'égard d'autrui.

b. En groupe Comparez vos réponses avec le corrigé (livret de transcriptions p. 39). Répétez cette phrase en reproduisant au maximum les pauses, les liaisons et les enchaînements.

10 🎧 097 **À deux** Écoutez ces phrases. Répétez-en une, votre camarade devine laquelle.

a. Ils voyagent en France. — Ils voyagent_en France.
b. Nous sommes arrivés. — Nous sommes_arrivés.
c. les droits individuels — les droits_individuels
d. nous aussi — nous_aussi
e. des déclarations indispensables — des déclarations_indispensables
f. Ils nous ramènent à notre condition. — Ils nous ramènent_à notre condition.

11 En groupe a. Trouvez les homonymes.
1. son nez change • 2. c'est ta rangée • 3. tu l'essores • 4. il est tailleur • 5. un œuf

b. À votre tour, cherchez des paires d'homonymes.

➕ Retrouvez les exercices avec 💻 sur le **Parcours digital**

Culture(s) vidéo

C'est quoi, la 5ᵉ République ?

▶ 15

1 Regardez la vidéo **sans le son**. ▶ 15
a. Repérez les symboles de la République.
b. De qui parle-t-on dans cette vidéo ? De quelles dates ? Pourquoi ? *Expliquez*.
c. À qui s'adresse cette vidéo ?

2 À deux Regardez la vidéo **avec le son**. ▶ 15
a. Expliquez les termes suivants. Faites des recherches si nécessaire.
la constitution • l'Assemblée nationale
b. Quels sont les pouvoirs du président de la République ?
c. Pourquoi certaines personnes souhaitent-elles passer à une 6ᵉ République ? *Expliquez*.

3 En petit groupe
a. Connaissez-vous d'autres institutions de la République française ?
b. Que pensez-vous de ce type de vidéos pour les enfants ? Y en a-t-il dans votre pays ? *Échangez*.

Comment la technologie transforme-t-elle notre vie ?

UNITÉ 6

VOUS ALLEZ APPRENDRE À :

› améliorer un espace de vie
› prendre position sur les rencontres virtuelles
› imaginer de nouveaux mondes

VOUS ALLEZ UTILISER :

LEÇON 21
› les constructions verbales
› le but
LEÇON 22
› les pronoms relatifs composés
LEÇON 23
› les reprises pronominales et nominales
› la cause

TECHNIQUES POUR...

› animer et participer à une réunion
› **la médiation** : faire un compte-rendu de réunion

LANGUE & S'ENTRAÎNER

CULTURE(S) VIDÉO 18
La réalité virtuelle, c'est aussi ça !

LEÇON 21 — Améliorer un espace de vie

COMPRENDRE

DOC. 1

Le robot Asimov fait tout à la maison

1 Observez la photo du robot Asimov (Doc. 1).

a. Décrivez-la.

b. Listez les tâches possibles d'un robot dans la vie quotidienne.

c. Aimeriez-vous avoir un robot ? Expliquez.

DOC. 2 🎧 098

2 Observez la page de France culture.

a. Identifiez le nom de l'émission et son objectif.

b. Imaginez des exemples de sujets d'actualité pour l'émission.

3 Écoutez l'émission (Doc. 2).

a. Quel est le thème ?

b. Que font les invités ? Choisissez.

1. Ils dénoncent les dangers de l'utilisation généralisée des robots.
2. Ils caractérisent le robot et expliquent son rôle dans la société.
3. Ils expliquent les avantages de l'utilisation des robots.

4 À deux Réécoutez l'émission (Doc. 2).

a. Comment Sophie Sakka définit-elle un robot ?

b. De quel type de robot est-il question ici ? Précisez ses caractéristiques.

c. Répondez.
1. Quel est le défi technologique ?
2. Quelle question morale soulève l'utilisation des robots ?
3. Pourquoi ne s'intéresse-t-on pas assez à la place des robots dans la société ?
4. Quel sera le rôle des robots au quotidien dans les prochaines années ?

5 À deux Réécoutez l'émission (Doc. 2).

a. Associez les mots équivalents.

1. morale • 2. humanoïde • 3. déploiement
a. anthropomorphe • b. développement • c. éthique

b. Relevez les mots en relation avec : le corps • la machine.

c. Quelles sont les étapes du fonctionnement du robot ? Comparez-les avec le fonctionnement du corps humain.

6 En petit groupe a. Que pensez-vous de l'intervention des robots dans votre quotidien ?

b. Accepteriez-vous de suivre un cours animé par un robot ? Échangez.

7 Lisez l'article (Doc. 3).

a. Proposez cinq mots-clés pour le résumer.

b. Vrai ou faux ? Justifiez.

1. Les robots permettent aux personnes âgées de rester chez elles.
2. En Asie, la robotique se développe car on y est amateur de technologie.
3. Les robots risquent de décourager les soignants.
4. La robotique est stimulante pour les personnes âgées.

c. Identifiez les caractéristiques du robot d'assistance. De quel type de robot s'agit-il ?

d. Quelles sont les compétences qu'un robot n'aura jamais ? Qu'en pensez-vous ? Échangez.

8 À deux Relisez l'article (Doc. 3).

a. Relevez et classez les tâches réalisées par les robots.

tâches pratiques • soutien psychologique

DOC. 3

https://www.essentiel-autonomie.com/adapter-logement/robotique-aide-maintien-domicile

La robotique : une aide au maintien à domicile ?

Capables d'assurer une présence, une surveillance, et d'assister les personnes en situation de perte d'autonomie au quotidien, les robots offrent des perspectives très intéressantes en vue d'un maintien à domicile. Demain, les personnes âgées bénéficieront-elles des services d'un robot à domicile ou en maison de retraite ?

Les robots d'assistance font petit à petit leur entrée chez les personnes dépendantes et dans certains établissements de santé. En particulier au Japon et en Corée du Sud : encore plus touchés que les pays occidentaux par un vieillissement croissant de leur population, ces pays concentrent une grande partie de leur technologie sur le développement de « robots compagnons » afin d'aider les personnes âgées.

Les robots d'assistance pour personnes dépendantes : quels usages ?

Se déplaçant sur roulettes, pourvus d'un « visage » (un écran tactile) et d'une « voix » (des haut-parleurs), les robots d'assistance développés actuellement sur le marché des seniors se veulent donc humanoïdes. Ils visent à simuler une présence humaine, et leur usage est donc aussi pratique que psychologique.

Des services d'assistance

Côté utilitaire, un robot d'assistance va par exemple :
- se comporter comme un « agenda » : il signale l'heure du dîner, rappelle les rendez-vous, prévient lorsqu'il y a des médicaments à prendre…
- jouer le rôle d'agent de liaison : il dispose de fonctionnalités de surveillance et contacte les proches ou les soignants lorsque c'est nécessaire (ou sur demande de son propriétaire).

Les robots redonnent de l'autonomie aux personnes âgées et permettent de soulager les professionnels de santé, de peur qu'ils se retrouvent en situation de surmenage. Libérés de certaines tâches, ils peuvent ainsi consacrer davantage de temps aux personnes les plus dépendantes.

Un appui psychologique pour ceux qui souffrent

Ces « robots compagnons » ont aussi la vertu de créer une présence qui se veut amicale. Ils proposent aux personnes isolées des jeux, des questions-réponses… de façon qu'elles soient stimulées cognitivement et vivent une forme de sociabilité.

Des robots ménagers plus rudimentaires

Un cran moins évolués que les robots décrits plus haut, les robots-ménagers (aspirateurs, robots de cuisine, etc.) continuent également à se développer. Généralement mono-tâches, et dépourvus de toute faculté d'interaction, ils rendent néanmoins de fiers services au quotidien pour des utilisateurs qui n'ont plus les facultés pour s'occuper de leur intérieur.

Avec le vieillissement de la population, la demande pour ces robots est en pleine expansion. […]

Une technologie qui a ses limites

Offrant des perspectives intéressantes, la robotique d'assistance ne remplacera toutefois jamais toute l'expérience, le discernement et la connaissance des professionnels de santé et des aidants. Cette technologie doit être un complément à l'accompagnement humain pour soulager tant les seniors dépendants que les personnes veillant sur eux.

---

b. Repérez d'autres termes appartenant aux soins (ex. : le maintien à domicile) et à l'âge (ex. : le troisième âge).

9 **À deux** Relisez les phrases.

A. Ils visent à simuler une présence humaine, et leur usage est donc aussi pratique que psychologique.
B. Les robots […] permettent de soulager les professionnels de santé, de peur qu'ils se retrouvent en situation de surmenage.
C. Ils proposent aux personnes isolées des jeux, des questions-réponses… de façon qu'elles soient stimulées cognitivement.
D. … ces pays concentrent une grande partie de leur technologie sur le développement de « robots compagnons » afin d'aider les personnes âgées.

a. Qu'expriment-elles ? Dans quelle(s) phrase(s) indique-t-on : la manière d'atteindre un but • un résultat non voulu • un projet ?

b. Repérez leur construction et expliquez.

c. Reformulez les phrases.

d. Observez les verbes en gras. Qu'ont-ils en commun ?

e. Connaissez-vous d'autres verbes similaires ? Classez-les.

AGIR

10 Améliorez un espace de vie grâce aux technologies.

a. **À deux** Imaginez les difficultés au quotidien d'un couple de personnes âgées de votre entourage (courses, toilette, habillement, lecture, sortie…). Expliquez.

b. Proposez des aménagements technologiques pour les aider.

c. Réalisez le plan d'un espace de vie (appartement, maison…) et placez les aménagements trouvés. Légendez-les pour les expliquer.

d. **En groupe** Présentez votre dispositif à la classe, en précisant le but de chaque aménagement.

En groupe Choisissez le plan le plus convaincant et postez-le sur le groupe de la classe.

> Langue & S'entraîner p. 98-99

LEÇON 22 — Prendre position sur les rencontres virtuelles

COMPRENDRE

1 Observez le dessin (Doc. 1).

a. Imaginez ce que ces personnes voient dans leur casque. Pourquoi préfèrent-elles regarder dans un casque de réalité virtuelle ? **Expliquez.**

b. D'après vous, que se racontent-elles ? Complétez les bulles.

DOC. 1

DOC. 2

https://ledrenche.ouest-france.fr/lenumeriquefavorise-t-illesliensociaux/

LE DRENCHE — CONTRE les idées reçues, POUR une opinion éclairée — Décryptage · Humour · Podcasts · Journal · Espace de débat

Le numérique favorise-t-il les liens sociaux ?

19 mai 2020 · Débats • Société • Techno

Quelle est votre opinion avant de lire l'article ? — Oui, le numérique favorise les liens sociaux. — Non, le numérique ne favorise pas les liens sociaux.

LE « POUR »

Sébastien Rouquette
Professeur des universités en Sciences de l'information et de la communication, directeur du laboratoire Communication et Sociétés (UCA, université de Clermont-Ferrand)

Le numérique favorise le maintien de liens qui nous unissent, en particulier des liens électifs

[...]
Le lien numérique permet, pour un mariage sur dix, de rencontrer son futur conjoint, des mariages pas moins solides que les autres. Il permet de garder le contact quand nous sommes physiquement séparés de nos amis.
Dans une société de plus en plus mobile, Internet permet de rester en contact avec ses proches (expatriés).
[...] Il permet la collaboration à distance, grâce à laquelle les collectifs gagnent du temps et de l'argent.
Enfin, le lien social numérique, à distance, donne la possibilité de s'échapper virtuellement d'un environnement familial ou professionnel jugé pesant.
[...]
Au total, les nouvelles pratiques de communication mobiles contribuent à la reconfiguration d'un vivre ensemble en favorisant un maillage individualisé, diversifié et expressif des liens sociaux.

LE « CONTRE »

Christophe Assens
Professeur, ISM-IAE[1] laboratoire LAREQUOI, université de Paris-Saclay

Le numérique donne l'illusion de créer du lien social

Parler de « réseau social » au sujet des plateformes numériques est un abus de langage qui crée une confusion à ce sujet. Nous devrions plutôt employer le terme de « média social », afin de comprendre que l'information est partagée dorénavant par la foule, sans le filtre des médias traditionnels. Ce qui laisse entrevoir tous les risques de propagation de rumeurs et de manipulation de l'opinion, dans la mesure où chacun peut devenir expert ou journaliste au gré de ses envies. En conséquence, si le « réseau social » correspond à un média social, il n'est pas possible de construire du lien fraternel, à distance, avec des correspondants anonymes qui seraient devenus soudainement plus altruistes par la magie des technologies de l'information ! Dès lors, la socialisation sur Internet présente un certain nombre d'écueils[2] qu'il convient d'évoquer.
La socialisation numérique est égocentrique. Elle consiste à obtenir de la reconnaissance en cultivant une image idéalisée de soi dans le regard des autres. [...]
La socialisation numérique est également ethnocentrique. Elle vise à fédérer des inconnus pour former des communautés, au sein desquelles l'individualisme prend une dimension collective. Chaque communauté cultive en effet sa différence voire son intolérance à l'égard des autres communautés, sans qu'il soit toujours possible de réconcilier les points de vue.
Enfin, la socialisation numérique est socio-centrique. Cela signifie qu'Internet ne modifie pas le carnet d'adresses par l'ouverture à la diversité, mais se contente d'entretenir les liens avec les connaissances socio-professionnelles déjà établies. Ainsi, des recherches sur les plateformes de rencontre montrent que les inconnus parviennent rarement à briser la glace grâce à l'outil numérique. La plupart des personnes avec lesquelles les utilisateurs nouent une relation en face-à-face se connaissaient auparavant grâce à la famille, au cercle d'amis, ou à l'école, etc.

1 ISM-IAE Institut national de management - Institut d'administration des entreprises ;
2 des écueils (m. pl.) : des difficultés, des obstacles

LEÇON 22

2 Observez l'article (Doc. 2).

a. Identifiez le nom du journal et son slogan.

b. D'après vous, de quel type de journal s'agit-il ? Justifiez.

c. Lisez le titre. Quel est le sujet du débat ? Répondez au sondage.

3 À deux Lisez les deux opinions (Doc. 2).

a. Qui sont les personnes qui interviennent ?

b. Associez chaque intervenant à un type d'argumentation.
1. Sébastien Rouquette
2. Christophe Assens
a. définit le sujet et expose ses arguments.
b. énumère les points positifs du sujet.

c. Identifiez les arguments correspondant aux catégories suivantes.
le travail • la vie intime • les amis, la famille • les groupes sociaux

d. Avec quel(s) argument(s) êtes-vous d'accord ? Expliquez.

4 À deux Relisez (Doc. 2).

a. Relevez trois pronoms relatifs composés. Expliquez leur formation.

b. Quel autre pronom peut-on utiliser à la place du pronom relatif composé pour remplacer les personnes ?

5 En petit groupe Regardez la vidéo de Nashiiely et répondez.

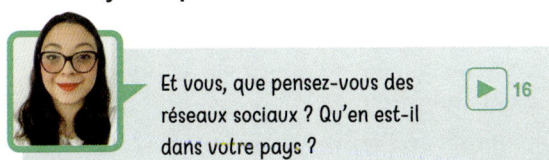

Et vous, que pensez-vous des réseaux sociaux ? Qu'en est-il dans votre pays ? 16

6 Observez la page d'Europe 1 (Doc. 3).

a. Identifiez le titre de l'émission et le thème.

b. Par quelle expression remplaceriez-vous « âme sœur » ? Choisissez.
amoureux(euse) • meilleur(e) ami(e) • confident(e)

c. Faites des hypothèses sur la réponse à la question de l'émission. Expliquez.

7 À deux Écoutez l'émission (Doc. 3).

a. Soulignez la bonne réponse.
La spécialiste pense que c'est impossible de faire une belle rencontre amoureuse sur Internet • c'est difficile de faire une rencontre amoureuse sérieuse sur Internet • c'est plus facile de faire une rencontre amoureuse sérieuse sur Internet que dans la vie réelle.

b. Quel est le problème de Sylvain ?

c. Sylvain utilise le mot « glauque » pour qualifier ses rencontres sur Internet. Dans ce contexte, par quel mot pourrait-on le remplacer ? Choisissez.
malsain • dangereux • amusant

d. D'après la spécialiste, le lieu de rencontre peut-il avoir un impact sur la profondeur de la relation ? Justifiez.

8 À deux Réécoutez l'émission (Doc. 3).

a. À quoi sont comparés les sites de rencontres ? Expliquez.

b. Relevez les mots et expressions en relation avec ces deux comparaisons.

c. Associez les expressions suivantes à leur définition.
1. asseoir une confiance
2. tomber en pâmoison
a. avoir le coup de foudre
b. construire une relation stable

AGIR

9 Prenez position sur les rencontres virtuelles.

a. Organisez un débat à propos des rencontres amoureuses sur Internet.

b. Divisez la classe en deux groupes : POUR et CONTRE.

c. En petit groupe Listez des arguments pour justifier votre position. Échangez.

d. En groupe Défendez votre position.

e. À l'issue du débat, votre opinion personnelle a-t-elle changé ? Expliquez.

> Langue & S'entraîner p. 99-100

LEÇON 23 — Imaginer de nouveaux mondes

COMPRENDRE

DOC. 1

« *Le monde de la réalité a ses limites ; le monde de l'imagination est sans frontières.* »

Jean-Jacques Rousseau, 1712-1778

1 Lisez la citation de Jean-Jacques Rousseau (Doc. 1).

a. Ces propos vous paraissent-ils toujours d'actualité ? **Expliquez**.

b. D'après vous, sommes-nous attirés par un monde fictif ? **Échangez**.

DOC. 2  100

2 Observez la page du site (Doc. 2). D'après vous, qu'est-ce que le métavers ? **Expliquez**.

3 Écoutez l'émission (Doc. 2).

a. Qui sont les invités ?

b. Mettez dans l'ordre les points abordés concernant le métavers.
origine • applications • comparaison avec l'Internet actuel • différentes visions • avatars

c. Répondez.
1. Comment le public définit-il le métavers ?
2. Quelle sera la différence entre le web 2.0 actuel et le métavers ?

4 À deux Lisez les phrases soulignées dans la transcription du Doc. 2 (livret de transcriptions p. 17).

a. Quels pronoms remplacent : le métavers • le monde réel • certaines personnes ? Quelle est leur fonction ?

b. Par quelles expressions Nicole Villers remplace-t-elle le mot « métavers » ?

c. Observez ces mots et répondez.
interactif • Internet • métavers • multivers • univers
1. Qu'ont-ils en commun ? **Expliquez**.
2. **Classez**-les selon l'idée qu'ils représentent.
nombreux • seul • connecté • transcendant

5 En petit groupe Le métavers vous intrigue-t-il ? **Expliquez**. Quel aspect du métavers vous intéresse le plus ? **Échangez**.

6 Lisez l'article (Doc. 3).

a. Identifiez le nom du journal, de la rubrique et le titre de l'article et de la série.

b. Choisissez la phrase qui résume le mieux le message de l'article. **Justifiez**.
1. Le métavers est plus dangereux que les réseaux sociaux.
2. Des mesures ont été prises pour éviter les dangers du métavers.
3. Le métavers n'a aucune incidence sur le comportement des utilisateurs.

c. Faites la liste des points positifs et négatifs du métavers.

7 À deux Relisez l'article (Doc. 3).

a. Répondez et **justifiez**.
1. Quelle excuse donne l'auteur au fait de passer beaucoup de temps dans la réalité augmentée ?
2. Pourquoi les interactions sociales pourraient-elles être facilitées ?
3. Pourquoi y a-t-il eu un risque de suicides ?

b. Lisez vos réponses à l'activité **7a**. Quelle expression indique : une cause incontestable • une cause mise en doute par l'auteur • une cause antérieure ?

c. Repérez d'autres manières d'exprimer la cause.

d. Complétez la liste des mots en relation avec la santé mentale.
Ex. : Addiction, dépression…

e. Donnez les synonymes, en contexte, de : exacerber • les travers. **Échangez**.

8 À deux Lisez l'extrait de *Bug* (Doc. 4).

a. Décrivez la scène (personnages, situation).

b. Observez la longueur des phrases ainsi que la ponctuation. Quel sentiment cela provoque-t-il ? **Échangez**.

c. Identifiez une métaphore pour signifier la perte de mémoire informatique et une anaphore.

LEÇON 23

DOC. 3

INNOVATIONS & START-UP

Le métavers est-il bon pour notre santé mentale ?

Série – « Métavers : les sept questions qui fâchent », épisode 6/7.

Les réseaux sociaux sont pointés du doigt en raison d'effets négatifs sur la santé : addiction, dépression... Qu'en est-il des mondes virtuels où les plus jeunes passent de plus en plus de temps ? Notre cerveau est-il prêt à relever le défi ? Pas sûr...

Par Camille Wong - Publié le 30 mai 2022

On s'y amuse, on se sociabilise, on y travaillera peut-être, même. La journée et la nuit avec des lunettes de réalité augmentée sur le nez, sous prétexte de suivre l'actualité ; le métavers vous précipite dans un environnement immersif, avec son lot de dérives inhérentes.

Dans les métavers, les utilisateurs créent un avatar. Au choix : à leur image, un peu magnifié, ou carrément ressem-
5 blant à la personne qu'ils ont toujours rêvé d'être. Les filtres Instagram poussés à leur paroxysme, en somme.

Du fait qu'on est débarrassé de nos complexes physiques, les interactions sociales sont grandement facilitées. « Le métavers, ça peut aussi être un moyen de communication utile à ceux qui n'ont pas les codes sociaux dans le monde réel », indique Stéphanie Ladel, addictologue. Autant d'éléments qui fondent un « paradis artificiel » gamifié avec des « shots » de plaisir qui donnent envie d'y passer toujours plus de temps.

10 **« J'enlevais le casque et j'étais choqué. »**

Le cas d'un designer à New York reste symptomatique. Immergé au quotidien dans le métavers, rapporte Euronews, il a perdu petit à petit la notion du temps et de l'espace. « J'enlevais le casque et j'étais choqué. C'était comme prendre une gifle, celle d'être de retour dans la réalité », confie-t-il.

Le métavers, par son caractère persistant, exacerbe le sentiment du « FOMO[1] ». À la mi-mai, suite à la chute
15 vertigineuse des cryptomonnaies, des forums d'afficionados accros au cours du bitcoin ont diffusé une liste de lignes téléphoniques de prévention du suicide.

La nouveauté, c'est bien, mais il faut mettre des garde-fous. « Les entreprises, les médias, les marques et les utilisateurs ont une responsabilité dans le monde que l'on est en train de construire, estime Pierre-Nicolas Hurstel, cofondateur de la start-up Arianee. C'est à nous tous de tenter de ne pas reproduire, avec le Web3, les mêmes travers qu'avec les
20 réseaux sociaux ».

1 Acronyme de *Fear of missing out* : la peur de manquer quelque chose

DOC. 4

Bug, Enki Bilal, tome 1, © Éditions Casterman, 2017

AGIR

9 En petit groupe Comment la technologie transforme-t-elle notre vie ?

a. Parcourez l'unité 6. Quelle technologie vous paraît la plus bénéfique ? Laquelle vous paraît dangereuse ? **Expliquez**.

b. Listez les points positifs et les points négatifs des changements technologiques. Présentez vos réponses sous forme d'un tableau.

c. Répondez à la problématique de l'unité et partagez votre tableau avec la classe pour justifier votre position. **Échangez**.

> **Langue & S'entraîner** p. 100-101

LEÇON 24

Techniques pour...

...animer et participer à une réunion

ÉCOUTER

1 [**Découverte**] Écoutez l'extrait de la réunion (Doc. 1).

a. Entourez la bonne réponse.
Il s'agit d'une réunion **de service hebdomadaire · de travail avec des clients · de bilan après la réalisation d'un travail**.

b. Notez les points abordés.

c. Associez les personnes à leur tâche.
1. Marcel
2. Sofiane
3. Cécile
4. David

a. Chargé(e) du projet Millefeuille
b. Responsable du stand et des animations du salon de Bruxelles

d. Quel est le rôle de Magali ?

2 À deux [**Analyse**] Réécoutez l'extrait de la réunion (Doc. 1). Cochez les actions faites pendant la réunion.
☐ 1. remercier les collègues d'être venus
☐ 2. transmettre les excuses d'un absent
☐ 3. prévenir d'une courte absence
☐ 4. encourager et féliciter
☐ 5. annoncer le début de la réunion
☐ 6. informer sur la durée de la réunion
☐ 7. annoncer l'ordre du jour
☐ 8. inviter à parler
☐ 9. interrompre
☐ 10. dénoncer des interruptions trop fréquentes
☐ 11. prendre la parole
☐ 12. reprendre un point déjà abordé
☐ 13. récapituler les décisions prises
☐ 14. mettre fin à la réunion

3 À deux Associez ces expressions aux actions cochées (act. 2).

a. Sofiane, Marcel, [...] je vous laisse la parole. Pouvez-vous nous dire où en est l'étude du projet ? • Youssef, tu veux intervenir ?
b. Je suis désolé, je vais vous quitter quelques minutes.
c. À l'ordre du jour, cette semaine, nous avons deux points à aborder... • mais tout d'abord... • En effet, j'aimerais aborder... • puis vous toucher deux mots au sujet de... • Et pour finir, si nous avons le temps...
d. Pablo s'excuse de son absence, il est actuellement en déplacement à Toulouse.
e. Bien, si vous n'avez pas d'autres questions, je vous remercie.
f. Voilà. Commençons !
g. Pardon de te couper Sofiane...
h. Tout d'abord, je tiens à vous féliciter. • Merci pour votre implication dans ce gros projet, et encore bravo !
i. Avec plaisir, Magali !
j. Très bonne journée à toutes et à tous !

LEÇON 24

 POUR animer et participer à une réunion

- **Annoncer le début de la réunion**
  Voilà. Commençons ! • On va commencer.
- **Annoncer les absences**
  Pablo s'excuse de son absence, il est actuellement en déplacement à Toulouse.
- **Prévenir d'une courte absence**
  Je suis désolé, je vais vous quitter quelques minutes…
- **Donner l'ordre du jour chronologiquement**
  À l'ordre du jour, cette semaine, nous avons deux points à aborder. • tout d'abord… • En effet, j'aimerais aborder… • puis vous toucher deux mots au sujet de… • Et pour finir, …
- **Encourager et féliciter**
  Je tiens à vous féliciter. • Merci pour votre implication dans ce gros projet, et encore bravo !
- **Donner la parole**
  Sofiane, Marcel, […] je vous laisse la parole. Pouvez-vous nous dire où en est l'étude du projet ? • Youssef, tu veux intervenir ?
- **Prendre la parole**
  Avec plaisir, Magali ! • Tout à fait !
- **Interrompre**
  Pardon de te couper / de te couper la parole. • Je voudrais juste poser une question. • Excuse-moi, je voudrais…
- **Confirmer**
  Oui, effectivement !
- **Remercier les collègues d'être venus**
  Je vous remercie !
- **Mettre fin à la réunion**
  Bien, si vous n'avez pas d'autres questions, je vous remercie. […] Très bonne journée à toutes et à tous !

PARLER

4 En petit groupe Animez ou participez à une réunion dans le cadre de la réalisation d'un projet de classe.

  a. Choisissez le sujet du projet (l'organisation d'une sortie, un travail de recherche sur un point culturel…).

  b. Décidez des rôles de chacun.

  c. Préparez l'ordre du jour.

  d. Animez et mettez en place une réunion pour présenter le projet à la classe.

… la médiation : faire un compte rendu de réunion

COMPTE RENDU DE LA RÉUNION DU 26/10/2023, 10 h

Participants

Présents	Excusés
Magali, Marcel, Sofiane, Eddy, Cécile	Pablo, Youssef

Ordre du jour
1. Réponse à l'appel d'offre Millefeuille
2. Salon du e-commerce à Bruxelles
3. Questions diverses
4. Télétravail

1. Retour sur l'appel d'offre Millefeuille
Décision de ne pas répondre pour cause de délais
Actions à mener : Communiquer cette décision à la librairie Millefeuille

2. Salon du e-commerce
Présence au salon du e-commerce de Bruxelles
Actions à mener : établir devis traiteur, réserver le stand

3. Point organisation du service
Répartition du travail pendant les congés
Actions à mener : préciser les dates des congés de chacun

4. Divers
Mise à jour des agendas, recyclage du papier, occupation des bureaux

Prochaine réunion : le 16 novembre

5 Lisez le Doc. 2.

  a. De quel type de document s'agit-il et quelle est sa fonction ?

  b. Identifiez les parties concernant : l'étude d'un projet · le travail des employés · les questions secondaires.

6 À deux Réécoutez l'extrait de la réunion (Doc. 1). Relisez le compte rendu (Doc. 2) et corrigez-le.

7 À deux Écoutez l'extrait de la réunion de l'entreprise *Vidéo etc* du 27 octobre (Doc. 3) et rédigez le compte rendu.

Langue & S'entraîner

Leçon 21 — Grammaire

Les constructions verbales

■ **Le complément du verbe est un verbe à l'infinitif**
continuer **à** + infinitif
Les robots-ménagers (aspirateurs, robots de cuisine, etc.) **continuent** *également* **à** *se développer.*

■ **Le complément du verbe est un nom**
verbe + **comme**, **de**, **sur** + quelque chose / quelqu'un
Un robot d'assistance va, par exemple, **se comporter comme** *un « agenda ».*
D'autres prépositions peuvent être utilisées : **en**, **dans**, **contre**, **pour**…

⚠ Parfois, le verbe ne se construit pas de la même façon s'il est suivi d'un nom ou d'un infinitif : apprendre quelque chose • apprendre **à** faire quelque chose.

■ **Il y a deux compléments**
– **verbe** + quelque chose + **à** + quelque chose / quelqu'un
Les aidants peuvent **consacrer** *davantage de temps* **aux** *personnes les plus dépendantes et* **à** *leur quotidien.*
– **verbe** + *(à) quelqu'un* + **à**/**de** + infinitif
La recherche **aide** *les gens* **à** *mieux vivre et* **permet** *aux personnes âgées* **de** *continuer à vivre chez eux.*

▶ PRÉCIS GRAMMATICAL P. 184

1 Reliez les phrases avec un élément de chaque colonne. Plusieurs réponses sont possibles.

a. La science robotique continue…
b. Les scientifiques réfléchissent…
c. Certaines machines se comportent…
d. On doit absolument croire…
e. Les robots peuvent aider les personnes avec un handicap…
f. Les humanoïdes parviennent…
g. La recherche se concentre…
h. La réalité virtuelle risque…
i. Les robots disposent…
j. Certains pays hésitent…
k. Les êtres humains ont toujours bénéficié…
l. Les chercheurs sont confrontés…
m. Il faut lutter…

- à (au/aux)
- comme
- de (du/des)
- en
- sur
- contre

1. se développer.
2. interagir avec leur environnement.
3. retrouver de l'autonomie.
4. la meilleure façon d'utiliser les robots.
5. des êtres humains.
6. la miniaturisation des procédés.
7. la recherche.
8. approfondir la recherche dans le domaine du virtuel.
9. les mauvaises utilisations de la réalité virtuelle.
10. nombreuses fonctionnalités.
11. couper de la vraie vie.
12. nombreuses questions éthiques qui se posent.
13. découvertes scientifiques.

2 Complétez avec *à* ou *de* si nécessaire (attention à l'article contracté).

Ex. : Le manque d'argent empêche ∅ la recherche de se développer.
a. La science apprend _____ hommes _____ réfléchir.
b. Cette entreprise propose _____ un nouveau robot _____ personnes âgées.
c. Les États encouragent _____ les chercheurs _____ approfondir leurs recherches.
d. Les scientifiques promettent _____ malades _____ améliorer leur vie.
e. Le gouvernement interdit _____ laboratoire _____ mettre son vaccin sur le marché.
f. Le chercheur a transmis _____ son projet _____ comité d'éthique pour qu'il le valide.
g. Cette invention permet _____ de nombreuses personnes _____ être autonomes.

Le but

■ **Pour exprimer une intention, un objectif**
– **viser à** / **chercher à** / **permettre de** / **avoir pour but de**… + infinitif
Ils **visent à simuler** *une présence humaine, et leur usage est donc aussi pratique que psychologique.*
– **en vue/dans l'espoir/dans le but de**… + infinitif
… le développement de « robots compagnons » **en vue d'aider** *les personnes âgées.*

■ **Pour dire ce qu'on ne souhaite pas**
– **de peur/crainte que** + subjonctif
– **de peur/crainte de** + infinitif
C'est la possibilité de soulager les professionnels de santé, **de peur qu'**ils **soient** *démotivés.*

Langue & S'entraîner UNITÉ 6

■ **Pour préciser la manière d'atteindre un objectif**
– **de manière à / de façon à / de sorte de** + infinitif
– **de façon (à ce)/de manière (à ce)/de sorte que** + subjonctif
Ils proposent des jeux… de façon que les personnes isolées soient stimulées cognitivement.

Rappel :
– **pour que / afin que** + subjonctif
– **pour / afin de** + infinitif

LES RELATIONS LOGIQUES ▶ PRÉCIS GRAMMATICAL P. 179-180

3 Complétez les phrases avec une expression de la liste.
de crainte que • visent à • de manière à • de façon à ce que • de peur de • en vue de • dans l'espoir de
Ex. : Un budget a été alloué **en vue de** l'achat de robots à l'hôpital.
a. Les professionnels de santé attendent cette aide technologique _____ être libérés de certaines tâches.
b. Les innovations technologiques _____ faciliter la vie quotidienne de tous les employés.
c. La miniaturisation a été perfectionnée _____ l'utilisation des robots soit plus simple.
d. Certains employés se méfient de l'intégration des robots _____ ces humanoïdes fassent tout à leur place.
e. Des casques virtuels sont proposés aux malades _____ leur offrir des distractions.
f. Quelques patients refusent d'utiliser la réalité virtuelle _____ perdre le contact avec le monde réel.

Vocabulaire

🎧 103 **Le corps (3)** le bras • la jambe • l'œil/les yeux • le tronc • anthropomorphe • humanoïde • souple

🎧 104 **La technologie** une boucle • un capteur • un écran tactile • l'électronique (m.) • une fonctionnalité • une interaction • une interface • une machine • un moteur • la robotique • un système de commande • la technique • rudimentaire • capter • interagir

🎧 105 **La psychologie (1)** le discernement • cognitivement

🎧 106 **L'aide à la personne** l'accompagnement • un(e) aidant(e) • un appui • le maintien (à domicile) • la maison de retraite • la présence • un robot compagnon • un(e) soignant(e) • la surveillance • une vertu • assister • disposer • prévenir • signaler • soulager • veiller (sur)

🎧 107 **L'âge (1)** une personne âgée • un(e) senior • le troisième âge • le vieillissement

🎧 108 **Les expressions** faire son entrée

4 🎧 109 **Écoutez et dites de quoi chaque personne parle. Associez.**
Personne 1 • • le maintien à domicile
Personne 2 • • les aidants
Personne 3 • • la robotique
Personne 4 • • la stimulation cognitive
Personne 5 • • l'interface

Leçon 22 Grammaire

Les pronoms relatifs composés

■ **Formation : préposition** (**dans, avec, sur, sous**…) + **lequel / laquelle / lesquels / lesquelles**
Il permet la collaboration à distance, grâce à laquelle les collectifs gagnent du temps et de l'argent.

❗ Le pronom relatif se contracte avec les prépositions **à** et **de** (*grâce à, à côté de*…).
à + **le**quel → **au**quel ; **à** + **les**quels/**les**quelles → **aux**quels / **aux**quelles
de + **le**quel → **du**quel ; **de** + **les**quels/**les**quelles → **des**quels / **des**quelles
Elle vise à fédérer des inconnus pour former des communautés au sein desquelles l'individualisme prend une dimension collective.

❗ **Quand le pronom relatif composé remplace une personne, on peut aussi utiliser qui.**
La plupart des personnes avec lesquelles les utilisateurs nouent une relation se connaissaient auparavant.
→ *La plupart des personnes avec qui les utilisateurs nouent une relation se connaissaient auparavant.*

❗ **Quand l'antécédent est « neutre »** (*ce, quelque chose, rien*), **on utilise quoi.**
L'amitié est quelque chose à quoi je tiens.

▶ PRÉCIS GRAMMATICAL P. 178

quatre-vingt-dix-neuf 99

Langue & S'entraîner

5 Faites une seule phrase avec un pronom relatif composé.
Ex. : C'est un site. J'ai rencontré mon mari sur ce site. → C'est le site sur lequel j'ai rencontré mon mari.
a. J'appartiens à un réseau social. Il me permet de faire des rencontres.
b. Il existe de nouvelles façons de communiquer. Il faut s'y habituer et ne pas lutter contre.
c. Je partage mes idées avec des communautés numériques et je m'informe grâce à elles. Elles m'aident beaucoup.
d. Il faut résister à l'individualisme extrême. Il faut se battre contre.
e. Je suis très curieux. C'est pour ça que je tchatte sur les réseaux sociaux.
f. J'évolue au milieu d'amis virtuels. Je ne pourrais pas vivre sans eux, ils me rendent heureux.

Vocabulaire

🎧 **110 Les relations sociales et amoureuses (2)** un cercle d'amis • un(e) conjoint(e) • une connaissance • un écueil • un lien fraternel • un maillage • la perle rare • un réseau • durable • fédérer • (se) réconcilier • unir

🎧 **111 Les qualités et les défauts (3)** altruiste • l'égocentrisme (m.) • pesant(e)

🎧 **112 Les expressions** asseoir une confiance • briser la glace • garder le contact/rester en contact • nouer une relation • tomber en pâmoison

6 Complétez l'interview avec une expression de la liste.
cercle d'amis • pesante • attirée • égoïste • noué une relation • l'interrompre • gardé le contact • perle rare • altruisme • tombée de haut

– Vous vous êtes rencontrés comment ?
– Sur les réseaux ! Nous avons **noué une relation** virtuelle pendant 6 mois, nous nous écrivions tous les jours ; j'ai été _____ par certaines de ses qualités notamment son _____. Puis nous nous sommes rencontrés et ça a été le coup de foudre. J'ai cru que j'avais trouvé la _____ et je l'ai présenté à mon _____.
– Pourquoi vous vous êtes séparés ?
– Nous avons vécu ensemble pendant deux ans mais je me suis rendu compte que je m'étais trompée sur lui : c'était un _____ ! Je suis _____ !!! Notre relation est vraiment devenue très _____ et j'ai décidé de _____.
– Vous continuez à vous voir ?
– Non, nous n'avons pas _____.

Leçon 23 Grammaire

Les reprises pronominales et nominales
Pour éviter les répétitions

■ **La reprise pronominale** permet de remplacer un mot (personne ou chose) qui a été mentionné :
– avec un pronom démonstratif : **celui-ci/là, celle-ci/là, ceux-ci/là, celles-ci/là, ceci/cela** (soutenu), **ça** (courant) / **ce/c'**…
*Pour d'autres, **ce** sera beaucoup plus proche du monde réel, **ce** sera une extension de **celui-ci**.*
*Le métavers offrira à **ceux-là** une sorte de refuge qui sera plus confortable pour eux.*
– avec un pronom personnel : **la, le, elle, lui, eux, elles, ils**…
*Aujourd'hui, ces possibilités ne sont pas encore réalisables mais elles **le** seront.*
– avec un pronom possessif : **le/la nôtre, le/la vôtre, les leurs, les siens**…
*Un personnage singulier avec une apparence très éloignée de **la nôtre**.*
– avec un pronom indéfini : **certains, d'autres**…
*Pour **d'autres**, ce sera beaucoup plus proche du monde réel.*

■ **La reprise nominale**
On utilise aussi des mots génériques, des synonymes ou des équivalents.
– avec des mots génériques : *Eh bien, actuellement **ces notions** sont encore un peu floues.*
– avec des synonymes ou des équivalents : *Ce qui va changer, ce sont les liens qu'on va créer entre **le vrai monde et les mondes en ligne**, **le réel** et **le virtuel**.*

▶ PRÉCIS GRAMMATICAL P. 175-176

Langue & S'entraîner UNITÉ 6

7 Complétez avec les mots proposés.

cela • Certains d'entre eux • un tel projet • Ce concept • Cette réorientation • ceux-ci • D'autres • leur • cet événement • la tâche • Ce terme • celui • l'entreprise

a. Un métavers est un monde virtuel. **Ce terme** est régulièrement utilisé pour décrire une version future d'Internet où des espaces virtuels, persistants et partagés seront accessibles en 3D.
C'est un méta-univers ou un univers qui va au-delà de _____ que nous connaissons. _____ a été décrit la première fois dans le roman *Simulacres* de Philip K. Dick en 1964.

b. Le 28 octobre 2021, Mark Zuckerberg annonce officiellement que Facebook est rebaptisée Meta et dédiera une large part de son activité à l'élaboration d'un métavers. _____ a coûté plus de 13 milliards de dollars à _____ . Près d'un an après _____ , l'engouement du public n'est toujours pas au rendez-vous. En réaction, Meta lance une campagne publicitaire arguant que le développement d' _____ nécessite forcément plusieurs années de maturation.

c. _____ métavers ont vu le jour et _____ amène à se questionner sur _____ encadrement juridique, notamment au regard de la gestion des données et de la propriété intellectuelle dans ces mondes virtuels.

d. Ces métavers ont beaucoup de détracteurs. _____ pensent que les architectes du métavers doivent démontrer l'utilité de _____ . Et _____ est d'autant plus délicate que l'expérience demeure aujourd'hui inaccessible au plus grand nombre : un casque de réalité virtuelle coûte autour de 450 euros.

La cause

■ **Pour expliquer des faits réels**

– **du fait que** + **indicatif** ; **en raison/du fait de** + **nom** pour présenter une cause connue et vérifiée
Du fait qu'on est débarrassé de nos complexes physiques, les interactions sociales sont facilitées.

– **sous prétexte de** + **nom/infinitif** ; **sous prétexte que** + **indicatif** pour indiquer une cause mise en doute
Nous sommes rivés sur nos écrans d'ordinateur sous prétexte de suivre l'actualité.

– **suite à** + **nom** pour préciser que la cause est un fait passé
Suite à la chute des cryptomonnaies, des forums ont diffusé une liste de lignes téléphoniques de prévention.

– **par** + **nom** (avec ou sans déterminant) pour indiquer une caractéristique/qualité ou un sentiment
Par peur de manquer de quelque chose d'important.

– le **participe passé** en début de phrase pour mettre en valeur la personne qui subit l'action
Immergé au quotidien dans le métavers, il a perdu petit à petit la notion du temps et de l'espace.

❗ On peut aussi utiliser un participe présent.
Rappel : On peut également utiliser **à cause de**, **grâce à** + **nom** / **pronom** ; **parce que**, **car**, **comme**, **puisque** + **indicatif**.

LES RELATIONS LOGIQUES ▶ PRÉCIS GRAMMATICAL P. 180

8 Soulignez la ou les expression(s) qui convien(nen)t.

Ex. : Du fait qu' • <u>Comme</u> • Suite à on peut choisir son avatar alors on s'imagine plus beau.

a. Le métavers peut s'avérer dangereux **suite à** • **en raison de** • **car** l'univers totalement imaginaire qu'il crée.
b. **Par** • **Suite à** • **Grâce à** sa capacité à faire vivre des aventures incroyables, le monde virtuel a de plus en plus d'adeptes.
c. De plus en plus **inadaptés** • **inadaptant** au monde réel, certains jeunes se réfugient dans un monde idéal **en raison de** • **car** • **puisque** tout y est permis.
d. **Suite à** • **Par** • **À cause d'** une immersion quasi quotidienne dans un univers fictif, certaines personnes ont dû être hospitalisées.
e. **Sous prétexte que** • **Car** • **En raison de** nos amis habitent loin de nous, on est tentés de se précipiter dans une utilisation abusive de la technologie mise à disposition.

Vocabulaire

🎧 **113 La psychologie (2)** le cerveau • la dépression • le paroxysme • le suicide • un travers • choqué(e) • persistant(e) • exacerber

🎧 **114 L'appréciation** vertigineux(euse)

🎧 **115 L'informatique** une archive • un bug • une clé USB • un code • un crash • un disque dur • une donnée • un serveur

🎧 **116 Les expressions** un « paradis artificiel » • mettre des garde-fous • perdre la notion du temps et de l'espace • pointer du doigt

Langue & S'entraîner

Phonétique

L'accent d'insistance 🎧 117 ▶ 17

Pour insister, mettre en valeur un mot, on peut poser un accent d'insistance sur la première syllabe de ce mot. La dernière syllabe du groupe rythmique reste plus longue.

En petit groupe Écoutez Abderrahmane Keddar dans l'extrait de la chronique p. 90, **Doc. 2**.

a. D'après vous, quels mots met-il en relief ? Comment ? Soulignez-les dans la transcription ci-dessous.

Mais, dans tous les cas, que ce soit dans le secteur médical, que ce soit dans le secteur industriel, les gens nous disent des choses très simples : on veut que le robot fasse les tâches à valeur non-ajoutée par les personnes. À aucun moment, il faut supprimer la personne pour remettre le robot, non. Il faudra mettre le robot comme un outil qui va aider la personne. C'est un outil qui va aider les aides-soignants, ce n'est pas un outil qui va remplacer les aides-soignants.

b. Vérifiez vos hypothèses avec le corrigé (livret de transcriptions p. 39).

9 🎧 118 **À deux** Écoutez ces différentes façons de prononcer la même phrase. Repérez les mots accentués. À votre tour, choisissez quel(s) mot(s) vous voulez accentuer et prononcez la phrase.

La particularité du robot, c'est sa capacité à interagir avec l'environnement, l'extérieur, et à avoir une certaine autonomie dans cette interaction.

Retrouvez les exercices avec 💻 sur le **Parcours digital**

Culture(s) vidéo

La réalité virtuelle, c'est aussi ça !

1 Regardez la vidéo <u>sans le son</u>. ▶ 18
  a. Répondez.
  1. De quel objet s'agit-il ?
  2. Quels lieux et quelles activités voit-on ?
  b. Mettez ces activités dans l'ordre du reportage.
  1. Méditer 2. Visiter un musée 3. Se distraire 4. Voyager

2 **À deux** Regardez la vidéo <u>sans le son</u>. ▶ 18
  a. Imaginez ce que dit la voix off.
  b. Regardez la vidéo <u>avec le son</u>.
  1. Comparez la version originale et votre version.
  2. De quel type de vidéo s'agit-il ? **Expliquez**.

3 **En petit groupe** Que pensez-vous de cet outil ? D'après vous, quelle place prendra-t-il dans notre quotidien ? Listez les avantages et les inconvénients. **Expliquez**.

Préparation au DELF B2

COMPRÉHENSION DES ÉCRITS

Comprendre le point de vue d'un locuteur francophone

**Vous lisez l'opinion de ces trois personnes sur un site Internet français sur le sujet :
« Le vote à 16 ans, pour ou contre ? ».**

Alex — Beaucoup considèrent que les moins de 18 ans sont immatures dans leurs décisions, qu'ils ne comprennent pas la politique, qu'ils sont insouciants... Pourtant on constate que les adultes ne prennent pas toujours la peine de se renseigner, que beaucoup votent en majorité pour le parti politique de leurs parents. D'autres encore basent leurs raisonnements sur des théories du complot, quand ils ne s'abstiennent pas en masse... Dans ce contexte, comment peut-on justifier le refus du vote à 16 ans ? Donner le droit de vote aux jeunes de 16 ans, ça ne veut pas dire qu'ils l'exerceront nécessairement. Mais pourquoi ne pas laisser cette chance à celles et ceux qui voudraient s'exprimer ?

Morgane — Je n'ai été capable de voter avec ma propre opinion, que quand j'ai pris mon « indépendance » financière. À 16 ans, j'avais exactement les mêmes idées politiques que mes parents, je n'avais jamais été confrontée à des gens qui ne viennent pas du même milieu social que moi. J'ai conscience que de plus en plus de jeunes de cet âge sont très éveillés politiquement mais je pense aussi que ça reste un âge où on est encore un peu influençables par les idées de nos familles. À cet âge, on ne connaît pas la vie et ses contraintes. On n'a pas eu le temps de se confronter à d'autres opinions ni de se forger sa propre opinion politique.

Annabelle — Mes amis et moi, on était très politisés à 16 ans. Mais il faut reconnaître que nos débats étaient vraiment naïfs. Deux ans de plus pour réfléchir et affiner nos opinions, ça n'a pas été de trop. D'ailleurs, à l'époque, j'étais déjà contre le droit de vote avant 18 ans, comme la plupart de mes amis... et pourtant on allait à des meetings politiques et des manifs. Je ne trouve pas pertinent de donner une responsabilité aussi lourde à des mineurs...
Laissons-les d'abord s'investir dans l'associatif, participer à des projets locaux ou à des initiatives citoyennes de quartier, et puis, une fois adultes, à eux de voter.
Il y a mille façons de s'exprimer en attendant d'avoir le droit de vote.

Préparation au DELF B2

À quelle personne associez-vous chaque point de vue ? Pour chaque affirmation, cochez la bonne réponse.

1. Même si les jeunes de 16 ans ont des idées politiques, ils sont conditionnés par leur entourage.
   ☐ a. Alex   ☐ b. Morgane   ☐ c. Annabelle

2. La façon de voter reste à tout âge assez semblable à celle de son propre milieu d'origine.
   ☐ a. Alex   ☐ b. Morgane   ☐ c. Annabelle

3. Accorder le vote à 16 ans, c'est permettre aux jeunes qui en manifestent le désir de s'exprimer.
   ☐ a. Alex   ☐ b. Morgane   ☐ c. Annabelle

4. Même si les jeunes de 16 ans s'intéressent à la politique, leurs discours restent superficiels.
   ☐ a. Alex   ☐ b. Morgane   ☐ c. Annabelle

5. La façon de voter de certains adultes montre bien que le vote n'est pas qu'une question d'âge.
   ☐ a. Alex   ☐ b. Morgane   ☐ c. Annabelle

6. Quand on a 16 ans, il y a d'autres façons de s'engager que le vote.
   ☐ a. Alex   ☐ b. Morgane   ☐ c. Annabelle

PRODUCTION ORALE

Monologue suivi : défense d'un point de vue argumenté

Dégagez le thème soulevé par le document et présentez votre point de vue sous la forme d'un exposé personnel de cinq minutes environ.

Les *chatbots*, menace ou allié pour notre futur ?

Comme beaucoup d'outils technologiques issus de l'intelligence artificielle (IA), les agents conversationnels, encore appelés *chatbots* (*chat* comme converser, *bot* étant le diminutif de robot) fascinent autant qu'ils agacent ou font peur. Depuis 2016, le marché mondial de ces logiciels qui nous parlent connaît une évolution exponentielle. Un rapport estime qu'il excédera les 142 milliards de dollars dans les prochaines années, contre 2,8 milliards de dollars réalisés aujourd'hui.
Les secteurs économiques qui impliquent une interaction avec les consommateurs, à savoir le commerce ou la vente, sont en première ligne de cette tendance.
Comment sont perçus ces outils ? À ce sujet, les opinions divergent. Certains y voient une plus grande efficience du management des ventes et des parcours d'achat en ligne qui deviennent plus fluides, avec moins de frictions et plus de conversion. En revanche, d'autres y décèlent les signes d'une fin annoncée des points de vente physiques, ainsi que des risques accrus de manipulation et de tromperie, notamment de la part des *chatbots* les plus sophistiqués.

À quoi sert l'école ?

UNITÉ 7

VOUS ALLEZ APPRENDRE À :
› décrire une manière d'apprendre
› commenter des inégalités
› parler d'un parcours atypique

VOUS ALLEZ UTILISER :

LEÇON 25
› les doubles pronoms
› les propositions relatives (à l'indicatif ou au subjonctif)

LEÇON 26
› l'accord du verbe avec les fractions et les pourcentages

LEÇON 27
› les accords particuliers du participe passé

TECHNIQUES POUR…
› rédiger un article argumenté
› **la médiation :** coopérer pour améliorer son texte

LANGUE & S'ENTRAÎNER

CULTURE(S) VIDÉO
Dix-huit kilomètres trois
▶ 21

LEÇON 25 — Décrire une manière d'apprendre

COMPRENDRE

L'Information scolaire, © Robert Doisneau, 1956

DOC. 2 — Quel est votre profil d'apprentissage ?

TEST

Cochez les phrases qui vous ressemblent le plus.

1. Quand je vois des diagrammes et des graphiques, j'ai besoin qu'on me les explique oralement.
2. Je comprends mieux les nouvelles quand je les lis dans le journal que lorsque je les écoute à la radio.
3. Je retiens facilement les indications pour un chemin.
4. Je préfère dessiner un graphique ou créer une affiche pour un travail plutôt que de faire des recherches.
5. Je suis doué(e) pour les casse-têtes et les jeux de construction.
6. Je retiens mieux les choses quand je les écris plusieurs fois.
7. Quand j'ai un message à faire passer à un(e) camarade, je préfère le lui dire de vive voix.
8. J'aime lorsque l'on utilise des affiches et des modèles dans la classe.
9. Je comprends et j'apprends mieux lorsque je peux manipuler des objets.

Pour chaque phrase cochée ci-dessus, entourez le numéro correspondant dans le tableau.

---

1 Observez la photo de Robert Doisneau (Doc. 1).
  a. Décrivez l'attitude des enfants et le lieu.
  b. Comparez cette salle de classe à la vôtre au même âge. **Échangez**.

2 Observez le document et lisez le titre (Doc. 2).
  a. De quel type de document s'agit-il ?
  b. D'après vous, qu'est-ce qu'un « profil d'apprentissage » ? Faites des hypothèses.

3 Lisez les neuf phrases du test (Doc. 2).
  a. Classez-les selon le profil correspondant.
  profil auditif • profil visuel • profil kinesthésique (manipulation, construction…)
  b. Lisez les résultats et vérifiez votre classement (act. 3a).
  c. Faites le test.
  d. Quel est votre profil dominant ? Êtes-vous d'accord avec le résultat ? **Expliquez**.
  e. *En petit groupe* Comparez vos résultats. **Échangez**.

4 *À deux* Lisez les stratégies (Doc. 2).
  a. D'après vous, quelles sont les stratégies les plus efficaces ?
  b. Relisez les phrases. Que remplacent les pronoms en gras ? **Expliquez** leur emploi et leur ordre.
  1. Si vous travaillez avec vos camarades : résumez vos leçons et expliquez-**les**-**leur**.
  2. Prenez des notes de ce que vous entendez et lisez-**les**. N'hésitez pas à faire des fiches pour **les y** recopier au propre et en couleur.
  3. Pour mémoriser plus facilement un discours, travaillez avec un(e) camarade pour **l'**entendre **le** prononcer.
  c. Où se placent les pronoms quand le verbe est suivi d'un infinitif ?

5 Relisez les trois parties du test (Doc. 2).
  a. Identifiez les mots en relation avec l'apprentissage.
  b. Lesquels utiliseriez-vous pour décrire votre apprentissage du français ? **Expliquez**.

6 *En petit groupe* Regardez la vidéo d'Haesol et répondez.

Et vous, que pensez-vous de votre système scolaire ?

▶ 19

RÉSULTATS

1, 3, 7 Profil auditif	– apprend par cœur par l'écoute – mémorise facilement les informations écoutées en classe – a besoin de s'entendre pour retenir
2, 6, 8 Profil visuel	– est capable de résumer, de comparer et d'évaluer – résout des problèmes en les visualisant – a besoin de faire des fiches et de réécrire les leçons – a de la difficulté à se rappeler des consignes orales
4, 5, 9 Profil kinesthésique	– s'occupe avec ce qui lui tombe sous la main – est capable de faire des liens entre son apprentissage et son vécu – préfère assembler un objet sans consulter son plan – est habile dans les activités de manipulation

STRATÉGIES

Profil auditif : Lisez vos notes ou vos livres à voix haute. | Enregistrez vos leçons et écoutez-les à tête reposée. | Si vous travaillez avec vos camarades : résumez vos leçons et expliquez-les-leur. | Pour mémoriser plus facilement un discours, travaillez avec un(e) camarade pour l'entendre le prononcer.

Profil visuel : Prenez des notes de ce que vous entendez et lisez-les. N'hésitez pas à faire des fiches pour les y recopier au propre et en couleur. | Utilisez un surligneur pour hiérarchiser les informations dans vos leçons.

Profil kinesthésique : Marchez pour mieux mémoriser. | Étudiez en sessions fréquentes mais de courte durée. | Accordez-vous des pauses régulières.

DOC. 3 🎧 119

L'école dans la nature, l'école du futur ?
De plus en plus de parents choisissent une école qui prend le temps de comprendre chaque enfant, une école où les enfants sont autonomes et moins sédentaires. L'école dans la nature est-elle la solution ?

7 Observez la page de l'émission et lisez le texte d'introduction (Doc. 3).

  a. Quel est le thème ?

  b. Comparez la photo à celle de Robert Doisneau (Doc. 1).

  c. Quel profil d'apprentissage (Doc. 2) associeriez-vous à cette photo ? **Expliquez**.

8 Écoutez l'émission de France culture (Doc. 3).

  a. Qui est Sylvain Wagnon ?

  b. Mettez dans l'ordre les points abordés.
  les autres pays • l'histoire • la comparaison avec l'école traditionnelle • le niveau scolaire • les activités

9 **À deux** Réécoutez l'émission (Doc. 3).

  a. Répondez.
  1. Dans quels pays est né le concept de l'école dans la nature ?
  2. L'école en plein air est-elle réservée au monde rural ?

  b. Relevez : les niveaux d'enseignement concernés • la pédagogie • les activités proposées • les bénéfices pour les enfants.

  c. Expliquez la formule « la classe, c'est quand il pleut ». Qu'en pensez-vous ? **Échangez**.

10 **À deux** Lisez les phrases.

  A. C'est vraiment la volonté de [...] proposer une pédagogie qui prenne finalement en compte l'ensemble des facettes d'un enfant.
  B. De plus en plus de parents choisissent une école qui prend le temps de comprendre chaque enfant.

  a. Associez chaque phrase à ce qu'elle exprime.
  fait envisagé comme réel • fait envisagé comme incertain

  b. Quel est le mode du verbe dans les propositions relatives ? **Justifiez**.

AGIR

11 ✏️ 💬 Décrivez une manière d'apprendre et imaginez des méthodes d'apprentissage.

  a. **À deux** Listez vos actions pour apprendre le français. Notez le matériel que vous utilisez et les lieux où vous aimez travailler. **Échangez**.

  b. En classe, quelles activités trouvez-vous les plus intéressantes ? Lesquelles sont les plus difficiles ? **Échangez**.

  c. Imaginez des solutions pour dynamiser les cours de français. Prenez en compte les différents profils d'apprentissage. **Expliquez**.

  d. **En groupe** Présentez vos idées à la classe. Quel projet est le plus réalisable ? **Choisissez**.

> **Langue & S'entraîner** p. 114-115

LEÇON 26 — Commenter des inégalités

COMPRENDRE

DOC. 1

> « Après le pain, l'éducation est le premier besoin du peuple. »
>
> Danton, *Discours sur l'éducation*, 13 août 1793

1 Lisez la citation (Doc. 1).
a. Qui est Danton ? Faites des recherches si nécessaire.
b. Êtes-vous d'accord avec ce qu'il dit ? **Expliquez**.
c. **En petit groupe** Proposez cinq autres besoins du peuple. Classez-les par ordre d'importance. **Échangez**.

DOC. 2

Centre d'observation de la société

Population ⌄ Ages ⌄ Structures familiales ⌄ Catégories sociales ⌄ Hommes-femmes ⌄ Education ⌄ Revenus ⌄ Travail ⌄ Modes de vie ⌄ Territoires ⌄

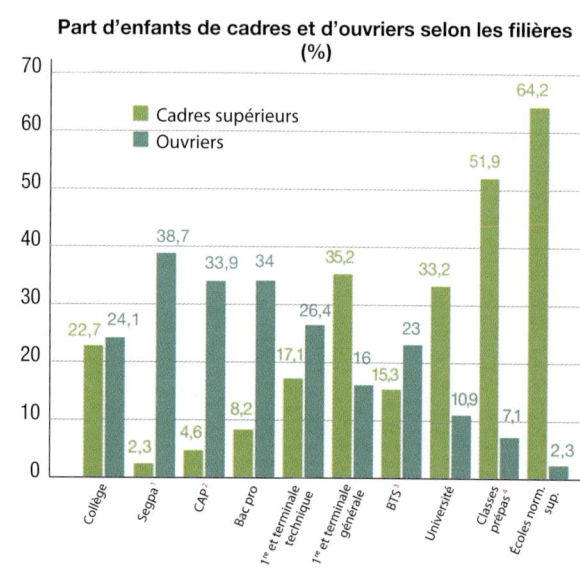

Part d'enfants de cadres et d'ouvriers selon les filières (%)
■ Cadres supérieurs ■ Ouvriers

Du collège aux filières d'excellence, la disparition des enfants d'ouvriers

Au fil de la scolarité, la part des enfants d'ouvriers se réduit tandis que celle des enfants de cadres s'accroît. La quasi-totalité des enfants vont au collège, quelles que soient leurs origines sociales.

Selon le ministère de l'Éducation nationale (données 2019-2020), un quart des élèves de collège sont des enfants d'ouvriers, et la proportion des enfants de cadres est plus ou moins identique. Par la suite, les enfants d'ouvriers sont sur-représentés dans les filières professionnelles et techniques. Un tiers des élèves de CAP et des bacs pros est issu de cette population. Ils sont quatre fois plus nombreux que les enfants de cadres. Leur taux s'élève à 27 %, en première et en terminale technologique, dix points de plus que dans les filières générales (17 %) où l'on compte deux fois plus d'enfants de cadres que d'ouvriers. 10,9 % de la population universitaire vient d'un milieu ouvrier.

On voit donc que, plus on s'élève dans le cursus, moins on compte d'enfants d'ouvriers. Ces derniers représentent 7 % des élèves dans les classes préparatoires aux grandes écoles alors qu'une majorité d'étudiants ont des parents cadres supérieurs. C'est dans les prestigieuses écoles normales supérieures que les disparités sont les plus importantes. En effet, les deux tiers de cette élite sont des enfants de cadres.

Ces données illustrent la force des inégalités sociales à l'école en France. Le système scolaire peut encore s'améliorer pour assurer l'égalité des chances scolaires.

D'après www.observationsociete.fr

1 Segpa : section d'enseignement général et professionnel adapté ; 2 CAP : certificat d'aptitude professionnelle ; 3 BTS : brevet de technicien supérieur ; 4 classes prépas : classes préparant les lycéens aux concours des grandes écoles

2 Observez le document (Doc. 2).
a. **Expliquez** le titre.
b. Lisez le graphique. Est-ce qu'il correspond au titre du document ? **Expliquez**.
c. Donnez des exemples de professions pour les catégories « ouvriers » et « cadres supérieurs ».

3 Lisez le document (Doc. 2).
a. Relisez le graphique et répondez.
1. Dans quelles filières les enfants de cadres sont-ils majoritaires ? Où trouve-t-on le plus d'enfants d'ouvriers ?
2. À votre avis, quelle est la différence entre la terminale technique et la terminale générale ?
3. Ces deux filières existent-elles dans votre système scolaire ? Comment les appelle-t-on ?

b. Que fait l'auteur dans le texte ? Entourez les bonnes réponses.

Il critique • commente • reformule • explique • contredit les données du graphique.

c. Associez chaque paragraphe à sa fonction.

1. commentaire rapide des données statistiques
2. présentation du thème
3. conclusion
4. relevé des données statistiques et explications

4 À deux Relisez le texte (Doc. 2).

a. Repérez les termes et expressions équivalent aux pourcentages suivants.

99 • 24,1 • 33,9 • 51,9 • 64,2

b. Relisez les phrases. Avec quoi le verbe s'accorde-t-il ? Quelles différences remarquez-vous ?

1. Un quart des élèves du collège sont des enfants d'ouvriers.
2. Un tiers des élèves de CAP et des bacs pros est issu de cette population.
3. En effet, les deux tiers de cette élite sont des enfants de cadre.
4. Une majorité d'étudiants ont des parents cadres supérieurs.

c. Relevez d'autres exemples de phrases ayant pour sujet des pourcentages ou des fractions.

d. Associez les phrases (act. 4b et 4c) aux règles suivantes.

1. Le verbe est au singulier pour mettre en valeur le groupe.
2. Le verbe est au pluriel pour mettre en valeur les individus.
3. Si la fraction ou le pourcentage est précédé d'un déterminant au pluriel, le verbe est au pluriel.

5 En petit groupe L'éducation étant gratuite en France, d'après vous, qu'est-ce qui peut expliquer le phénomène d'inégalités évoqué dans le Doc. 2 ? Comment est-ce dans votre pays ?

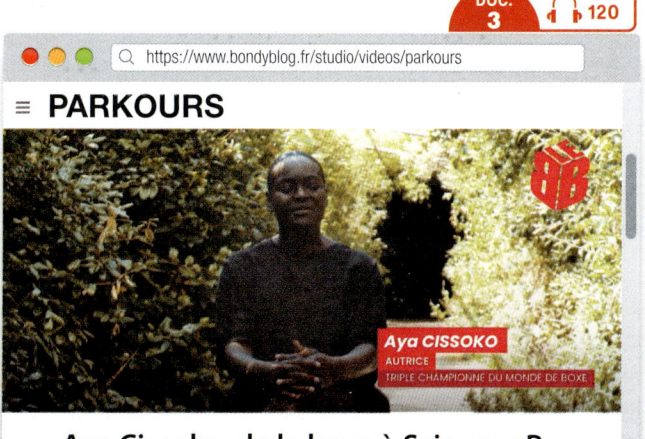

DOC. 3 — 120

Aya Cissoko, de la boxe à Sciences Po

6 Observez le site Internet (Doc. 3).

a. Identifiez son nom, la rubrique et le titre du podcast.

b. Faites des hypothèses sur le contenu.

c. Le titre vous surprend-il ? Expliquez.

7 Écoutez l'entretien d'Aya Cissoko (Doc. 3).

a. Qu'apprenons-nous d'elle (lieu et date de naissance, origines, distinctions sportives) ?

b. Que fait-elle dans cet entretien ?

c. Quels thèmes aborde-t-elle ? Choisissez.

la boxe • l'écologie • l'amour • les études • la religion • les différences sociales • le racisme

8 À deux Réécoutez l'entretien (Doc. 3).

a. Répondez.

1. Comment Aya Cissoko est-elle passée de la boxe aux études ?
2. Qu'a-t-elle appris grâce à la boxe ?
3. Quelles difficultés a-t-elle rencontrées à Sciences Po ?
4. Pourquoi Aya Cissoko est-elle si reconnaissante envers sa professeure ? Avez-vous déjà vécu une expérience similaire ?
5. Quelle est sa vision sur l'importance des études ?

b. Lisez la transcription du Doc. 3 et complétez les deux catégories (livret de transcriptions p. 20).

Mots en relation : avec le sport • avec les études.

c. Quels mots pourraient être communs aux deux catégories ? Expliquez.

AGIR

9 Commentez des inégalités.

a. À deux Cherchez un sujet sur les inégalités (salaires hommes/femmes, part des hommes et des femmes dans certains métiers…).

b. Trouvez des statistiques sur le sujet choisi.

c. Représentez les statistiques sous forme de graphique (en bâtons, camembert…). Échangez.

d. Rédigez un commentaire écrit de votre graphique (titre, présentation du thème…).

En groupe Partagez le graphique sur le groupe de la classe et commentez-le à l'oral. Postez vos commentaires.

> Langue & S'entraîner p. 116

LEÇON 27 — Parler d'un parcours atypique

COMPRENDRE

DOC. 1

Rédaction de France Culture
@FC_actu

C'est l'un des couturiers français les plus célèbres du monde. 50 ans après ses débuts, Jean-Paul Gaultier a présenté hier son dernier défilé. Marinières, corsets coniques, jupes pour homme, il a toujours mélangé les genres et cultivé les différences.

25 janv. 2023

1 Observez les photos et lisez le tweet (Doc. 1).

  a. Connaissez-vous Jean-Paul Gaultier ? Quels vêtements l'ont rendu célèbre ?

  b. Quelle information annonce le tweet ?

DOC. 2 🎧 121

2 Écoutez l'entretien de Jean-Paul Gaultier (Doc. 2). De quoi parle-t-il ?

3 À deux Réécoutez l'entretien (Doc. 2).

  a. Répondez.
  1. Comment Jean-Paul Gaultier a-t-il appris son métier ?
  2. Quel rôle a joué son ours en peluche ?
  3. Que lui a appris le film *Falbalas* ?
  4. En quoi le parcours de Jean-Paul Gaultier est-il atypique ?

  b. Relevez les mots en relation avec la mode.

  c. Jean-Paul Gaultier estime que de ne pas avoir d'argent, à ses débuts, était une force et une liberté. Qu'en pensez-vous ? Échangez.

DOC. 3

le cnam

Le Conservatoire national des arts et métiers, expert de l'expérience

La *validation des acquis de l'expérience* (VAE) s'appuie sur une expertise avérée dans l'évaluation des acquis de l'adulte. Ce dispositif s'est fait connaître à partir des années 1990.

Le Centre national des arts et métiers (CNAM) entretient des relations étroites avec les entreprises et les administrations. Tous les diplômes, titres et certificats peuvent être obtenus par la VAE (licence, master, doctorat, titre d'ingénieur).

Qu'est-ce que la VAE ?

La VAE est une voie d'obtention d'un diplôme ou d'un certificat sur la base d'une expérience, d'une durée minimum d'un an, qui vous a permis d'acquérir des compétences à partir d'un travail dans un secteur professionnel donné (management, gestion, informatique, industrie, etc.).

Selon l'expérience « capitalisée », le candidat se verra attribuer une licence, un master, un doctorat, un titre d'ingénieur…

Seront validées les périodes de formation en milieu professionnel que le candidat aura faites. La durée des activités professionnelles dans le cadre d'une formation doit être inférieure à la durée des activités exercées hors cadre de formation.

Qui est concerné par la VAE ?

Toute personne qui s'est investie dans le domaine en lien avec la certification visée.

1 Louise T. — *Depuis ma VAE, je me suis vue reprendre goût aux études.*

2 Veronica B. — *À la suite de ma VAE, je me suis découvert un don pour la gestion d'équipe.*

3 Gaspard R. — *Les efforts qu'il a fallu pour ma validation étaient compatibles avec ma vie familiale.*

4 Tilda J. — *Je suis contente. Je me suis vu confier de nouvelles responsabilités.*

4 Observez la brochure (Doc. 3).

  a. Quel est le nom de l'organisme ?

  b. D'après vous, à qui s'adresse cette brochure et quel est son objectif ?

5 Lisez la brochure (Doc. 3).

  a. *Vrai* ou *faux* ? Justifiez.
  1. La VAE est un nouveau dispositif de formation.
  2. L'obtention d'un diplôme dépend de l'expérience.
  3. Il faut beaucoup de temps libre pour faire une VAE.

  b. Identifiez les domaines et les diplômes concernés.

6 À deux **Relisez la dernière partie de la brochure (Doc. 3).**

a. Comparez les témoignages 1 et 4. Répondez.
1. Qui fait l'action des verbes « reprendre » et « confier » ?
2. Dans quelle phrase y a-t-il un accord ?

b. Entourez la bonne réponse.
1. Le participe passé utilisé avec un verbe impersonnel **est invariable** · **s'accorde**.
2. Le participe passé ne s'accorde pas s'il y a un COD placé **avant** · **après** le verbe.

c. Repérez d'autres participes passés (Doc. 3). Expliquez leur accord.

7 En petit groupe **Que pensez-vous de la validation des acquis ? Échangez. Existe-t-il un dispositif similaire dans votre pays ? Expliquez.**

Je fouille le fatras de mes vieux papiers à la recherche de mes bulletins scolaires et de mes diplômes, et je tombe sur une lettre conservée par ma mère. Elle est datée de février 1959. J'avais quatorze ans depuis trois mois. J'étais en quatrième. Je lui
5 écrivais de ma première pension :

« *Ma chère Maman,*
Moi aussi j'ai vu mes notes, je suis écœuré, j'en ai plein le dot [sic], quand on en est venu au point de travailler 2 h sans arrêt pendant une étude pour récolter un 1 à un devoir d'algèbre que l'on croulait [sic] bon il y a de quoi
10 *être découragé, aussi ais-je [sic] tout lâché [sic] pour réviser mes examens et mon 4 en application explique sûrement la révision de mon examen de géologie pendant mon cour [sic] de math [sic], [etc.]. Je ne suis pas assez intelligent et travailleur pour continuer mes études. Ça ne m'intéresse pas, j'attrape mal au crâne [sic] à rester enfermer [sic] dans la paperasse, je ne*
15 *comprends rien à l'anglais, à l'algèbre, je suis nule [sic] en orthographe, que reste-t-il ? »*

Marie-Thé, coiffeuse de notre village (La Colle-sur-Loup), mon amie aînée depuis ma prime enfance, m'avouait récemment que ma mère, s'épanchant sous le casque, lui avait confié son inquiétude
20 quant à mon avenir, un peu soulagée, disait-elle, d'avoir obtenu de mes frères la promesse qu'ils prendraient soin de moi après sa disparition et celle de mon père.

Toujours dans la même lettre, j'écrivais : « *Vous avez eu trois fils intelligents et travailleurs... un autre un cancre, un féignant* » (sic)...
25 Suivait [...] une vigoureuse supplique pour qu'on arrête le massacre, qu'on me retire de l'école et qu'on m'envoie « *aux colonies* » (famille de militaires), « *dans un petit bled [sic] et là se serait [sic] le seul endroit où je serais [sic] heureux* » (souligné deux fois). L'exil, au bout du monde en somme, le pis-aller[1] du rêve [...].

30 Dix ans plus tard, le 30 septembre 1969, je recevais une lettre de mon père, adressée au collège où j'exerçais depuis un mois le métier de professeur. C'était mon premier poste et c'était sa première lettre au fils *devenu*.

Chagrin d'école, Daniel Pennac, © Éditions Gallimard, 2017

1 pis-aller : moyen à quoi on a recours, faute de mieux

8 **Lisez l'extrait de *Chagrin d'école* (Doc. 4).**

a. Connaissez-vous cet écrivain ? Faites des recherches si nécessaire.

b. De quel genre de livre s'agit-il ? Entourez.
Un roman **historique** · **autobiographique** · **d'amour**.

c. À quoi correspondent les parties en italique ?

9 À deux **Relisez l'extrait (Doc. 4).**

a. Répondez.
1. Quelles périodes de sa vie l'auteur évoque-t-il ? Pourquoi écrit-il à sa mère ? Dans quelles circonstances ?
2. D'après vous, que signifie l'expression « le fils *devenu* » ?

b. Lisez les mots suivis de [*sic*]. Lesquels correspondent à des fautes de grammaire/orthographe ? Lesquels sont des mots familiers ?

c. Corrigez les fautes de sa lettre. Remplacez les mots familiers par des mots courants.

AGIR

10 **À quoi sert l'école ?**

a. À deux Parcourez l'unité 7. De quelle personne présentée dans l'unité vous sentez-vous le plus proche (Aya Cissoko, Jean-Paul Gaultier, Daniel Pennac) ? **Échangez**.

b. En petit groupe Répondez à la problématique en vous appuyant sur votre expérience et celle des trois personnes. **Échangez**.

c. Listez trois changements à apporter à l'école, selon vous. **Expliquez**.

d. **Créez** une brochure pour les présenter. Exposez les avantages de ces changements sous la forme de témoignages.

e. En groupe **Présentez** votre brochure et vos témoignages à la classe.

> Langue & S'entraîner p. 117

LEÇON 28 Techniques pour...

...rédiger un article argumenté

LIRE

Pour la gratuité des musées

1 → Les musées sont un élément essentiel de l'héritage culturel français. L'éducation à l'art devrait être accessible à tous. Pourtant, plus de la moitié des Français ne les visitent pas régulièrement. Bien souvent, c'est un problème d'argent qui est pointé du doigt.

2 → Et si on rendait les musées gratuits ?

3 → Les musées en France sont malheureusement encore très élitistes. Malgré une politique de démocratisation de ces lieux, de larges campagnes de publicité, et bien que l'entrée soit gratuite pour les moins de 18 ans, le prix moyen du billet d'entrée continue de dissuader et de freiner l'accès à ces hauts lieux de culture.

4 → J'ai pu le constater lors de ma dernière visite au Louvre. Il y avait quelques touristes étrangers, des groupes scolaires et des visiteurs de classe moyenne, âgés et aucun visiteur des classes populaires.

5 → Entrez dans n'importe quel musée français, vous constaterez la même chose.

6 → Les musées doivent s'adresser à tout le monde et mettre le savoir à la portée de tous.

7 → En effet, cela permettrait à tout un chacun de se réapproprier la culture française et internationale ! Par ailleurs, cela serait également bénéfique pour le tourisme et engendrerait plus de visites de nos monuments.

8 → Le financement des musées serait alors complètement à revoir avec, pourquoi pas, un plus grand investissement des fonds publics, une participation laissée au bon-vouloir du visiteur ou encore du mécénat...

9 → La culture n'est pas un luxe ! Elle contribue au niveau d'éducation de la population. Faisons en sorte que le plus grand nombre puisse accéder aux trésors de notre Histoire.

Par David Ledroux, le 10 octobre 2023

---

1 [Découverte] Lisez l'article (Doc. 1).
a. Quel est le thème ?
b. Choisissez.
L'article est **un article d'opinion** • **une enquête** • **une critique**.
c. Répondez.
1. Pourquoi, selon l'auteur, les musées sont-ils importants ?
2. Que reproche-t-il à la situation actuelle ? Quelles sont ses propositions ?

2 À deux [Analyse] Relisez l'article (Doc. 1). Associez les intitulés suivants aux parties 1 à 9 de l'article. Justifiez.
A. argumentation
B. description des faits
C. conclusion
D. énoncé de la problématique
E. expression de son opinion
F. interpellation du lecteur
G. propositions de solutions et d'exemples
H. expérience personnelle
I. présentation du thème de l'article

LEÇON 28

POUR rédiger un article argumenté

- **Présenter le thème**
  Les musées sont… • Pourtant, … • Bien souvent…
- **Énoncer la problématique**
  Et si on rendait les musées gratuits ? • Pourquoi la gratuité des musées serait-elle juste ? • Doit-on rendre l'entrée des musées gratuite ?
- **Décrire des faits**
  La situation actuelle… est… • Malgré une politique de démocratisation…
- **Illustrer avec sa propre expérience**
  J'ai pu le constater lors de… Il y avait…
- **Impliquer le lecteur**
  Entrez dans n'importe quel musée… • Faisons en sorte que… • Comme vous le savez…
- **Donner son opinion**
  Les musées doivent s'adresser à tout le monde. • Je trouve que… • Selon moi… • Personnellement…
- **Organiser ses arguments**
  En effet, … • Par ailleurs, … • D'une part…, d'autre part… • Non seulement… mais…
- **Proposer des solutions et donner des exemples**
  … avec, pourquoi pas, un plus grand investissement… ou encore du mécénat • Notamment grâce au…
- **Conclure**
  La culture n'est pas un luxe ! Elle contribue…

ÉCRIRE

3 Lisez ce commentaire. Êtes-vous d'accord ? Exprimez votre point de vue de manière structurée et illustrez vos arguments avec des exemples concrets.

> « Je ne comprends pas qu'on n'instaure pas la discrimination positive aux concours d'entrée de toutes les grandes écoles. Accorder des points bonus aux boursiers est une très bonne mesure pour favoriser l'ascenseur social. Bravo à HEC[1] et à l'ENS[2] qui l'ont mise en place en 2022. »
>
> 1 HEC : Hautes études commerciales
> 2 ENS : École normale supérieure

… la médiation : coopérer pour améliorer son texte

DOC. 2

La discrimination positive au concours d'entrée des grandes écoles, c'est une idée mauvaise.
En fait, les grandes écoles doivent être réservés aux meilleures, et pas parce qu'on vient d'un milieu défavorisé. Pouvez-vous imaginer le sentiment d'injustice d'un étudiant qui voie un autre étudiant moins fort lui passer devant lui sous pretexte qu'il est boursier ?

4 À deux Lisez ce commentaire (Doc. 2).
  a. Repérez les problèmes et classez-les dans les catégories suivantes.
  Grammaire • Style • Orthographe • Organisation
  b. Quelles erreurs avez-vous repérées le plus facilement ? Échangez.
  c. Corrigez le texte.

5 À deux **a.** Comment faites-vous pour relire vos productions ? Proposez trois stratégies.
  b. Lisez ces stratégies et comparez-les avec les vôtres. Échangez.
  1. S'assurer que le texte est clairement divisé en paragraphes
  2. Repérer l'idée principale de chaque paragraphe
  3. Raccourcir certaines phrases trop longues
  4. Relier les idées avec des connecteurs
  5. Vérifier les modes, les temps verbaux et les conjugaisons
  6. Vérifier les accords
  7. Éliminer les répétitions en les remplaçant par des pronoms ou des synonymes

6 À deux Faites une fiche récapitulative des stratégies les plus importantes pour vous. Partagez-la avec la classe.

Langue & S'entraîner

Leçon 25 — Grammaire

Les doubles pronoms

■ **Pour remplacer deux éléments dans une même phrase**
Rappel : Ordre des pronoms dans la phrase

1 COI	2 COD	3 COI (3ᵉ personne)	4
me	le		
te	la		
se	l'	lui	en
nous	les	leur	y
vous			

Quand il s'agit de diagrammes et de graphiques, j'ai besoin qu'on **me les** explique oralement.
Quand j'ai un message à faire passer à un(e) camarade, je préfère **le lui** dire de vive voix.

❗ Les pronoms **en** et **y** se placent toujours en dernier.
N'hésitez pas à faire des fiches pour **les y** recopier au propre.

■ **Avec l'impératif**
– à l'impératif affirmatif : Les pronoms se placent après le verbe.
Si vous travaillez avec vos camarades : résumez vos leçons et expliquez-**les**-**leur**.
– à l'impératif négatif : Les pronoms se placent avant le verbe.
Ne <u>**les leur** expliquez</u> pas.

■ **Avec un verbe suivi d'un infinitif**
Quand un verbe est suivi d'un infinitif, les pronoms se placent avant l'infinitif.
Sur un autre cahier, pensez à <u>**les y** recopier</u>.

❗ Avec les verbes *écouter*, *entendre*, *regarder*, *sentir*, *voir*, les deux pronoms sont détachés.
Écoute, tu **les** entends **en** discuter ?

▶ PRÉCIS GRAMMATICAL P. 175

1 Complétez les dialogues avec deux pronoms compléments.

a. – Comment faites-vous pour prendre en compte le profil d'apprentissage de vos étudiants ?
– Quand je présente une nouvelle règle à mes étudiants, j'essaie de **la leur** expliquer de plusieurs façons. Je montre des exemples, je _____ fais décrire et analyser et enfin je _____ explique le système.
– Et pour le vocabulaire ?
– Les nouveaux mots, par exemple, je _____ fais écouter et je _____ fais prononcer certains, les plus difficiles. Parallèlement, je _____ écris au tableau pour _____ faire visualiser l'orthographe. Généralement, ils _____ sont reconnaissants.
b. – Pour ton cours de théâtre, comment tu fais pour mémoriser ton texte ?
– Je le lis, bien sûr mais, j'ai aussi besoin que quelqu'un _____ répète plusieurs fois. À ce propos, j'ai un nouveau texte à mémoriser. Fais _____ travailler, s'il te plaît.
– D'accord mais je _____ fais travailler comment ?
– Tu me donnes la réplique et, pour mes répliques, tu _____ donnes le début si j'ai un trou de mémoire.

2 Répondez aux questions avec deux pronoms compléments.

Ex. : – Il a bien voulu vous présenter l'activité ? – Oui, il **a bien voulu me/nous la présenter**.
a. – Tu vas te faire expliquer cette nouvelle notion ? – Oui, je …
b. – Vous avez entendu le professeur parler des notes ? – Non, nous …
c. – Ton prof veut te voir à son prochain cours ? – Oui, il …
d. – L'examinateur t'a laissé entrer dans la salle d'examen ? – Non, il …
e. – Elles ont pu donner les résultats aux étudiants ? – Oui, elles …
f. – Tu as écouté le directeur présenter le règlement ? – Oui, je …
g. – Elles vont s'inscrire à l'examen ? – Oui, elles…

Langue & S'entraîner UNITÉ **7**

Les propositions relatives (à l'indicatif ou au subjonctif)

Avec l'indicatif
Pour décrire la réalité
On utilise **l'indicatif** pour exprimer un fait réel ou envisagé comme réel.
*De plus en plus de parents choisissent une école **qui prend** le temps de comprendre chaque enfant, une école où les enfants sont autonomes et moins sédentaires.* → Cette école existe.

Avec le subjonctif
■ **Pour exprimer un fait incertain**
On utilise **le subjonctif** pour exprimer un fait envisagé comme possible.
*C'est vraiment la volonté de sortir de l'école et proposer une pédagogie **qui prenne** finalement en compte l'ensemble des facettes d'un enfant.* → Cette pédagogie n'existe pas encore.

■ **Pour exprimer la restriction**
On utilise également **le subjonctif** dans une relative avec des **expressions de restriction** : *le seul, l'unique, le premier, aucun(e), rien, personne…* ou **un superlatif** (*le meilleur…*).
*L'école de la nature est la seule **qui soit** vraiment adaptée aux jeunes enfants.*

L'INDICATIF OU LE SUBJONCTIF DANS LA PROPOSITION RELATIVE ▶ PRÉCIS GRAMMATICAL P. 189

3 🎧 122 Écoutez et dites si les relatives sont à l'indicatif (I) ou au subjonctif (S).

Ex. : C'est une pédagogie qui s'adapte à tous.

Ex. :	a.	b.	c.	d.	e.	f.
I						

4 Transformez les phrases avec les éléments entre parenthèses et une proposition relative.

Ex. : Cet établissement correspond à mes attentes. (seul) → C'est le seul établissement qui corresponde à mes attentes.
a. Je connais une école qui permet vraiment aux élèves de s'épanouir. (aucune) → Je ne connais…
b. C'est une approche pédagogique qui sait respecter le rythme des élèves. (unique) → C'est…
c. Il n'y a pas de pédagogue aussi bon. (le meilleur) → Je parle…
d. C'est le plus mauvais système d'apprentissage. (le pire) → C'est…
e. C'est une école où l'enseignement se fait en plein air. (la première) → On aimerait mettre en place…

Vocabulaire

🎧 123 **Les caractéristiques** l'auditif (m.) • une facette • le kinesthésique • le visuel

🎧 124 **L'apprentissage (1)** l'affect (m.) • l'intellect (m.) • assembler • consulter • évaluer • faire des liens • manipuler • mémoriser • prendre des notes • résoudre • résumer • retenir

🎧 125 **La pédagogie** une approche • la segmentation • cloisonné(e)

🎧 126 **Les aptitudes (1)** doué(e) • habile

🎧 127 **Les documents et objets pour apprendre** une affiche • un casse-tête • un graphique/un diagramme • un modèle • un surligneur

🎧 128 **En classe** une connaissance • une consigne • une discipline • une pause • une session

🎧 129 **Les lieux (2)** à l'extérieur • en plein air

🎧 130 **Les expressions** apprendre par cœur • lire à voix haute • tomber sous la main

5 Associez les éléments des deux colonnes.

a. résumer — 1. par cœur
b. apprendre   2. un casse-tête
c. prendre   3. une nouvelle notion
d. mémoriser   4. un graphique
e. résoudre   5. des notes
f. dessiner → 6. un texte

cent quinze **115**

Langue & S'entraîner

Leçon 26 — Grammaire

L'accord du verbe avec les fractions et les pourcentages

■ **Pour commenter des données statistiques**

Lorsque le sujet est une fraction ou un pourcentage suivi d'un nom, on accorde le verbe :

– soit avec la fraction, pour mettre en valeur le groupe : *Un tiers des élèves de CAP et des bacs pros **est** issu de cette population.*

– soit avec le nom, pour mettre en valeur les individus : *Selon le ministère de l'Éducation nationale (données 2019-2020), un quart **des élèves** de collège **sont** des enfants d'ouvriers, et la proportion des enfants de cadres est plus ou moins identique.*

– Lorsque la fraction ou le pourcentage est précédé d'un **déterminant au pluriel**, le verbe est obligatoirement au pluriel.
*Dans les prestigieuses écoles normales supérieures [...], **les** deux tiers de cette élite **sont** des enfants de cadres.*

❗ L'expression **la plupart de** est toujours suivie d'un nom pluriel et d'un verbe au pluriel.

❗ Avec **une/la majorité**, on accorde en fonction du déterminant :
- le verbe est au pluriel si on utilise « une » (idée de quantité d'individus, comme le partitif).
  *....alors qu'**une majorité** d'étudiants **ont** des parents cadres supérieurs.*
- le verbe est au singulier si on utilise « la » (idée de groupe, de collectif).
  ***La majorité** des étudiants **a** des parents cadres supérieurs.*

▶ PRÉCIS GRAMMATICAL P. 190

6 Conjuguez les verbes au présent en fonction de l'élément souligné.

Ex. : Un quart des étudiants **est** (être) issu de la classe ouvrière.
a. La plupart des enfants de classe supérieure _____ (réussir) le bac.
b. Très peu de collégiens _____ (savoir) ce qu'ils veulent faire plus tard.
c. 80 % de l'élite universitaire _____ (avoir) un avenir assuré.
d. Les trois quarts des jeunes _____ (étudier) l'anglais à l'école.
e. Une partie des adolescents _____ (travailler) en même temps qu'ils font leurs études.
f. La quasi totalité des enfants de cadres _____ (poursuivre) ses études jusqu'au bac.
g. Une majorité des étudiants en licence _____ (continuer) leurs études en master.

Vocabulaire

🎧 131 **Le sport (1)** l'adversité (f.) • la boxe française • un(e) (triple) champion(ne) • l'effort • un entraînement • la finale des championnats • un titre • amateur(e) • benjamin(e) • sportif(ve) de haut niveau • s'abîmer • se blesser • vaincre

🎧 132 **La société (1)** l'émancipation • un(e) émigré(e) • légitime • s'affirmer

🎧 133 **Les compétences** l'endurance • la rigueur • s'astreindre

🎧 134 **Les études** le capital culturel • un code • le manque de bagage (culturel) • rendre (un devoir) • sous-estimer • structurer

🎧 135 **Les proportions** la/une majorité ≠ la/une minorité • la part de • la quasi-totalité • un tiers

🎧 136 **Les chiffres** une disparité • une donnée • le taux • s'accroître • s'élever à

🎧 137 **Les expressions** se donner à fond • prendre sa place • se sentir à l'aise

7 Associez les expressions synonymes.

a. s'astreindre à des entraînements longs et difficiles
b. vaincre
c. s'affirmer
d. s'abîmer
e. un titre

1. une victoire
2. croire en soi
3. gagner
4. se donner à fond
5. se blesser

Leçon 27 — Grammaire

Les accords particuliers du participe passé

■ **Avec les verbes pronominaux**
– Le participe passé s'accorde avec **le pronom COD**.
*Toute personne **qui** s'est **investie** dans le domaine en lien avec la certification visée...*
– Le participe passé ne s'accorde pas avec **le COD** si le verbe pronominal a un autre COD placé après.
*À la suite de sa VAE, elle s'est **découvert un don** pour la gestion des équipes.*

■ **Avec les verbes voir, regarder, entendre, écouter, sentir**
Le participe passé s'accorde quand le COD du verbe fait lui-même l'action de l'infinitif.
*Depuis sa VAE, **elle** s'est **vue** reprendre goût aux études.* → Le sujet fait l'action.
*Elle est contente, **elle** s'est **vu** confier de nouvelles responsabilités.* → Le sujet subit l'action : c'est son employeur qui lui confie de nouvelles responsabilités.

■ **Avec les verbes impersonnels et avec falloir, laisser**
Le participe passé est invariable.
*Les efforts qu'il a **fallu** pour ma validation étaient compatibles avec ma vie familiale.*

▶ PRÉCIS GRAMMATICAL P. 186-187

8 Soulignez la forme correcte de participe passé et justifiez l'accord ou le non-accord. Écrivez la lettre des phrases.

Ex. : Elle s'est **formée** • formé elle-même.
a. Nous nous sommes beaucoup **entraînés** • entraîné.
b. Elle s'est **donné** • donnée deux ans pour réussir.
c. Ce sont des robes qu'elle s'est **dessinée** • dessinées quand elle était jeune.
d. Les mannequins se sont **succédés** • succédé sur le podium.
e. Elles se sont **promis** • promises de vivre de leur passion.
f. Ils se sont **fabriqué** • fabriqués de beaux costumes.

Accord avec le COD placé avant le verbe	**Ex. :** s' = COD
Pas d'accord car COD placé après le verbe	...
Pas d'accord car COI	...

9 Accordez le participe passé si nécessaire et justifiez.

Ex. : Elle s'est laissé... convaincre de changer de métier. → pas d'accord avec « se laisser »
a. Elle s'est vu............ refuser la validation de ses acquis.
b. Nous nous sommes entendu............ critiquer les top modèles.
c. Marie, Sophie, vous vous êtes fait............ connaître comment ?
d. Elles se sont vu............ remettre le prix du mérite.
e. Les articles qu'il y a eu............ sur la collection sont unanimes.
f. Je ne regrette pas les sacrifices qu'il a fallu............ pour cette promotion.
g. Leurs projets, ils les ont vu............ se réaliser.

Vocabulaire

🎧 **138 La mode (2)** des bas-résille (m.) • une collection • la couture • une couverture (de magazine) • un défilé • un essayage • une plume • des seins (m.) coniques

🎧 **139 Les spectacles** une première • une revue

🎧 **140 Les aptitudes (2)** un don • une expertise

🎧 **141 L'apprentissage (2)** un acquis • l'algèbre (m.) • un bulletin scolaire • un cancre • un contrat d'apprentissage • une étude • la géologie • une note • une pension • une révélation • feignant(e) (fam.)

🎧 **142 Les certifications** un(e) candidat(e) • un certificat • un diplôme • un doctorat • une licence • un master • un titre • obtenir (un diplôme)

🎧 **143 Les domaines** la gestion • l'industrie • le management • les ressources (f.) humaines

🎧 **144 Les expressions** être écœuré(e) • avoir mal au crâne

+ **Registre familier** un bled

Langue & S'entraîner

Phonétique

Le [ə] prononcé ou muet ? 🎧 145 ▶ 20

Le [ə] s'écrit « e » en fin de syllabe (je, appeler). Souvent, on ne le prononce pas.
❗ Attention, il ne s'agit pas du « e » final de mot qui, lui, n'est jamais prononcé ! (les études)

À deux Écoutez l'extrait de l'entretien d'Aya Cissoko p. 109, **Doc. 3**.

a. Dites si les [ə] surlignés sont prononcés (e) ou non prononcés (ę).

Je sais que je l'avais appelée à l'époque parce que, enfin, j'étais au bord du burn-out, parce que… énormément de travail et donc je l'appelle, en disant écoutez, là je sais pas, j'y arrive pas, j'ai du mal. J'y arrive pas, à structurer, enfin le devoir que je dois vous rendre, et elle me dit, « Bah, écoutez, venez à la maison. » Enfin, moi, déjà, je bug. Enfin, moi, j'ai jamais eu l'habitude, enfin, qu'un prof me dise « Venez chez moi. » Pour moi, c'est… enfin, c'est juste hallucinant ! Donc, je sonne à l'interphone, personne ne répond. Là, je me dis « Bah, tu vois ? Voilà ! Les choses rentrent dans l'ordre. C'est toi qui as mal compris. » Finalement elle m'ouvre la porte. Elle me dit « Excusez-moi… »

b. **En groupe** Comparez vos réponses et trouvez quelques règles de maintien et de chute du [ə]. Vérifiez avec le corrigé (livret de transcriptions p. 40).

10 🎧 146 **À deux** Entraînez-vous à supprimer le « e » de « je ». Écoutez pour vérifier.

1. je me dis… • 2. je l'appelle ! • 3. je sais pas ! • 4. je dois les rendre. • 5. je peux pas ! •
6. je comprends pas ! • 7. je crois pas ! • 8. je veux bien !

11 🎧 147 **En groupe** Écoutez les six possibilités de prononcer la phrase suivante.

1. je te le dis • 2. je te le dis • 3. je te le dis • 4. je te le dis • 5. je te le dis • 6. je te le dis

a. Chacun votre tour, prononcez la phrase d'une manière différente.

b. Prononcez la phrase avec d'autres verbes (donner, conseiller, prêter et demander…).

➕ Retrouvez les exercices avec 💻 sur le **Parcours digital**

Culture(s) vidéo

Dix-huit kilomètres trois

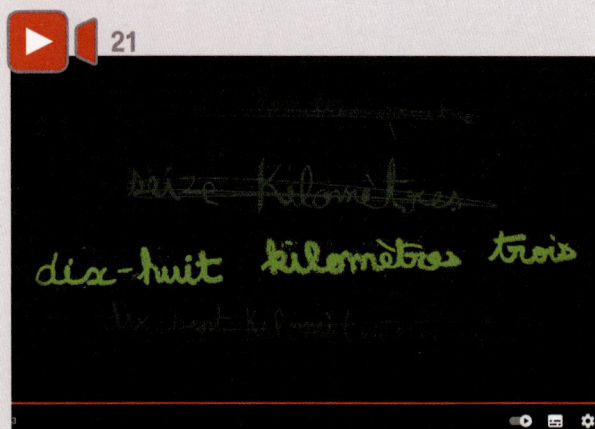
▶ 21

1 Regardez la vidéo **jusqu'à 1'20**. ▶ 21

a. Décrivez la scène (personnages, lieu, ambiance).

b. Faites des hypothèses sur la suite de l'histoire.

2 **À deux** Regardez la vidéo **en entier**. ▶ 21

a. Comparez la fin de la vidéo avec vos hypothèses (act. **1b**).

b. Qu'apprend-on sur les personnages ? Que se passe-t-il ?

c. Lisez les répliques. Associez et **justifiez**.

1. Ah, les cassos !
2. Pauvre meuf !
3. J'en ai ma claque.
4. Foutez-nous la paix !
5. Vas-y, lâche-nous !
6. Dégagez, là ! Casse-toi, eh !

a. s'opposer
b. insulter
c. en avoir assez

d. Identifiez un mot qui signifie : « femme » • la contraction de « cas social ».

3 **En petit groupe** **a.** Que pensez-vous du dessin ? Quels éléments vous paraissent réalistes ? Lesquels le sont moins ? **Expliquez**.

b. Présentez un film d'animation que vous aimez.

Le travail a-t-il le même sens aujourd'hui ?

UNITÉ 8

VOUS ALLEZ APPRENDRE À :

› expliquer des tendances professionnelles
› analyser la place du travail
› dévoiler des tabous professionnels

VOUS ALLEZ UTILISER :

LEÇON 29
› les indéfinis
› le participe composé

LEÇON 30
› la condition
› l'hypothèse (2)
› les connecteurs pour organiser son discours (2)

LEÇON 31
› le gérondif

TECHNIQUES POUR…

› réussir son entretien d'embauche
› **la médiation** : expliquer une information professionnelle

LANGUE & S'ENTRAÎNER

Style : L'expression implicite d'une opinion

CULTURE(S) VIDÉO
L'augmentation 24

LEÇON 29 — Expliquer des tendances professionnelles

COMPRENDRE

DOC. 1

LES CHANGEMENTS À VENIR DANS LE DOMAINE PROFESSIONNEL SELON LES SALARIÉS EUROPÉENS

- 38 % les outils de travail
- 33 % les contrats de travail
- 28 % le contenu du travail
- 26 % l'organisation du travail et le management

1 Lisez l'infographie (Doc. 1).

  a. Quel est le thème ?

  b. Résumez les tendances indiquées.

  c. Proposez un changement pour chaque catégorie.
  Ex. : Les outils de travail → nouvelle plateforme de réunion en ligne

  d. Imaginez d'autres changements à venir. *Échangez.*

DOC. 2 🎧 148

2 Écoutez le témoignage (Doc. 2).

  a. Qui s'exprime ?

  b. Quelle mesure a-t-il mise en place dans son entreprise ?

  c. Quel est l'objectif de ce témoignage ?

3 À deux Réécoutez le témoignage (Doc. 2).

  a. Identifiez l'exemple présenté en introduction. À quoi sert-il ?

  b. Quel est le bilan de l'expérimentation de la semaine de quatre jours dans cette entreprise ?

  c. Qu'apporterait la généralisation de cette mesure sur le plan économique ? *Expliquez.*

  d. Pourquoi dit-il que sa mesure est « apolitique » ?

4 En petit groupe Regardez la vidéo de Marion et répondez.

 Et vous, que pensez-vous de l'organisation du travail sur quatre jours ? Est-ce que ce serait possible dans votre pays ? ▶ 22

5 Lisez le titre de l'article et le chapeau (Doc. 3).

  a. Quel est le thème ?

  b. Repérez les attentes des jeunes. À votre avis, sont-elles différentes en fonction des générations ? *Échangez.*

6 À deux Lisez l'article (Doc. 3).

  a. Faites correspondre ces attentes (act. 5b) aux intertitres.

  b. Faites le portrait-robot des jeunes et de leurs attentes.

  c. Associez ces éléments de l'article à leur fonction :

  A. témoignages   1. parler d'une généralité
  B. résultats de sondage   2. illustrer
  C. analyses de spécialistes   3. indiquer des tendances

  d. Quels changements (act. 1d) pourraient satisfaire les salariés ?

  e. D'après Anaïs Georgelin, « ce ne sont pas les jeunes qui changent, c'est le monde ! » Êtes-vous d'accord ? *Échangez.*

7 À deux Lisez les phrases surlignées (Doc. 3).

  a. Classez les termes en gras selon qu'ils expriment : la totalité • l'individualité • la quantité nulle • la pluralité • l'indifférence.
  Ex. : d'aucuns → la pluralité

  b. Parmi ces termes, lesquels complètent un nom ? Lesquels remplacent un nom ?

8 À deux Relisez les phrases suivantes.

  A. Les personnes **ayant répondu** à l'enquête ont défini leurs « indispensables au travail ».
  B. L'urgence climatique, la crise sanitaire, la guerre en Europe **ayant remis** toutes nos certitudes et nos croyances en question ces dernières années.

  a. Associez chaque phrase à son objectif.
  exprimer une cause • exprimer une caractéristique

  b. Repérez le participe composé. À quel temps vous fait-il penser ? Quelle est sa particularité ? *Expliquez.*

LEÇON 29

L'OBS

société · politique · écologie · international · économie · opinions · culture

Travailler aujourd'hui, que veulent les jeunes ?

Ils seraient aussi idéalistes que matérialistes, en quête de sens et d'équilibre personnel, autocentrés mais solidaires : que veulent vraiment les jeunes de 20, 25 ou 30 ans ? s'interrogent des employeurs qui peinent à comprendre leur rapport au travail et à l'entreprise.

Frédéric n'en revient toujours pas. Il pensait avoir tout mis en œuvre pour attirer et fidéliser les jeunes talents dont il avait besoin dans son entreprise de communication numérique : salaire, formation, tutorat, évolution rapide de carrière… Quatre d'entre eux sont partis à peine dix-huit mois après avoir été recrutés. Un UX designer (spécialiste de l'expérience utilisateur) de 27 ans a même été débauché par l'un de ses clients.

Prendre le large

Deux autres ont tout simplement décidé de prendre le large. À 29 ans, une community manager[1] a plaqué son boulot, son compagnon et même son chat pour courir l'aventure en Amérique du Sud.

Le quatrième, un peu plus jeune (24 ans), avait le sentiment de s'égarer dans son métier de traffic manager[2]. Il rêvait de philosophie. Il a donc décidé de reprendre les études.

Donnant-donnant

Frédéric ressemble à beaucoup d'autres de sa génération : rarement les managers et les dirigeants d'entreprise ont été aussi déstabilisés par l'attitude de leurs plus jeunes collaborateurs. « *Les jeunes cadres n'ont clairement plus le même sens de la loyauté*, observe Pierre Lamblin, directeur des données et des études de l'Association pour l'Emploi des Cadres (Apec). *Ils sont dans un rapport donnant-donnant : ils veulent bien donner à l'entreprise, mais seulement à hauteur de ce qu'ils obtiennent en retour en termes de responsabilités, d'autonomie, de rémunération, d'épanouissement… Ils veulent aussi un métier qui a du sens, ils ne sont plus prêts à accepter n'importe quel métier et sont très attentifs à l'équilibre entre leur vie professionnelle et leur vie personnelle.* »

Au point de refuser les contraintes de la vie en entreprise ? Clara (31 ans) et Valentin (28 ans) lui préfèrent les liens informels d'un collectif d'indépendants. « *Chacun apporte sa pierre à l'édifice, sans aucune relation hiérarchique* », se félicitent-ils en détaillant le fonctionnement de Locomotiv', le collectif de 64 indépendants qu'ils ont créé à Bordeaux (regroupant des activités autour du conseil, du marketing, de la communication). « *Je ne dirais pas que le salariat est mort*, ajoute Clara. *Mais tel qu'il est conçu aujourd'hui, avec des horaires et un management trop directifs, il ne convient pas à notre génération.* »

Clivage social

D'aucuns y voient une forme de désengagement. « *Toutes les études montrent au contraire que les Français restent très attachés à leur travail*, martèle Élisabeth Borne, ministre du Travail, de l'Emploi et de l'Insertion. En deux ans, le questionnaire Workoscope (cabinet SomanyWays) pour « *identifier la place et le sens que chacun souhaite donner à son travail* » a recueilli 15 000 réponses. Résultat : « *Quel que soit leur âge, les Français ont les mêmes aspirations* », commente Anaïs Georgelin, fondatrice de ce cabinet de conseil. Les personnes ayant répondu à l'enquête ont défini leurs « *indispensables au travail* », ils évoquent avant tout la qualité de l'ambiance (62 %), la possibilité d'apprendre et de développer de nouvelles compétences (60 %) et de proposer de nouvelles idées (51 %).

A contrario, ils rejettent les activités qui manquent d'éthique (51 %), les grandes entreprises (57 %) et le mauvais management, celui qui dit « *comment faire plutôt que pourquoi* » (45 %) ajoute Anaïs Georgelin, qui observe que « *les principaux clivages mis en lumière par cette étude ne sont pas générationnels mais socio-éducatifs* ». La quête de sens, le besoin de « *contribuer par son travail à résoudre des enjeux de société* » sont bien plus attendus par les salariés bac + 5 (50 %) que par les salariés bac + 2 (34 %).

Quête de sens et préjugés

Un seul item[3] marque un véritable clivage générationnel, « *mais pas dans le sens que l'on peut imaginer* », sourit Anaïs Georgelin : 57 % des seniors (45 à 62 ans) aspirent à davantage de flexibilité, contre seulement 36 % des moins de 27 ans. À ses yeux, le discours sur les jeunes, leur rapport au travail et leur quête de sens charrie[4] bien des préjugés. « *En réalité, ce ne sont pas les jeunes qui changent, c'est le monde ! L'urgence climatique, la crise sanitaire, la guerre en Europe ayant remis toutes nos certitudes et nos croyances en question ces dernières années. Les entreprises devraient, elles aussi, se remettre en question avant d'incriminer[5] le rapport au travail des jeunes.* »

1 une community manager : une personne chargée de gérer la communication sur les réseaux sociaux ; 2 un traffic manager : une personne chargée de donner de la visibilité aux bannières et aux bandeaux publicitaires ; 3 un item : un élément ; 4 charrier : entraîner ; 5 incriminer : accuser, mettre en cause

AGIR

9 **En petit groupe** Rédigez un article pour expliquer les futures pratiques professionnelles.

a. Faites des recherches (sondages, analyses de spécialistes, témoignages) sur les attentes des salariés de votre pays pour le futur.

b. **Organisez** les données recueillies (éventuelles différences selon les domaines professionnels, les générations…).

c. Rédigez un plan (une partie par attente des salariés).

d. Écrivez le chapeau.

e. Répartissez l'écriture des différents paragraphes. Échangez vos textes et améliorez vos écrits.

Postez votre article sur le groupe de la classe. Comparez les attentes et **échangez**.

> Langue & S'entraîner p. 128-129

LEÇON 30 — Analyser la place du travail

COMPRENDRE

- Je vous souhaite un très bon week-end, Lemoinot. Et je vous dis à demain matin, 8h30.

1 Observez le dessin (Doc. 1).

   a. Décrivez la scène (lieu, statut des deux personnages).

   b. Pourquoi la situation est-elle comique ?

   c. Que souhaite dénoncer le dessinateur ?

2 Écoutez l'interview (Doc. 2).

   a. Qui est la personne invitée ?

   b. Définissez le principe du « droit à la déconnexion ».

   c. Le droit à la déconnexion est-il vraiment effectif en France ? Pourquoi ?

3 Réécoutez l'interview (Doc. 2).

   a. Expliquez l'expression « French bashing » dans ce contexte. Est-elle toujours d'actualité ?

   b. Comment le droit à la déconnexion est-il mis en place dans les entreprises en France actuellement ?

4 À deux Réécoutez l'interview (Doc. 2).

   a. Que propose Bruno Mettling pour renforcer le droit à la déconnexion ?

   b. Relevez les mots en relation avec : le travail · le droit.

5 En petit groupe Le droit à la déconnexion existe-t-il dans votre pays ? Pensez-vous que ce soit une avancée pour les salariés ? Échangez.

ipagbs

Y'a plus cours, mais l'école tourne toujours ! 😜
Comme 35 % des Français cet été, plusieurs salariés de l'IPAG télétravaillent depuis leur lieu de vacances : ce sont les #tracances 💻 🏖️
Des vues qui motivent et qui rechargent les batteries, avant les vraies vacances ! 😎

#ipag #businessschool #teletravail #behindthescene #grandeecole #homeoffice # staff

Modifié - 4 j

strong.simone
En tracances aussi !! 😉 Bel été à l'équipe de l'IPAG !!

6 Observez et lisez le post Instagram (Doc. 3).

   a. Que sait-on de l'auteur du post ?

   b. Repérez et traduisez les termes en anglais. Faites des recherches si nécessaire.

   c. Expliquez le mot-valise « tracances ».

   d. Quel message l'auteur souhaite-t-il faire passer ?

7 Lisez l'article (Doc. 4).

   a. Donnez-lui un titre. Échangez.

   b. Résumez l'idée principale de chaque partie.

LEÇON 30

DOC. 4

https://guide-entreprise.fr/

Les « tracances » : de plus en plus de Français travaillent en vacances

par sophie@guide-entreprise.fr | Juil 11, 2022 | Actualités

À l'occasion des départs en vacances, on profite pour parler d'un phénomène très en vogue : les « tracances ». La pratique est récente en France, mais pas dans les autres pays. En gros, les Français décident de partir « en vacances », mais une fois sur place, ils travaillent aussi. Alors, d'où vient cette mode ? Est-ce légal ? Quels genres de travailleurs privilégient ces « tracances » ? Quid de la productivité ?

Les « tracances », quand on allie vacances et télétravail

5 Vous l'aurez compris, les « tracances », c'est le mariage entre travail et vacances. Si avant, on emmenait notre ordinateur juste pour consulter des mails de temps à autre, aujourd'hui, la donne a changé du tout au tout. En effet, selon un sondage de l'Insee, plus du quart des Français comptent télétravailler durant leurs vacances. Pour cela, soit ils arrivent un petit peu en avance sur leur lieu de villégiature, soit ils y restent un petit peu plus, ils profiteront des bienfaits de la campagne. Une manière de profiter d'un cadre apaisant tout en économisant ses jours de congé. Mais est-ce légal ? Qu'en est-il du droit à la déconnexion ?

10 ### « Tracances », d'où vient cette tendance ?

Jusque-là, on ne sait pas exactement d'où vient la tendance des « tracances ». Ce qui est sûr, c'est que dans l'Hexagone, le phénomène commence à être vulgarisé. Néanmoins, les faits montrent que cette pratique est beaucoup plus ancienne au Canada. Les « tracances » ont également été boostées par la pandémie de Covid-19. En effet, après les périodes de confinement, les gens n'avaient qu'une seule hâte : partir en vacances. Et comme le télétravail était préconisé par les autorités, rien n'empêchait les salariés de télétravailler tout en étant en
15 vacances.

Une pratique très prisée par les jeunes travailleurs ?

Toujours selon l'étude menée par l'Insee, les 35 % des Français qui songent à télétravailler sur leur lieu de vacances sont surreprésentés par les jeunes entre 18-35 ans. Notons que parmi eux, 11 % comptent travailler « à temps plein », du lundi au vendredi. Certes, ils y voient un gros avantage pour profiter de leurs proches, mais un sociologue alerte sur cette façon de faire. En effet, cela pourrait avoir des répercussions au
20 cas où les collègues et surtout le chef d'entreprise constateraient qu'un salarié est habitué à travailler en vacances. Notons aussi que le droit à la déconnexion a été mis en place pour permettre à chaque salarié de délimiter cette frontière entre la vie professionnelle et personnelle.

« Tracances », qu'en pensent les chefs d'entreprise ?

La question est tout à fait justifiée car on pourrait croire que les salariés seraient moins productifs durant ces « tracances » que s'ils étaient au bureau. Pourtant, les résultats montrent le contraire. D'ailleurs, certains talents seraient prêts à rester dans une société à condition de
25 pouvoir bénéficier de périodes de travail en dehors du bureau. Dans tous les cas, les entreprises doivent étudier plusieurs points pour que ces « tracances » soient favorables pour les deux parties. De plus, elles se doivent aussi d'imposer une limite sur la durée à laquelle un salarié peut prétendre à ces « tracances ».

---

8 **À deux** Relisez l'article (Doc. 4).

a. Identifiez les avantages des tracances.

b. Quels problèmes cette pratique pose-t-elle ? Expliquez à partir des informations des Doc. 2 et 3.

c. *Vrai* ou *faux* ? Justifiez.
1. Les talents sont prêts à faire carrière dans une entreprise à certaines conditions.
2. Nul ne peut reprocher à un salarié de bénéficier de tracances.
3. Les salariés mettent en place les tracances de différentes manières.

d. Que pensez-vous de cette pratique ? Échangez.

9 **À deux** Lisez les phrases suivantes.

A. Certains talents seraient prêts à rester dans une société **à condition de** pouvoir bénéficier de périodes de travail en dehors du bureau.
B. Le juge regardera **le cas échéant** ce qui a été négocié en interne dans la mise en œuvre du droit.
C. Cela pourrait avoir des répercussions **au cas où** les collègues et surtout le chef d'entreprise constateraient qu'un salarié est habitué à travailler en vacances.
D. **Soit** ils arrivent un petit peu en avance sur leur lieu de villégiature, **soit** ils y restent un petit peu plus, ils profiteront des bienfaits de la campagne.

a. Quelles phrases expriment la condition · l'hypothèse ?

b. Identifiez le mode verbal utilisé dans chaque phrase.

c. Repérez les connecteurs du discours dans le texte (ex. : De plus). Classez-les dans les catégories suivantes.

introduire un exemple · insister sur une idée · ajouter une idée · généraliser · reformuler

AGIR

10 **En petit groupe** Analysez la place du travail.

a. **Faites des recherches** sur la place du travail dans votre pays (organisation, place du télétravail, conditions, droits…).

b. Prenez des notes sur les informations principales et organisez vos idées.

c. Faites un exposé sur la place du travail dans votre pays. Les autres groupes prennent des notes.

d. **Comparez** les différentes situations et **échangez**.

e. **Résumez** les principales tendances.

> Langue & S'entraîner p. 129-131

cent vingt-trois 123

LEÇON 31 — Dévoiler des tabous professionnels

COMPRENDRE

DOC. 1

1 Observez la couverture du livre (Doc. 1).
a. Quel est le sujet traité ?
b. Identifiez l'objectif de ce livre.
c. Quels sont les tabous liés au monde professionnel dans votre culture ? Échangez.

DOC. 2 🎧 150

2 Écoutez le micro-trottoir (Doc. 2).
a. Quelles sont les deux questions posées aux passants ?
b. Comment réagissent-ils ?
c. Quel est le rôle de la spécialiste ?

3 À deux Réécoutez le micro-trottoir (Doc. 2).
a. Repérez les professions des personnes interrogées. Proposez un classement.
b. Quels types d'explications donne la spécialiste ? Choisissez les réponses correctes. Expliquez.
historiques • philosophiques • sociales • religieuses
c. Résumez son point de vue.
d. Que recommande-t-elle ? Expliquez.

DOC. 3

marie claire

Le sentiment d'imposture, ce malaise de la performance

D'où vient cette impression, partagée par de nombreuses femmes, d'avoir usurpé leur place malgré les succès au travail ? Comment s'en débarrasser ? Enquête.

« Il y a quelques années, je suis tombée par hasard sur un blog américain qui décrivait le syndrome d'imposture. En lisant, je me disais : oh là là, mais c'est moi ! » Ça m'a fait un bien fou de me rendre compte que je n'étais pas seule ! » Cheffe d'entreprise, animatrice de la campagne d'Emmanuel Macron en 2017, Axelle Tessandier est ce qu'on appelle vulgairement « une battante ». Dans son livre […], elle a pourtant évoqué ce sentiment diffus qui l'accompagne depuis des années : « Ça va au-delà du manque de confiance en soi, explique-t-elle. C'est la peur que les autres se rendent compte que vous ne méritez pas d'être là. On a l'impression de tout devoir à la chance. »

S'interroger, une faiblesse

Décrit pour la première fois en 1978, par les psychologues américaines Pauline Rose Clance et Suzanne Imes, le « phénomène d'imposture » n'est pas une pathologie. Plutôt un malaise. Rebaptisé syndrome, comme pour souligner la gravité de l'affaire, il connaît aujourd'hui un essor sur le marché de la psychologie et s'accompagne d'une batterie de tests en ligne, de coachs et d'ouvrages plus ou moins convaincants. Depuis qu'elle en parle, Axelle Tessandier est frappée par la réceptivité du public : « Lors d'une conférence, j'ai demandé combien de personnes souffraient du syndrome d'imposture. Deux ou trois mains se sont levées. J'ai ensuite expliqué de quoi il s'agissait, puis reposé la question. Et là, il y a plein de mains qui se sont levées. » C'est positif, en médiatisant le syndrome d'imposture, on verra sans doute le nombre de cas diminuer dans le futur.

D'emblée, pointe ainsi la profonde ambivalence de ce syndrome : la souffrance de ne pas coïncider avec l'image positive qu'on renvoie et la certitude d'être du côté de la vérité dans un monde d'illusions. Selon Kevin Chassangre, les origines se trouveraient sans surprise dans l'enfance. « Pauline Rose Clance a identifié quatre environnements familiaux propices, explique-t-il. Il y a d'abord l'enfant parfait, élevé dans l'idée qu'il peut tout réussir. Lorsqu'il est confronté à l'échec, il en conclut que les espoirs fondés en lui sont des illusions. » Le deuxième contexte ressort de la comparaison au sein de la fratrie : « En attribuant une étiquette à un enfant – « le sportif », « le social », « le fort en maths »… –, on l'empêche de réussir dans le domaine de son frère ou de sa sœur. » Troisième contexte : l'absence de renforcement – « des enfants qui, malgré leurs réussites, ne sont pas du tout valorisés ». Et enfin, les « compétences atypiques » : un enfant qui est le seul de sa famille à suivre des études supérieures, par exemple, et qui ressent sa réussite comme une trahison. Ils partagent un point commun : l'acceptation conditionnelle – pour être accepté, l'enfant doit satisfaire à tel ou tel critère. […]

Pour surmonter ce syndrome, il faudrait pouvoir développer une acceptation inconditionnelle de soi. Diantre ! Si l'expression a de quoi faire ricaner les cyniques, il s'agit moins de s'accepter béatement comme on est que de se détacher de la performance. […] En réalité, cette dictature perfectionniste enclenche deux mécanismes contre-productifs. D'un côté, elle mène au surmenage, le travail n'étant jamais jugé satisfaisant. D'un autre, elle crée des cas sévères de procrastination[1] : en se mettant en retard, on élève la moindre tâche en montagne. La difficulté à accomplir est alors ressentie comme preuve de son incompétence. CQFD[2].

Syndrome de l'imposteur : une résistance aux compliments et au succès

Karine Lefas, consultante en ressources humaines, […] souligne le possible lien entre le niveau élevé d'exigence personnelle et la difficulté à accepter la reconnaissance et les compliments. Ne pas se satisfaire de ce qu'on est, échapper à la médiocrité : noble ambition ou péché d'orgueil ? […]

Par Marguerite Baux

1 la procrastination : une tendance à reporter à plus tard les choses à faire ; 2 CQFD = Ce Qu'il Fallait Démontrer, expression pour terminer une démonstration mathématique, un raisonnement logique

4 **En petit groupe** La question du salaire est-elle tabou dans votre pays ? **Partagez** vos expériences.

5 Lisez le titre de l'article (Doc. 3).
a. Quel est le thème ?
b. D'après vous, qu'est-ce que « le sentiment d'imposture » ? **Échangez**.

6 Lisez l'article (Doc. 3).
a. Vérifiez vos hypothèses à l'activité 5b.
b. Répondez.
1. Quelle définition donne l'auteure de l'imposture ?
2. Identifiez les origines de ce sentiment.
3. Pourquoi parle-t-on de « syndrome » ?
4. Quelles sont les conséquences sur la vie professionnelle ?

7 **À deux** Relisez l'article (Doc. 3).
a. Quels types d'environnement et de personnes favorisent le développement du syndrome de l'imposteur ? **Justifiez**.
b. Lisez les phrases surlignées et répondez.
1. De quelles caractéristiques du syndrome d'imposture s'agit-il (phrases 2, 3 et 4) ?
2. Associez chaque phrase surlignée à un rapport logique : hypothèse • cause.
3. Quel est le mode des verbes en gras ? Quelles sont les différences entre les deux dernières phrases ? **Expliquez**.

8 **À deux** Relisez l'article (Doc. 3).
a. Repérez les expressions soulignées. À quelle intention de l'auteur correspondent-elles ? **Choisissez**.
prendre position • donner des exemples • analyser
b. Classez ces expressions dans une des catégories suivantes.
commentaires • adverbes de modalisation
Ex. : Diantre ! → Commentaire en fin de phrase : il marque l'ironie de l'auteur.
c. Trouvez d'autres exemples dans le texte.
d. Observez la ponctuation. Quel(s) effet(s) produit-elle ? Reliez et **justifiez** avec un extrait.

- les points d'exclamation **!** • donner une explication
- les tirets **–** • donner une information secondaire, ajouter un commentaire personnel
- les deux-points **:** • exprimer une émotion

9 Lisez la lettre (Doc. 4).
a. Qui est l'auteur ? À qui s'adresse-t-il ?
b. Quels sont ses sentiments ? **Expliquez**.
c. En quoi cet extrait est-il un exemple de syndrome d'imposture ? Aidez-vous du Doc. 3.
d. Cela vous surprend-il ? **Échangez**.

Lettre de Gustave Flaubert à Louise Colet,

[Croisset], samedi 4 [heures]   [3 avril 1852]

Je ne sais si c'est le printemps mais je suis prodigieusement de mauvaise humeur. J'ai les nerfs agacés, comme des fils de laiton. — Je suis en rage sans savoir de quoi. C'est mon roman peut-être qui en est la cause. — Ça ne va
5 pas, ça ne marche pas. Je suis plus lassé que si je roulais des montagnes. J'ai dans des moments envie de pleurer. Il faut une volonté surhumaine pour écrire. Et je ne suis qu'un homme. — Il me semble quelques fois que j'ai besoin de dormir pendant six mois de suite. Ah ! De quel œil
10 désespéré je les regarde, les sommets de ces montagnes où mon désir voudrait monter !

Sais-tu dans huit jours combien j'aurai fait de pages, depuis mon retour de pays [sic] ? 20. Vingt pages en un mois et en travaillant chaque jour au moins 7 heures. —
15 Et la fin de tout cela ? Le résultat ? Des amertumes, des humiliations internes […].

Pourvu que mes manuscrits durent autant que moi, c'est tout ce que je veux. Ce sont ces pauvres pages-là, en effet, qui m'ont aidé à traverser la longue plaine. Elles
20 m'ont donné des soubresauts, des fatigues aux coudes et à la tête. Avec elle[s], j'ai passé dans des orages, criant tout seul dans le vent et traversant, sans m'y mouiller seulement les pieds, des marécages où les piétons ordinaires restent embourbés jusqu'à la bouche. […]

25 Adieu, pauvre chère femme bien-aimée. Je t'embrasse comme je t'aime, tendrement et chaudement.

AGIR

10 **En petit groupe** Le travail a-t-il le même sens aujourd'hui ?
a. Parcourez l'unité 8. Quel(s) document(s) vous semble(nt) représenter au mieux les changements dans le monde professionnel ? **Échangez**.
b. Identifiez les nouvelles pratiques professionnelles.
c. Listez les avantages et les inconvénients de ces nouvelles pratiques.
d. Rédigez un commentaire pour répondre à la question.

> Langue & S'entraîner   p. 131

LEÇON 32 — Techniques pour...

... réussir son entretien d'embauche

🎧 ÉCOUTER

DOC. 1 🎧 151

1 [Découverte] Écoutez l'extrait de l'entretien d'embauche d'Aline Chenevier (Doc. 1).

a. Pour quel poste est-elle reçue par le recruteur ?
b. Que sait-on de l'entreprise ?
c. Qu'apprend-on du parcours d'Aline ? Justifiez.
d. À quel moment de l'entretien se situe cet enregistrement ? Expliquez.

2 À deux Réécoutez l'extrait de l'entretien (Doc. 1).

a. Notez les cinq questions posées par le recruteur.
b. Associez à chaque question le type de réponse apportée par Aline (plusieurs réponses possibles).
1. Elle met en avant ses qualités.
2. Elle fait une projection en citant des missions précises.
3. Elle défend sa candidature.
4. Elle valorise les compétences acquises.
5. Elle montre qu'elle s'est renseignée sur l'entreprise.
c. Avez-vous déjà passé des entretiens d'embauche ? Quelles questions vous a posées le recruteur ? Échangez.

3 À deux [Analyse] Réécoutez l'extrait de l'entretien (Doc. 1).

a. Repérez les expressions utilisées par Aline pour :
parler de ses expériences • valoriser ses qualités • défendre sa candidature • poser des questions • parler de son évolution dans l'entreprise
b. Proposez d'autres expressions pour chaque catégorie. Échangez.

💡 **POUR réussir son entretien d'embauche**

- **Faire une présentation de son parcours : parler de ses expériences, des postes occupés, des missions effectuées...**
Grâce à mon BTS, j'ai pu créer un site pour une agence immobilière. • Dans ce cadre, j'ai à la fois créé le logo, intégré des photos, ainsi que des textes [...] tout en respectant les demandes du client.

- **Valoriser ses qualités**
Je suis une personne très consciencieuse, capable de s'adapter à toutes les situations y compris aux périodes de stress. • J'apprécie le travail en équipe mais je suis aussi capable de travailler en autonomie. • Je suis également créative. • Je sais être force de proposition. • Mon caractère, mon sens des responsabilités devraient faire de moi une bonne manageuse.

- **Défendre sa candidature**
Le plus important, pour moi, c'est de me lancer dans le monde professionnel. Je suis disponible et tout à fait prête à m'adapter aux exigences de l'entreprise. • Il n'y a aucun problème, je suis bien consciente des contraintes que peut représenter ce type de poste.

- **Parler de son évolution dans l'entreprise**
J'espère gravir progressivement les échelons de l'entreprise et gagner en responsabilité. Avec mon expérience, je serai en mesure d'assurer des missions de plus en plus complexes.

- **Montrer qu'on s'est informé(e) sur l'entreprise**
Je me suis renseignée sur votre entreprise et j'ai vu que...

- **Poser des questions**
Pourriez-vous m'expliquer comment sont organisés les différents services ?

LEÇON 32

PARLER

Votre école recherche des bénévoles pour animer des ateliers oraux avec des groupes d'étudiants en français de niveau A2.

4 En petit groupe Organisez un entretien d'embauche.
a. Listez les compétences nécessaires pour le poste.
b. Chacun prépare sa présentation (parcours en français, expériences en groupe, projets, qualités personnelles).
c. Organisez des entretiens entre les différentes personnes du groupe (alternez le rôle de candidat et de recruteur). Le recruteur utilise les questions des activités **2a** et **2c**.
d. Choisissez les personnes les plus convaincantes pour le poste.

… la médiation : expliquer une information professionnelle

DOC. 2

De : DRH
À : Salariés
Objet : Communication RH – Prise de congés

Bonjour,

Nous vous rappelons que la **période de référence pour les congés** est fixée du **1er juin de l'année précédente au 31 mai de l'année en cours**.

Ainsi, **les jours de congés doivent être soldés** avant cette date. Les jours non pris sont normalement perdus mais, depuis octobre 2022, vous pouvez alimenter votre compte épargne temps (CET) dans la limite de 5 jours par année civile (congés payés).
Vous pouvez, au maximum, cumuler sur votre CET l'équivalent d'un congé de 5 semaines.

Que vous travailliez à temps plein ou à temps partiel, vous bénéficiez de **2,5 jours de congés par mois**. Cela correspond à **30 jours ouvrables (5 semaines)** pour **une année complète** de travail. **Deux semaines consécutives** doivent obligatoirement être prises entre **le 1er mai et le 31 octobre**.

Exemple : Vous avez travaillé 5 mois au cours de l'année, vous bénéficiez d'un congé de 2,5 × 5 = 12,5, arrondi à 13 jours ouvrables.

Attention : Il est impératif de **poser vos congés deux mois à l'avance**. Sachez aussi que, les mois de juillet et août étant très demandés, la décision pour cette période reviendra à votre chef(fe) de service, en fonction de votre situation familiale et des besoins de l'entreprise.

Cordialement,

5 À deux Lisez le mail (Doc. 2).
a. Qui envoie cette communication ? Quel est son thème et son but ?
b. Répondez et expliquez.
1. Que veut dire « situation familiale » ?
2. D'après vous, pourquoi les mois de juillet et d'août sont très demandés ?

c. Un salarié a travaillé d'octobre à avril. De combien de jours de congés disposera-t-il ? Justifiez.
d. De quoi dépend sa prise de congés ? Identifiez l'information et expliquez-la.
e. Soulignez les informations concernant le compte épargne temps. Comment fonctionne-t-il ? Échangez.

6 À deux Relisez le mail (Doc. 2).
a. Qu'apportent les informations en gras ?
b. Associez ces informations à chacune des catégories suivantes.
informations concernant la prise de congés •
informations concernant le mode de calcul

7 À deux Comparez cette organisation des congés avec celle de votre employeur ou de votre pays. Quel système préférez-vous ? Expliquez.

cent vingt-sept 127

Langue & S'entraîner

Leçon 29 — Grammaire

Les indéfinis

Pour exprimer	adjectifs	pronoms
la pluralité	**quelques, plusieurs, certain(e)s** + nom *Plusieurs études montrent que les Français restent attachés à leur travail.*	**plusieurs, certain(e)s, quelques-un(e)s, d'aucuns** *D'aucuns y voient une forme de désengagement.*
l'individualité	**chaque** + nom singulier *On la vit tous les ans à chaque fois qu'il y a un pont.*	**chacun/chacune** *Chacun apporte sa pierre à l'édifice sans aucune relation hiérarchique.*
la différence	**l'autre, un(e) autre, les autres, d'autres** + nom *Un autre sondage démontre que les jeunes générations aspirent à donner plus de sens à leur travail.*	**l'autre, un(e) autre, les autres, d'autres** *Frédéric ressemble à beaucoup d'autres de sa génération.*
l'indifférence	**n'importe quel(le)(s)** + nom *Ils ne sont plus prêts à accepter n'importe quel poste.*	**n'importe lequel / laquelle / lesquels / lesquelles** **n'importe où, qui, quoi, comment** *Ils ne sont plus prêts à accepter n'importe lequel.*

❗ On utilise souvent **l'un(e)… l'autre/un(e) autre**, et **les uns/certains/d'aucuns/plusieurs/quelques-uns… les autres/d'autres/quelques autres/certains autres/plusieurs autres**.
Certains y voient une évolution, d'autres une forme de désengagement.

▶ PRÉCIS GRAMMATICAL P. 171

1 Barrez le ou les pronom(s) incorrects.

Ex. : Certains outils de travail sont adaptés au monde moderne, **d'autres** • **certains autres** • ~~n'importe quels autres~~ sont obsolètes.

a. Parmi les employés, les uns sont satisfaits de leurs conditions de travail et **les autres** • **d'aucuns** • **quelques autres** insatisfaits.
b. Je n'aime pas mon poste, j'en voudrais **un autre** • **l'autre** • **n'importe quel autre**.
c. Cette réforme d'entreprise est bien meilleure que **les autres** • **l'autre** • **quelques-unes**.
d. **Quelques-uns** • **D'aucuns** • **N'importe lesquels** prônent la semaine de quatre jours mais les autres préfèrent celle de 5 jours.
e. Tous les salariés souhaitent une réforme salariale, **n'importe laquelle** • **une autre** • **n'importe qui**.
f. Les jeunes ne sont pas disposés à travailler **n'importe quoi** • **n'importe où** • **n'importe comment**.

Le participe composé

Il exprime une action achevée, antérieure à l'action exprimée par le verbe de la proposition principale.
C'est la forme composée du participe présent.
Formation : auxiliaire **avoir** ou **être** au participe présent + **participe passé du verbe**

■ **Pour caractériser**
*Les personnes **ayant répondu** à l'enquête ont défini leurs « indispensables au travail ».*

■ **Pour exprimer la cause**
*Ce ne sont pas les jeunes qui changent, c'est le monde, l'urgence climatique, la crise sanitaire, la guerre en Europe **ayant remis** toutes nos certitudes et nos croyances en question ces dernières années.*

▶ PRÉCIS GRAMMATICAL P. 188

2 Complétez les phrases avec un participe présent ou un participe composé.

Ce nouveau contrat concerne les salariés en **ayant fait** (faire) la demande, _____ (s'inscrire) au début de l'année, _____ (travailler) depuis 10 ans et _____ (ne pas recevoir) d'avis défavorable lors de leur inscription.

Langue & S'entraîner UNITÉ 8

3 Reformulez les phrases avec le participe composé pour exprimer la cause.
Ex. : Comme les aspirations des travailleurs ont changé, les entreprises doivent évoluer. → **Les aspirations des travailleurs ayant changé, les entreprises doivent évoluer.**
a. Cette entreprise ne s'est pas adaptée ; alors elle a fait faillite.
b. Cet employeur a su écouter ses employés ; il leur a proposé la semaine de quatre jours.
c. Il avait tout mis en œuvre pour satisfaire ses salariés, par conséquent, il ne comprend pas leur démission.
d. Étant donné que les revendications salariales ont été refusées, les salariés se sont mis en grève.
e. Comme il n'a pas pu résoudre les conflits, le directeur a été licencié.

Vocabulaire

🎧 **152 Le monde professionnel** bac + 2 / bac + 5 • un(e) collaborateur/collaboratrice • un employeur • une évolution de carrière • la flexibilité • une formation • un(e) indépendant(e) • un patron = un dirigeant d'entreprise • un pont • la productivité • être débauché(e) • générer des emplois • plaquer son boulot (fam.)

🎧 **153 Les anglicismes (professions) (1)** un(e) community manager • un(e) manager • un(e) traffic manager • un(e) UX designer

🎧 **154 Les expressions** apporter sa pierre à l'édifice • être en mode… (fam.) • passer un cap • prendre le large • donnant-donnant

4 🎧 **155 Écoutez les six salariés de l'entreprise et dites de quoi ils parlent.**
Ex. : 1/d
Ils parlent…
a. de la flexibilité • b. de l'évolution de carrière • c. du départ d'un collègue • d. de la formation en alternance • e. de la productivité • f. d'un week-end

Leçon 30 Grammaire

La condition

■ **le cas échéant** + phrase
*Le juge regardera **le cas échéant** ce qui a été négocié en interne dans la mise en œuvre du droit.*

■ **à défaut de** + **nom** ou **infinitif**
***À défaut de** télétravail, les jeunes cadres quittent souvent les entreprises.*

■ **pourvu que**/**à condition que** + **subjonctif** / **à condition de** + **infinitif** (les sujets sont les mêmes)
*Les talents seraient prêts à faire carrière dans une entreprise, **pourvu que** le télétravail soit possible.
Certains talents seraient prêts à rester dans une société **à condition de** pouvoir bénéficier de périodes de travail en dehors du bureau.*

■ **quand bien même** + **conditionnel**
*Les salariés restent sur leur lieu de vacances **quand bien même** ils devraient assurer des réunions.*

▶ PRÉCIS GRAMMATICAL P. 181-182

L'hypothèse (2)

■ **soit… soit / ou… ou…**
***Soit** ils arrivent un petit peu en avance sur leur lieu de villégiature, **soit** ils y restent un petit peu plus, ils profiteront des bienfaits de la campagne.*

■ **au cas où / dans l'hypothèse où** + **conditionnel**
*Cela pourrait avoir des répercussions **au cas où** les collègues et surtout le chef d'entreprise constateraient qu'un salarié est habitué à travailler en vacances.*

LES RELATIONS LOGIQUES ▶ PRÉCIS GRAMMATICAL P. 182

Langue & S'entraîner

5 Reformulez les phrases avec la structure entre parenthèses.

Ex. : Il restera dans l'entreprise seulement si son salaire est revalorisé. (à condition que) → **Il restera dans l'entreprise à condition que son salaire soit revalorisé.**

a. Le télétravail est un outil précieux seulement si les plages horaires de travail sont respectées et si les employés ne sont pas sollicités en dehors de ces plages. (pourvu que)
b. J'accepterai ce poste si je peux agir librement. (à condition de).
c. Les salariés accepteront une flexibilité des horaires s'ils n'obtiennent pas une augmentation de salaire. (à défaut de)
d. Si on te proposait un poste de manager, tu accepterais ? (au cas où)
e. La nouvelle génération préférerait les tracances même si la rémunération est inférieure. (quand bien même)
f. Ce dirigeant n'offre pas de salaire élevé mais du temps libre. (à défaut de)
g. L'accord d'entreprise pourrait être rejeté et, dans ce cas, chaque partie devra revoir sa position. (le cas échéant)

Les connecteurs pour organiser son discours (2)

■ **Pour ajouter une idée**
– **quid de** + nom **?** / **qu'en est-il de** + nom **?**
Quid de la productivité ?
Qu'en est-il du droit à la déconnexion ?
– **notons** (**aussi**) **que**
Notons que, parmi eux, 11 % comptent travailler « à temps plein », du lundi au vendredi.

■ **Pour insister sur une idée**
ce qui est sûr / **d'ailleurs** / **pour preuve** / **force est de constater que**
Ce qui est sûr, c'est que dans l'Hexagone, le phénomène commence à être vulgarisé.

■ **Pour généraliser**
dans tous les cas / **de façon générale**
Dans tous les cas, les entreprises doivent étudier plusieurs points pour que ces « tracances » soient favorables pour les deux partis.

■ **Pour donner des explications**
en effet, **pour cela**
En effet, après les périodes de confinement, les gens n'avaient qu'une seule hâte : partir en vacances.

■ **Pour reformuler**
en gros* / **en d'autres termes**
En gros, les Français décident de partir « en vacances », mais une fois sur place, ils travaillent aussi.

■ **Pour opposer, pour concéder**
mais, **pourtant**, **néanmoins**, **cependant**, **certes… mais**
Néanmoins, les faits montrent que cette pratique est beaucoup plus ancienne au Canada.
Certes, ils y voient un gros avantage pour profiter de leurs familles et de leurs proches, *mais* un sociologue alerte sur cette façon de faire.

* registre familier

▶ PRÉCIS GRAMMATICAL P. 191

6 Complétez avec l'expression correcte.

d'ailleurs • notons que • en gros • pour preuve • force est de constater que • néanmoins • ce qui est sûr • ~~quid de~~

Depuis un mois maintenant, les salariés de l'entreprise SINAFO sont en grève pour une revalorisation des salaires. Alors **quid de** l'évolution de la situation ? Il n'y a pas vraiment de changements : _____, peu de résultats concrets ; _____, les discussions continuent entre les syndicats et la direction. _____, c'est que la détermination des grévistes est toujours aussi forte. _____, tous ceux que nous avons interrogés avaient la même phrase à la bouche : « On n'abandonnera pas, la direction va devoir tenir compte de notre ras-le-bol ; _____ elle a déjà cédé sur quelques points. » Par ailleurs, _____ le froid glacial ne gêne pas la mobilisation. Pour conclure, _____ ce combat n'est pas terminé. À suivre…

Vocabulaire

🎧 156 **Le travail (1)** être à la tête de • être licencié(e) • être pionnier
🎧 157 **La loi** des négociations (f.) sociales • une sanction • se devoir de • négocier un accord • se prévaloir de son droit
🎧 158 **Les anglicismes (2)** behind the scene = en coulisse • une business school = une école de commerce • le French bashing = critique / dénigrement des Français • le home office = le télétravail • le staff = l'équipe

Langue & S'entraîner UNITÉ 8

🎧 159 **Les expressions** un phénomène en vogue • changer du tout au tout

Leçon 31 — Style

L'expression implicite d'une opinion

■ **Les adverbes**
Axelle Tessandier est ce qu'on appelle **vulgairement** une battante.
Il s'accompagne d'une batterie de tests en ligne, de coachs et d'ouvrages **plus ou moins** convaincants.

■ **Les commentaires**
Rebaptisé syndrome, **comme pour souligner sa gravité**, il connaît aujourd'hui un essor considérable.
La difficulté à l'accomplir est alors ressentie comme preuve de son incompétence. **CQFD**.

■ **La ponctuation**
– Le point d'exclamation pour exprimer une émotion
Ah **!** De quel œil désespéré je les regarde, les sommets de ces montagnes où mon désir voudrait monter **!**
– Les deux-points pour donner une explication, pour faire une énumération
Ils partagent un point commun **:** l'acceptation conditionnelle.
– Les parenthèses ou les tirets pour faire un commentaire, pour donner une information secondaire
– « le sportif », « le social », « le fort en maths »… **–**

Grammaire

Le gérondif

■ **Pour exprimer l'hypothèse**
En médiatisant le syndrome d'imposture (= Si on médiatise), **on verra** sans doute le nombre de cas diminuer dans le futur.
❗ Avec cette valeur d'hypothèse, le gérondif peut être combiné avec le futur simple, le conditionnel présent ou le conditionnel passé.
En médiatisant ce syndrome (= si on avait médiatisé), **on aurait** sans doute **vu** le nombre de cas diminuer dans le futur.

■ **Pour exprimer la cause**
En attribuant une étiquette à un enfant (= Comme on attribue une étiquette à l'enfant) – « le sportif », « le social », « le fort en maths »… –, on l'empêche de réussir dans le domaine de son frère ou de sa sœur.

▶ PRÉCIS GRAMMATICAL P. 188

7 Reformulez les phrases en utilisant un gérondif.
Ex. : Si j'acceptais un autre poste, je gagnerais davantage. → **En acceptant un autre poste**, je gagnerais davantage.
a. Si deux personnes font le même travail, elles devraient avoir le même salaire.
b. Comme il a dit qu'il gagnait 20 000 euros par mois, il s'est fait insulter !
c. Si on avait des grilles salariales fiables, on éviterait la discrimination hommes-femmes.
d. Puisque le directeur ne donne pas ses critères de sélection, il n'est pas apprécié.
e. Comme il est le seul de la fratrie à suivre des études supérieures, il ressent de la pression.
f. S'il avait accepté de recruter d'autres personnes, le DRH aurait fait preuve de solidarité avec les salariés en place.

Vocabulaire

🎧 160 **Le travail (2)** une prime • le SMIC
🎧 161 **Les anglicismes (3)** un gap • un self-made-man / une self-made-woman
🎧 162 **La quantité** une batterie • un flou • une fourchette • une somme • de tant à tant

🎧 163 **Les expressions** être catalogué(e) • être en rage • être montré(e) du doigt • *a priori* • CQFD = Ce Qu'il Fallait Démontrer (pour conclure un raisonnement scientifique/logique)

Langue & S'entraîner

Phonétique

L'expressivité, le ton, l'humeur 🎧 164 ▶ 23

Un énoncé peut être plus ou moins expressif. On peut ainsi déceler le ton et l'humeur du locuteur.

À deux Écoutez ces quatre extraits de l'interview de Bruno Mettling p. 122, **Doc 2**.
a. Repérez les mots accentués.
b. Associez chaque extrait à un ton : A. amusement/autodérision • B. information/explication • C. conviction/certitude • D. irritation/mécontentement.
c. Vérifiez vos réponses avec le corrigé (livret de transcriptions p. 40) et répétez les phrases en respectant l'expressivité (accentuation et ton).

8 En petit groupe

a. Lisez les phrases suivantes. Choisissez quels mots vous voulez accentuer.
1. Personne ne doit se voir reprocher de ne pas avoir été connecté en dehors de ses heures de travail.
2. En dehors des horaires de travail, un supérieur hiérarchique ne doit pas envoyer de mails à ses collaborateurs.
3. En France, toutes les entreprises respectent le droit à la déconnexion de leurs employés.
4. Tu ne devrais pas répondre à tes mails professionnels le week-end !

b. Choisissez un ton : joie/satisfaction • irritation/mécontentement • étonnement/surprise • ironie • tristesse/découragement • menace/agressivité • autre.

c. Dites vos phrases avec les mots accentués et le ton choisi. Enregistrez le/la meilleur(e) d'entre vous.

d. Partagez vos enregistrements avec la classe, les autres groupes devinent le ton.

+ Retrouvez les exercices avec 💻 sur le **Parcours digital**

Culture(s) vidéo

L'augmentation

▶ 24

CLAIRE GERARD
L'augmentation

1 Regardez le début de la vidéo <u>sans le son</u>. ▶ 24
a. De quel type de spectacle s'agit-il ?
b. Que semble ressentir cette personne ?
c. Imaginez la situation (contexte, interlocuteur).

2 À deux Regardez la vidéo <u>avec le son</u>. ▶ 24
a. Vérifiez vos hypothèses (act. **1c**).
b. Qu'est-ce qui fait rire ? **Échangez**.
c. Imaginez les répliques qui ont provoqué les réponses ci-dessous.
1. Ah, non, non. Mais je vous en prie, hein. Je sais ce que c'est de préparer ses vacances.
2. Oui, oui. Je vais prendre mon poste.
d. Répondez.
1. A-t-elle obtenu ce qu'elle demandait ?
2. Que dit le patron pour la dissuader ?
3. Quelles sont les deux dernières répliques de l'employée ? Quel est l'effet produit ?

3 En petit groupe a. Imaginez un court sketch. Décidez du scénario (demander une semaine supplémentaire de vacances, une meilleure note à son/sa professeur(e)…).
b. Jouez le sketch devant la classe. Choisissez le plus drôle et expliquez pourquoi.

Préparation au DELF B2

COMPRÉHENSION DE L'ORAL

Comprendre des conversations et des annonces

DOC. 1 🎧 165

Lisez les questions. Écoutez le document puis répondez.

1. Quel est l'objectif du service décrit dans cette annonce ?
   - ☐ a. Mettre des demandeurs d'emploi en contact direct avec des entreprises.
   - ☐ b. Permettre au candidat de sélectionner au mieux les offres d'emploi auxquelles répondre.
   - ☐ c. Apprendre au candidat comment décrire efficacement sa formation pour obtenir un poste adéquat.

2. Quelle est la caractéristique principale du service ELINOI ?
   - ☐ a. Il propose une aide individualisée au candidat à un emploi.
   - ☐ b. Il négocie le salaire du candidat avec l'entreprise sélectionnée.
   - ☐ c. Il réalise l'entretien d'embauche pour le compte de l'entreprise.

DOC. 2 🎧 166

Lisez les questions. Écoutez le document puis répondez.

3. Sur quel aspect les deux invités fondent-ils leur intervention auprès des enseignants ?
   - ☐ a. la discipline en classe
   - ☐ b. l'implication des élèves
   - ☐ c. la sérénité des enseignants

4. Selon Danièle Adad, quel effet sur sa classe va avoir un enseignant qui se sent bien ?
   - ☐ a. Il va stimuler le dynamisme de la classe.
   - ☐ b. Il va avoir une vision plus positive de la classe.
   - ☐ c. Il va mieux se concentrer sur les problèmes de la classe.

DOC. 3 🎧 167

Lisez les questions. Écoutez le document puis répondez.

5. Selon Guillaume Marcellin, pourquoi la flexibilité au travail est-elle un atout pour l'entreprise ?
   - ☐ a. Elle renforce l'efficacité au travail.
   - ☐ b. Elle maintient la distanciation sociale.
   - ☐ c. Elle répond aux nécessités des employés.

6. Qu'est-ce qui va permettre de maintenir encore aujourd'hui la culture du travail flexible ?
   - ☐ a. La pression faite par les salariés.
   - ☐ b. La menace d'une autre crise sanitaire.
   - ☐ c. Le développement croissant du numérique.

Préparation au DELF B2

PRODUCTION ÉCRITE

Prise de position personnelle argumentée sur un thème général

Vous vivez en France avec votre famille. Vous constatez que les certifications européennes en langue ne sont pas proposées dans le lycée fréquenté par vos enfants de 15 et 17 ans. Vous vous en étonnez. En tant que parent d'élèves, vous décidez d'écrire au proviseur. Malgré le coût que cela pourrait représenter pour l'établissement, vous insistez sur les bénéfices que la mise en place de ces certifications comporterait pour les élèves mais aussi pour le lycée.
(250 mots minimum)

PRODUCTION ORALE

Monologue suivi : défense d'un point de vue argumenté

Dégagez le thème soulevé et présentez votre point de vue sous la forme d'un exposé personnel de cinq minutes environ.

La bienveillance au travail, quel enjeu pour l'entreprise ?

Dans un monde toujours plus concurrentiel, les tensions entre collègues et les conflits avec la hiérarchie sont fréquents dans beaucoup d'entreprises. La bienveillance au travail se fait de plus en plus rare et l'ambiance au bureau se dégrade. Pire encore, évoluer dans un environnement hostile joue un rôle néfaste sur les performances des employés. Pourtant la bienveillance est une des conditions d'une bonne qualité de vie au travail. Selon Aristote, la bienveillance consiste à vouloir faire le bien de l'autre. Associée à tort à une gentillesse naïve, la bienveillance professionnelle occupe aujourd'hui une place importante dans les critères des candidats en recherche de nouvelles opportunités. Selon des études, près d'un cadre sur deux cherche l'entreprise où il fait bon travailler. La bienveillance participe à un environnement sain qui améliore considérablement la qualité de la vie professionnelle. Elle demande une adhésion pleine et entière à vouloir faire le bien d'autrui. Mais attention, la bienveillance professionnelle a un objectif moins romantique car elle vise aussi une meilleure productivité des salariés et donc des gains financiers pour l'entreprise.

Peut-on oublier son âge ?

UNITÉ 9

VOUS ALLEZ APPRENDRE À :
> donner des explications
> contester des injonctions
> défendre des convictions

VOUS ALLEZ UTILISER :

LEÇON 33
> la conséquence

LEÇON 34
> le passé antérieur

LEÇON 35
> l'inversion du sujet dans la phrase énonciative
> le « ne » employé seul
> la restriction

TECHNIQUES POUR...
> rédiger un courrier des lecteurs
> **la médiation** : dénoncer des clichés culturels

LANGUE & S'ENTRAÎNER

Style :
- la métonymie (pour désigner une personne, une chose à partir d'une de ses caractéristiques)
- la connotation
- l'expression de l'ironie

CULTURE(S) VIDÉO
Seniors : l'âge des possibles

LEÇON 33 — Donner des explications

COMPRENDRE

Doc. 1

À quel âge est-on vieux ?

- Dans le sport, on devient senior très tôt. Par exemple, pour la Fédération française d'athlétisme, on est « senior » dès l'âge de 23 ans.
- Pour les publicitaires, les seniors correspondent souvent aux plus de 50 ans.
- Dans le domaine de la santé, l'Organisation mondiale de la santé retient l'âge de 60 ans pour définir la notion de « personne âgée » et de 80 ans pour celle de « personne très âgée ».

D'après *À quel âge est-on vieux ?*, Haltemis.fr

1 Lisez l'encadré (Doc. 1).
  a. De quoi parle-t-il ?
  b. Repérez les âges associés à la vieillesse en fonction des domaines. Qu'en pensez-vous ? Échangez.
  c. Existe-t-il les mêmes critères dans votre pays ? Expliquez.

Doc. 2

NEON — Podcasts · Enquêtes · Témoignages

Comment le passage à l'âge adulte a évolué ces dernières décennies ?

À peine adultes, nous voilà déjà vieux. Les âges de la vie ne se succèdent plus, ils se chevauchent. Comment être à l'aise quand on est constamment en transition ?

« Physiquement, je ne me sens pas vieille. Pourtant, j'ai parfois l'impression de penser comme une vieille, reconnaît Shamia, 37 ans. C'est le cas quand je me dis que l'achat d'un robot aspirateur, c'est vraiment un super investissement. » Nous n'avons pas tous le même déclic. Pour Shamia, c'est son intérêt pour l'électroménager qui lui a mis la puce à l'oreille. Pour d'autres, c'est le fait de se souvenir que, quand leur grand cousin avait atteint leur âge, il était déjà très vieux. Pour certains, c'est de se retrouver chez Jardiland[1] un samedi matin, un sachet de terreau dans une main, des graines dans l'autre.

Ces comportements qu'on assimilait jusque-là « aux vieux » sont désormais les nôtres de sorte qu'il est de plus en plus difficile de distinguer les différents âges de la vie. Comment est-ce possible d'être déjà devenu un senior alors qu'on vient tout juste de sortir du bac à sable ? Comment ne pas être déstabilisé et rester heureux quand on a déjà un pied dans la tombe ?

La jeunesse n'est plus délimitée par des rites de passage comme en 1980.

Avant, en sociologie, on disait qu'on devenait adulte après avoir franchi quelques « rites de passage ». « Dans les années 1980, on délimite alors la jeunesse par quatre seuils familiaux et professionnels, décrit la sociologue Cécile Van de Velde, maîtresse de conférence à l'EHESS[2]. Le départ de chez les parents, la mise en couple, la fin des études et enfin le premier emploi. Aujourd'hui, ces seuils se désynchronisent si bien qu'ils adviennent plus tardivement. » […]

Désormais, il n'y a plus une seule façon de devenir adulte mais une multitude. Les chemins ne sont plus fléchés, il y a tellement de façons de devenir grand qu'on n'arrive plus à faire le tri… L'allongement de la durée des études, le chômage et la précarité des premiers contrats signés retardent de fait la stabilité et l'indépendance financière. […] En somme, nous devenons adultes plus tôt sur certains aspects de notre vie et plus tard, voire jamais, sur d'autres. Chacun ses choix.

Pour Valentin, 29 ans, installé à Paris, devenir adulte, plutôt que de se marier et de conduire une Golf GTI, c'est d'abord s'interroger sur lui-même : « À neuf ans, je disais à ma mère que je ne voulais pas grandir. Je viens d'un village à la campagne, c'est la raison pour laquelle grandir signifiait forcément en partir, se remémore-t-il. Lorsqu'on grandit, on commence à expurger[3] tous les démons qu'on a en soi. Aujourd'hui, ce qui occupe le plus mes pensées, c'est de savoir si je suis en accord avec ce que j'ai envie d'être. Je veux que chaque projet soit fait pour une raison qui me plaise vraiment », poursuit-il. […]

« Il y a quelque chose de l'ordre de la sollicitude qui caractérise l'adulte », abonde Christian Heslon, maître de conférences en psychologie et spécialisé dans les âges de la vie. Selon lui, ce n'est pas un diplôme de fin d'études ou un achat immobilier qui conditionnent notre entrée dans l'âge adulte mais les responsabilités et la capacité à mettre notre ego en retrait. Elles nous font passer d'un statut « d'adulte émergent » à « adulte en milieu de vie » – mais pas encore tout à fait vieux. […]

Benjamin Monnet

---
1 Jardiland : grand magasin spécialisé dans les plantes, les animaux de compagnie et l'aménagement du jardin ;
2 EHESS : École des hautes études en sciences sociales ;
3 expurger : éliminer ce qui est contraire à la morale

LEÇON 33

2 Lisez l'article (Doc. 2).

a. **Résumez** l'idée principale.

b. Dans quels domaines exercent les deux spécialistes cités ?

c. Quels sont les différents stades de la vie évoqués dans cet article ?

3 Relisez l'article (Doc. 2).

a. Repérez les comportements associés à la vieillesse.

b. À quoi était associé le passage à l'âge adulte dans le passé ? **Expliquez**.

c. Repérez et **comparez** les explications des intervenants concernant le passage à l'âge adulte aujourd'hui. Qu'en pensez-vous ? **Échangez**.

4 À deux Lisez les termes suivants.

être vieux • devenir adulte • adulte émergent • adulte en milieu de vie • grandir • les vieux • la jeunesse • un senior

a. À quoi ces termes font-ils référence ?

b. Quel terme peut être négatif ? **Expliquez**.

c. Proposez d'autres termes pour définir les âges de la vie.

d. **Expliquez** les expressions « sortir du bac à sable » et « avoir un pied dans la tombe » (Doc. 2). Existe-t-il des expressions similaires dans votre langue ? **Échangez**.

5 À deux Relisez les phrases suivantes (Doc. 2).

A. Aujourd'hui, ces seuils se désynchronisent **si bien qu'**ils adviennent plus tardivement.
B. Ces comportements qu'on assimilait jusque-là « aux vieux » sont désormais les nôtres **de sorte qu'**il est de plus en plus difficile de distinguer les différents âges de la vie.
C. Il y a **tellement de** façons de devenir grand **qu'**on n'arrive plus à faire le tri.

a. Observez les termes en gras. Qu'expriment-ils ?

b. Repérez les modes verbaux utilisés après ces termes. **Justifiez** leur utilisation.

c. Reformulez les phrases en utilisant d'autres connecteurs logiques.

6 En petit groupe Regardez la vidéo de Shinchi et répondez.

Et dans votre pays, est-ce qu'il y a aussi une fête spéciale pour passer à l'âge adulte ? Est-ce qu'il y a eu des changements ces dernières années ?

DOC. 3 🎧 168

Vieillir musclé et lutter contre la sarcopénie ▶ ÉCOUTER

7 Écoutez le reportage de la RTS (Doc. 3).

a. Présentez l'émission (thème, intervenants).

b. À qui s'adresse cette émission ? **Expliquez** son objectif.

c. À deux Existe-t-il une politique d'incitation au sport dans votre pays ? **Échangez**.

8 À deux Réécoutez le reportage (Doc. 3).

a. Pour quelle raison Louise se rend-elle à l'hôpital ?

b. Classez les informations dans la catégorie qui convient : Signes cliniques • Diagnostic • Caractéristique de la maladie • Prescription/Recommandations.

Essoufflement • Sarcopénie • Faiblesse des jambes • Activité physique • Diminution de la masse musculaire • Chutes

c. Pourquoi les personnes âgées sont-elles sujettes à la sarcopénie ? **Expliquez**.

d. Quelles sont les conséquences de la sarcopénie dans la vie de Louise ? Repérez les phrases (livret de transcriptions p. 26-27).

e. Repérez les techniques utilisées par le médecin et le journaliste pour expliquer la maladie.
Ex. : la reformulation → « plus simplement : fonte de la masse musculaire »

AGIR

9 En petit groupe Donnez des explications sur une maladie.

a. Faites des recherches sur quelques pathologies courantes liées à vieillesse (arthrose, diabète...).

b. Identifiez les origines de ces maladies et listez les conséquences.

c. **Choisissez** les mots importants et **proposez** des définitions simplifiées.

d. Cherchez les recommandations pour éviter une des maladies listées ainsi que les traitements préconisés.

e. **Présentez** vos recherches sous la forme d'un exposé.

▶ Langue & S'entraîner p. 144

LEÇON 34 — Contester des injonctions

COMPRENDRE

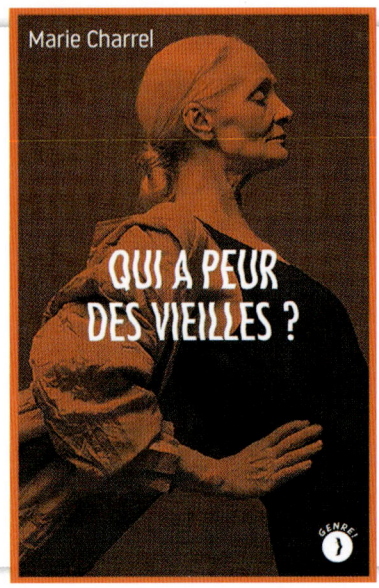

Doc. 1

Marie Charrel — *Qui a peur des vieilles ?*

Alors que notre société vieillit, nous avons un problème avec les vieux en général et les vieilles en particulier, soumises à une double injonction contradictoire : être authentiques et naturelles, mais rester minces et jolies. Si elles sont moins regardées, invisibilisées, mises de côté passé un certain âge, de nombreuses vieilles se découvrent en contrepartie une liberté nouvelle. Est-ce cette émancipation qui nous rend parfois méfiants vis-à-vis d'elles ? Pourquoi la peur de vieillir est-elle toujours d'actualité ? […]

1 Observez la couverture du livre et lisez le résumé (Doc. 1).

  a. De qui parle le livre ? Quel est le sujet traité ?

  b. Quel paradoxe soulève-t-il ?

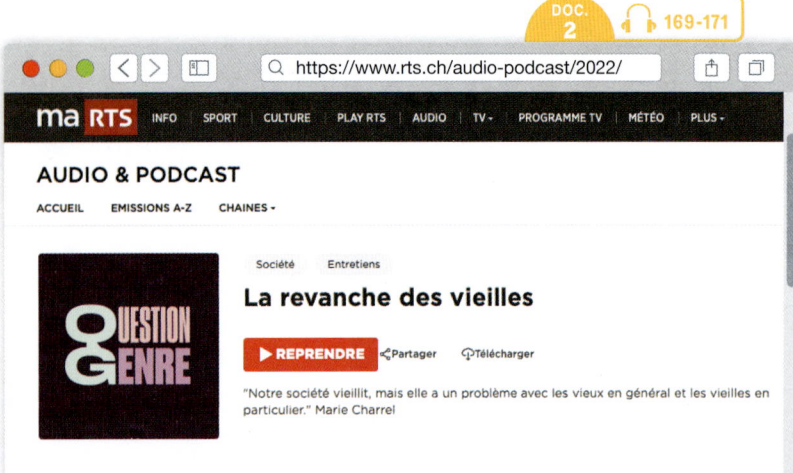

Doc. 2 — 169-171

La revanche des vieilles — Question Genre

"Notre société vieillit, mais elle a un problème avec les vieux en général et les vieilles en particulier." Marie Charrel

2 Écoutez l'introduction de l'interview de Marie Charrel (Doc. 2, 169).

  a. Qui s'adresse à Marie Charrel ? Présentez-la.

  b. De quoi parle-t-elle ? Quel sentiment souhaite-t-elle partager ? Expliquez.

3 À deux Écoutez l'interview de Marie Charrel (Doc. 2, 170).

  a. Qu'apprend-on sur son livre (Doc. 1) ? Quel est son objectif ?

  b. Quels sentiments éprouvent les femmes âgées ? Comparez avec les injonctions auxquelles elles sont soumises (Doc. 1).

  c. Donnez une définition de l'âgisme.

4 À deux Réécoutez la fin de l'interview de Marie Charrel (Doc. 2, 171).

  a. Relevez les représentations auxquelles les hommes et les femmes sont associés.
  Ex. : L'homme âgé est associé à l'idée de sagesse ; la femme âgée est dévalorisée.

  b. Que remarquez-vous à propos des termes employés ?

  c. Comment l'auteure explique-t-elle les différences de représentations entre les femmes et les hommes âgés ?

  d. Comment cette opposition est-elle renforcée ? Expliquez.

  e. Qu'en pensez-vous ? Échangez.

5 Lisez l'article (Doc. 3).

  a. À quelle date se passent les événements racontés ? Quel est le genre de l'article ?

  b. Expliquez le titre de l'article.

  c. Résumez le mode de vie dans ce pays.

6 À deux Relisez l'article (Doc. 3).

  a. À votre avis, à partir de quels mots est formé le terme « Hallunistan » ? Que peut-on en déduire ?

  b. Qu'est-ce qui est à l'origine des règles de vie en Hallunistan ?

  c. Relevez les caractéristiques de la population et les conditions de vie en Hallunistan (organisation politique, habitation, éducation, moyens de transport, santé).

  d. Que pensez-vous de ce type d'article ? Échangez.

LEÇON 34

En Hallunistan, le jeunisme forcené[1] a viré à la tyrannie

[…] Petit essai de politique-fiction. Bienvenue dans l'Hallunistan 2065, un endroit calme et où tout va pour le mieux dans le meilleur des mondes ; un lieu où les nouvelles règles de vie en société privilégient la population jeune…

[…]

Certes, nous avons nos problèmes comme tout un chacun et voici que la génération des jeunes qui avait pris le pouvoir vers 2020 arrive à l'âge de la retraite.

Nouvelles règles de vie en société

En effet, un mouvement populiste avait réussi, il y a près de 50 ans à convaincre les masses que, passé l'âge de la retraite, l'Hallunistanien moyen coûtait plutôt qu'il ne rapportait alors que, parallèlement, il pesait exagérément sur les décisions politiques du haut de son expérience et de ses connaissances acquises pendant une vie active. Il fut donc décidé, suite à des manifestations nombreuses et virulentes, de changer fondamentalement les règles de vie en société.

Tout d'abord, on instaura le droit de vote dès 14 ans. La raison invoquée fut qu'à cet âge, on n'était pas encore perverti par la connaissance de l'histoire, de l'hallunistano-politique, des modèles scientifiques et autres apprentissages qui invalident la vision.

De surcroît, dès 35 ans, avec l'expérience acquise et la maîtrise de certaines matières en sciences dures ou hallunistaniennes, le danger se profilait de ne plus avoir la vision fraîche et authentique du plus jeune âge et donc le droit de vote, selon le système particulier de l'Hallunistan, s'arrêta à 35 ans, après que les citoyens eurent joui pleinement de leurs droits civiques.

Certes, ainsi, les règles de notre démocratie firent que des milliards de décisions furent prises pour privilégier la population jeune, tandis qu'au-delà de 35 ans et bien plus encore, au-delà de l'âge de la retraite, les conditions de vie devinrent extrêmement précaires. C'est ce que constatent les vieux d'aujourd'hui, ceux qui furent, sur les barricades, les jeunes d'autrefois.

Déplacement obligé, à pied ou debout en trottinettes à hydrogène. Soins médicaux liés à la nécessité de n'émettre aucune critique sur les décisions des moins de 35 ans, limitation draconienne de l'espace de vie pour ces personnes séniles[2] dont le seul possible intérêt pour autrui serait les souvenirs, mais l'Hallunistan s'en est volontairement privé, les considérant comme un frein au progrès du jeunisme. […]

Du reste, cette tentative de désencombrer les jeunes esprits est une règle d'or chez nous : peu d'études, pas de devoirs, pas d'exercices, l'orthographe est un vestige du passé et la syntaxe a été remplacée, moyennant un subtil changement de genre, par le saint axe.

Pas davantage de cours d'histoire (vieilles barbes), pas d'apprentissage de l'argumentation (inutile, car pas de discussion), pas de cours de philosophie, civisme, vivre-ensemble et autres balivernes[3] liées à ce mot que vous encensez chez vous, sur Terre : les valeurs.

Pas besoin de valeurs quand tout est codifié jusqu'au moindre détail. Pas besoin d'excellence : tous égaux devant la non-réflexion et depuis peu, dans les bureaux, administrations et autres organismes sont affichées de grandes pancartes où on lit : « *Ne pensez pas, penser vous met à plat !* ». […]

D.M. Judkiewicz dans *Lecho.be*, 19 avril 2019

1 forcené : dont la violence est intense, hors de mesure ; 2 sénile : dont les capacités intellectuelles sont dégradées par l'âge ; 3 des balivernes (toujours employé au pluriel) : croyances futiles souvent erronées

---

7 **À deux** Relisez les phrases suivantes (Doc. 3).

A. Les règles de notre démocratie firent que des milliards de décisions furent prises pour privilégier la population jeune.
B. le saint axe, la syntaxe
C. Bienvenue dans l'Hallunistan 2065, un endroit calme où tout va pour le mieux dans le meilleur des mondes.

a. Associez les phrases ou expressions au procédé utilisé.
1. jeu de mots (= technique basée sur la ressemblance entre les mots)
2. antiphrase (= utilisation d'un mot ou d'une expression dans le sens contraire à l'opinion de l'auteur)
3. hyperbole (= exagération)

b. Quel effet provoquent ces procédés ?
réaliste • ironique • tragique • lyrique

8 **À deux** Relisez l'article (Doc. 3).

a. Quel est le temps verbal dominant ? À votre avis, pourquoi ?

b. Relisez la phrase suivante.
Le droit de vote s'arrêta à 35 ans, après que les citoyens **eurent joui** pleinement de leurs droits civiques.

c. Qu'exprime le verbe en gras par rapport à l'autre verbe ? Justifiez.

d. Comment est formé le verbe en gras ? Quel est ce temps verbal ?

AGIR

9 **En petit groupe** Contestez les injonctions liées à l'âgisme ou au jeunisme dans une chronique.

a. **Choisissez** un thème (âgisme ou jeunisme) et réfléchissez aux représentations liées à l'âge dans votre pays.
b. Listez les injonctions associées au thème choisi. **Échangez** et notez des arguments pour les contester.
c. Organisez et répartissez vos idées pour une chronique radiophonique.
d. **Présentez** votre chronique à la classe.
e. Commentez les différentes chroniques.

> Langue & S'entraîner p. 145-146

LEÇON 35 — Défendre des convictions

COMPRENDRE

DOC. 1

En Belgique, un enfant de 12 ans obtient son master en physique
Le HuffPost

L'homme le plus âgé à pouvoir se tenir sur la tête a 75 ans
Fredzone

1 Lisez les deux gros titres de presse (Doc. 1).

  a. Dans quelles rubriques de journal pourrait-on les classer ?

  b. Que démontrent-ils ? Connaissez-vous d'autres exploits réalisés à des âges inhabituels ? *Échangez*.

DOC. 2 🎧 172

Et si l'âge, c'était dans la tête ?

2 Écoutez l'émission (Doc. 2).

  a. D'après la chroniqueuse, l'âge est-il dans la tête ? *Justifiez*.

  b. Combien d'âges définit-elle ? Nommez-les.

  c. Quelle qualité faut-il, selon elle, pour rester jeune ?

3 *À deux* Réécoutez l'émission (Doc. 2).

  a. *Expliquez* les caractéristiques de chacun des âges. Quelle(s) conséquence(s) ont-ils sur la perception de soi ?

  b. Selon le docteur Dubois, qu'est-ce qui aide à retrouver sa jeunesse ? Quelle conclusion tire-t-il ?

  c. Quels conseils les intervenants donnent-ils ?

4 Lisez le témoignage de Laure Adler (Doc. 3).

  a. Quelle est l'idée principale ?

  b. La journaliste Laure Adler emploie un ton polémique • ironique. *Justifiez*.

DOC. 3

LAURE ADLER « Je suis vieille et je vous emmerde[1] ! »

Vieillir, ce n'est pas renoncer, c'est être sauvage, en colère, passionné. Vieillir, c'est résister face à la tentative de relégation et d'invisibilisation qu'impose aux plus âgés le reste de la société.

5 […] Vieillir, c'est accueillir ce qui vous arrive dans l'intensité d'un présent qui, autrefois, vous était dérobé par le vacarme du monde, le tourbillon des projets, le songe des désirs inavoués. Le temps se calme. Pas d'avis de tempête à l'horizon. Une sorte d'acceptation des choses,
10 de l'inattendu, une disposition à être là, juste là.

Faire corps avec le présent n'est pas chose aisée ; ainsi […] vous travaillent à bas bruit les injonctions de la société pour que vous deveniez ceci, que vous espériez être cela, et que votre énergie soit tendue vers quelque chose que vous
15 n'avez pas encore atteint. Cet appel à un futur, souvent non réalisable, vous coince dans une forme d'angoisse et vous renvoie à vos incapacités. En vieillissant l'étau se desserre. La vie n'est plus faite de ce que vous n'avez pas encore à faire, mais de ce qui vous est encore permis de faire.

20 Temps illimité en apparence seulement, en fait temps précieux car la roue tourne. Les horloges dévorent le présent, un présent âpre au goût déjà presque disparu. À moins que nous n'en profitions. Foin de la nostalgie. Foin des litanies sur les « c'était mieux avant », « ah si vous aviez
25 connu » : oh tous ces vieux de mon enfance qui, au nom de leur âge, me donnaient des leçons sur ce que devait être ma vie en raison de leur âge canonique. Ce n'est pas parce qu'on est vieux qu'on a des leçons à donner.

[…] Il n'y a aucun mérite à être vieux. Il n'y a pas de grades.
30 Il n'y a pas d'étoiles. C'est juste une chance. Il faut l'attraper comme cette peluche que les petits enfants espèrent décrocher au manège. Vieillir est pourtant synonyme de

5 *À deux* Relisez le témoignage de Laure Adler (Doc. 3).

  a. Quelles idées reçues condamne-t-elle ?

  b. Repérez les images positives associées à la vieillesse.

  c. Comment le rapport au temps évolue avec l'âge selon la journaliste ? *Justifiez* avec des phrases du texte.

6 *À deux* Relisez le témoignage (Doc. 3).

  a. En quoi ce témoignage traduit-il l'enthousiasme et l'engagement de Laure Adler ? *Justifiez*.

  b. Quel est le sens des deux expressions suivantes ?
  un certain âge • un âge certain

c. Lisez la phrase surlignée.
1. Repérez les sujets et le verbe conjugué.
2. Expliquez la construction de cette phrase. À quel registre appartient-elle ?

8 En petit groupe D'après Laure Adler, « Vieillir, ce n'est pas renoncer, c'est être sauvage, en colère, passionné. » Qu'en pensez-vous ? Échangez.

perte, perte de mémoire, perte de repères, perte de moyens, perte de vue. Vieillir pourtant ce n'est pas
35 courir à sa perte. Ce n'est pas parce qu'on est vieux qu'on est bon à jeter à la benne aux ordures. Vieillir, c'est savoir qu'on est de l'autre côté du monde, pas dans la folle vibration de l'électricité des secondes mais dans la lente observation de la respiration du monde.
40 Je suis vieille et je vous emmerde. Je les vois qui, dans les entreprises, convoquent les pré-seniors à l'âge de 45 ans en leur expliquant qu'ils ne sont plus assez performants, je les connais ces filles de 30 ans qui rêvent de vite se faire lifter. […] Nous savons aussi
45 dire non. Ce n'est pas parce qu'on a obéi pendant si longtemps silencieusement à vos injonctions funèbres que cela va continuer.
Vieillir, c'est être sauvage, en colère, passionné. Vieillir, ce n'est pas renoncer. Vieillir, ce n'est pas devenir
50 raisonnable. Vieillir, c'est se désencombrer de ce soi qui vous a tant harcelé […].
Nous qui avons atteint un âge certain, nous terminons notre existence sans en connaître la fin et n'avons plus tant besoin de donner des preuves. Nous n'avons plus
55 grand-chose à perdre donc nous sommes de bons joueurs, de bons marcheurs des chemins de traverse. L'âge mûr n'est pas une période vouée au déclin que l'on devrait subir le mieux possible mais comme un cycle de liberté et de plaisir où je peux accomplir ce à quoi je
60 n'avais jamais pensé. Il faut éviter que les non-vieux ne confondent l'image que la société donne de nous avec ce que nous sommes en notre for intérieur. […] Je suis heureuse d'être comme tant de personnes de mon âge ou ayant dépassé mon âge, vieille et en bonne santé.
65 Je ne sais de combien de temps sera le bonus. J'ai hâte d'encore vieillir. Tant de choses à faire. […]

1 langage vulgaire : je vous méprise.

7 À deux Relisez les phrases suivantes.
A. Je ne sais de combien de temps sera le bonus.
B. À moins que nous n'en profitions.
C. Il faut éviter que les non-vieux ne confondent l'image que la société donne de nous avec ce que nous sommes en notre for intérieur.

a. Quel est le point commun dans la forme des trois phrases ?

b. Quelle phrase est négative ? Que remarquez-vous ?

c. Qu'exprime la phrase B ? Cochez la réponse correcte.

☐ la restriction • ☐ la condition • ☐ la concession

Mon corps n'avait plus d'âge. Il fallait le regard lourdement réprobateur de clients à côté de nous dans un restaurant pour me le signifier. Regard, qui bien loin de me donner de la honte, renforçait
5 ma détermination à ne pas cacher ma liaison avec un homme « qui aurait pu être mon fils » quand n'importe quel type de cinquante ans pouvait s'afficher avec celle qui n'était visiblement pas sa fille sans susciter aucune réprobation. Mais je savais,
10 en regardant ce couple de gens mûrs, que si j'étais avec un jeune homme de vingt-cinq ans, c'était pour ne pas avoir devant moi, continuellement, le visage marqué d'un homme de mon âge, celui de mon propre vieillissement. Devant celui d'A., le mien était
15 également jeune. Les hommes savaient cela depuis toujours, je ne vois pas au nom de quoi je me le serais interdit.

Le Jeune Homme, Annie Ernaux, © Éditions Gallimard, 2022

9 Lisez l'extrait du roman *Le Jeune Homme* (Doc. 4).

a. Décrivez la scène (personnages, situation).

b. Quels sentiments éprouve la narratrice ? Partage-t-elle le sentiment de Laure Adler (Doc. 3) ?

AGIR

10 À deux Peut-on oublier son âge ?

a. Parcourez l'unité 9. Quel(s) document(s) avez-vous trouvé le(s) plus intéressant(s). Pourquoi ? Échangez.

b. Choisissez un sujet précis pour répondre à la problématique (l'âge dans le sport, dans le monde professionnel...).

c. Listez les arguments qui défendent ou qui s'opposent à la problématique. Associez un exemple à chaque argument.

Rédigez un article pour répondre à la problématique et postez-le sur le groupe de la classe. Commentez les autres articles.

> Langue & S'entraîner p. 146-147

LEÇON 36

Techniques pour...

...rédiger un courrier des lecteurs

LIRE

Martha, fidèle lectrice du magazine Le futur et vous, *est interpellée par des propos tenus dans un article par un journaliste. Elle écrit un courrier, qui sera publié dans le numéro suivant.*

DOC. 1

Strasbourg, le 24 novembre

1 → Bonjour,

2 → Je viens de lire votre article sur la place des jeunes dans notre société et je tenais à réagir au passage suivant : *Aujourd'hui, les jeunes ne pensent qu'à eux. Ils n'ont plus de respect pour les autres : ni pour leurs parents, ni pour la vieillesse. Ils sont impatients et refusent toute contrainte.*

3 → Il me semble indispensable de tempérer cette opinion et d'envisager la place des jeunes sous un angle moins négatif.

Il faut reconnaître une certaine impatience de la part des jeunes. Ils montent à la tribune de plus en plus tôt, pensons par exemple aux jeunes engagés pour le climat. Mais cette impatience n'est-elle pas légitime quand on observe notre société aujourd'hui ? La planète est dans une situation catastrophique, les scientifiques ne cessent de nous alerter dans ce sens. Il apparaît évident que leur impatience plutôt que de nous nuire répond à l'immobilisme du reste de la population et des politiques notamment.

4 → Le journaliste prétend que les jeunes ne respectent rien, et surtout pas leurs aînés. Pourtant, observez les nombreuses habitations intergénérationnelles, les initiatives citoyennes rassemblant jeunes et personnes âgées. Pour ne citer qu'un exemple concret, une association a mis en place depuis septembre un atelier où les jeunes ont pour mission de familiariser les plus âgés aux jeux vidéo afin de les stimuler davantage. Je trouve remarquable que, plus que de respecter les personnes âgées, les jeunes en viennent même à les aider !

Pour finir, il faut admettre que les jeunes s'opposent parfois à l'ordre établi et refusent toute contrainte. Toutefois cette contestation ne vise-t-elle pas à améliorer notre cadre de vie ? Il est indéniable que nous ne pouvons pas continuer à vivre comme nous vivions il y a 50 ans. Les jeunes nous incitent à revoir nos modèles. Regardez seulement les avancées au niveau professionnel grâce à la génération des millénials. Nous nous orientons vers une organisation de moins en moins pyramidale et cela profite à tous !

5 → Je serais curieuse de connaître l'avis des autres lecteurs sur ce sujet.

Martha

---

1 [Découverte] Lisez le courrier de Martha (Doc. 1).

a. Quel est le thème de l'article cité ?

b. Pourquoi Martha écrit-elle ce courrier ?

c. Repérez la phrase de l'article à laquelle elle réagit.

2 Relisez le courrier (Doc. 1).

a. Quelle opinion défend-elle ?

b. Quels sont les trois arguments qu'elle donne ?

c. Relevez les exemples cités par Martha. Classez-les dans les catégories suivantes :

actualité • expérience personnelle, anecdote • pratiques culturelles.

3 À deux [Analyse] Relisez le courrier de Martha (Doc. 1).

a. Associez les intitulés suivants aux parties 1 à 5 du courrier.

A. invitation à réagir
B. raison de la lettre
C. référence à l'article
D. arguments
E. formule d'appel

b. Relevez des expressions pour :

exprimer le motif du courrier • exposer son point de vue et argumenter • faire référence à la citation de l'article • donner un exemple • inviter les autres lecteurs à réagir.

LEÇON **36**

POUR rédiger un courrier des lecteurs
- Utiliser une formule d'appel
- Évoquer la lecture de l'article
  Je viens de lire votre article...
- Citer l'article
  Je tenais à réagir au passage suivant : ...
- Exprimer le motif du courrier
  Il me semble indispensable de tempérer cette opinion et d'envisager la place des jeunes sous un angle moins négatif.
- Exposer son point de vue et argumenter
  Il faut reconnaître... • Il faut admettre que... • Il est indéniable que... • Il apparaît évident que... ! • Je trouve remarquable que...
- Faire référence à l'article
  Le journaliste prétend que...
- Associer un exemple à chaque argument (tiré de l'actualité, d'une anecdote, d'une expérience personnelle, de statistiques, d'une pratique culturelle...)
  Regardez seulement... • Observez plutôt... • Pour ne citer qu'un exemple, ... • pensons par exemple à...
- Inviter les autres lecteurs à réagir
  Je serais curieuse de connaître l'avis des autres lecteurs...
- Signer

ÉCRIRE

4 **À deux** Écrivez au courrier des lecteurs pour réagir à l'extrait suivant. Vous défendrez la place des femmes dans les pratiques sportives et l'importance de la parité dans la société.

> Dans un article, vous avez lu que : « Le sport féminin est de plus en plus plébiscité par les spectateurs. Pourtant des différences notables subsistent au niveau des salaires. En effet, certaines sportives ne sont pas considérées comme professionnelles, contrairement aux hommes. Certaines joueuses de l'équipe de France de football sont ainsi obligées de travailler à mi-temps en plus de leurs entraînements. »

a. Lisez le sujet et identifiez le thème.

b. Listez vos arguments et cherchez des exemples pour les illustrer.

c. Rédigez votre courrier.

... la médiation : **dénoncer des clichés culturels**

5 a. Choisissez quatre domaines nécessaires, selon vous, pour connaître la culture d'un pays (ex. : les arts, la gastronomie, les habitudes sociales...). Échangez.

b. **En petit groupe** Listez vos clichés associés aux Français. Classez-les dans chaque domaine.

☐ VOTRE FRIGO CONTIENT EN PERMANENCE DE LA CRÈME FRAÎCHE

Êtes-vous un Français cliché ?

☐ VOUS AVEZ DÉJÀ FAIT DES CRÊPES À VOS COLLÈGUES

☐ VOUS RÂLEZ EN PERMANENCE

© Clémentine Latron

6 **À deux** Observez les illustrations (Doc. 2).

a. À quels domaines ces différents clichés font-ils référence ? Échangez.

b. Reprenez les clichés de l'act. 5b et du Doc. 2. Sont-ils positifs ou négatifs ? Échangez.

c. D'après vous, d'où viennent-ils (des films, des voyages, de l'histoire...) ? Expliquez.

d. Choisissez deux clichés sur les Français et faites des recherches pour les confirmer ou les démentir.

7 **En petit groupe** Dénoncez des clichés à l'aide d'une carte mentale.

a. Choisissez un pays et listez ses clichés.

b. Échangez vos points de vue sur ces clichés (approuvez ou dénoncez). Prenez des notes.

c. Créez une carte mentale et classez les clichés par domaine. Expliquez leur origine.

d. Commentez les cartes mentales des autres groupes. Qu'avez-vous appris ? Échangez.

cent quarante-trois 143

Langue & S'entraîner

Leçon 33 — Grammaire

La conséquence

- **par conséquent** / **en conséquence** / **du coup** / **ce qui explique que**… + **phrase**
La sarcopénie est une maladie musculaire, **par conséquent**, l'activité physique permet de ralentir sa progression.

- **d'où** + **nom**
Il ne veut pas vieillir **d'où** son désir de continuer à faire du sport.

- **si bien que** / **de sorte que** + **indicatif**
Aujourd'hui, ces seuils se désynchronisent *si bien qu'*ils **adviennent** plus tardivement.

- **tellement** / **si** + **adjectif** ou **adverbe** + que
verbe + **tellement** / **tant**… que
tellement de / **tant de** + **nom** + que
Il y a **tellement de** façons de devenir grand *qu'*on n'arrive plus à faire le tri…

Rappel : Les verbes *entraîner, conduire à, avoir pour conséquence de*… expriment aussi la conséquence.
Une maladie qui **entraîne** précisément une diminution de la masse musculaire.

LES RELATIONS LOGIQUES ▶ PRÉCIS GRAMMATICAL P. 181

1 Reformulez avec l'expression entre parenthèses.

Ex. : Ce jeune adulte se comporte comme un senior. Du coup, on lui donne plus que son âge. (de sorte que)
→ Ce jeune adulte se comporte comme un sénior *de sorte qu'on lui donne plus que son âge*.

a. La durée de vie s'est beaucoup allongée. Du coup l'âge de la vieillesse commence plus tard. (tellement… que)
b. Les personnes de 60 ans ont une vie active de sorte qu'on ne peut pas les considérer comme vieilles. (si… que)
c. Certaines personnes âgées font beaucoup de sport ce qui explique qu'elles paraissent plus jeunes. (du coup)
d. Les seniors prennent tellement soin de leur corps qu'ils paraissent plus jeunes que leur âge. (si bien que)
e. Il y a de nombreuses façons de devenir adulte ; par conséquent, les repères sur les âges de la vie fluctuent. (tant de)
f. Il y a trop de focalisation sur l'âge, du coup il y a de nombreuses discriminations. (entraîner)
g. La société souffre de stéréotypes, si bien qu'il y a une mauvaise entente entre les générations. (d'où)
h. Il veut paraître jeune d'où son recours à la chirurgie esthétique. (de sorte que)

Style

La métonymie

Pour désigner une personne, une chose à partir d'une de ses caractéristiques
Elle consiste à nommer un objet par une de ses caractéristiques.
Le troisième âge est une expression utilisée pour désigner des personnes de plus de 70 ans.

Vocabulaire

🎧 173 **L'âge (2)** un adulte émergent • un adulte en milieu de vie • un rite de passage

🎧 174 **Le sport (2)** l'activité physique • la sédentarité • la vitalité

🎧 175 **La santé (2)** l'arthrose (f.) • les capacités (f.) musculaires • la fonte musculaire • la musculature • la sarcopénie

🎧 176 **La société (2)** l'indépendance financière • la précarité • la stabilité

🎧 177 **Les expressions** avoir un pied dans la tombe • mettre la puce à l'oreille • sortir du bac à sable

Leçon 34 — Grammaire

Le passé antérieur
■ **Pour exprimer une action antérieure**
Le passé antérieur est utilisé pour exprimer l'antériorité d'une action par rapport à une autre action au passé simple.
Formation : auxiliaire au passé simple + participe passé du verbe
Le droit de vote s'arrêta à 35 ans, après que les citoyens **eurent** *joui pleinement de leurs droits civiques.*

LES TEMPS DU PASSÉ ▶ PRÉCIS GRAMMATICAL P. 187

2 Entourez les verbes au passé simple et soulignez les verbes au passé antérieur.
Dans cette nouvelle société, dès que Maya eut atteint l'âge de 16 ans, elle dut quitter sa famille pendant un an pour découvrir le monde extérieur. Elle reçut une somme d'argent et une liste de contacts qu'elle pouvait joindre en cas d'urgence. Elle eut le droit de revenir après qu'elle se fut débrouillée seule et eut acquis une certaine autonomie. Une fois qu'elle fut revenue, on lui attribua le statut d'adulte.

Style

La connotation
Pour prendre position de façon implicite
Elle permet d'ajouter un sens secondaire au sens courant d'un mot selon son contexte d'emploi :
– la connotation positive (ou méliorative)
la sagesse, l'âge mûr → Ces expressions donnent une vision positive des personnes âgées.
– la connotation négative (ou péjorative)
la décrépitude, le laisser-aller → Ces expressions renvoient à une image négative des personnes âgées.

3 Dites si ces phrases sur les âges de la vie ont une connotation positive (+) ou négative (–).
Ex. : Cette femme est d'une autre époque. → –
a. Elle parle comme ma grand-mère !
b. Il a de belles tempes grises.
c. Elle est encore dans les jupes de sa mère.
d. Il a la sagesse d'un ancien.
e. C'est un vieillard !
f. Quelle maturité pour son âge !
g. À 30 ans, c'est encore un enfant !

Style

L'expression de l'ironie
Pour se moquer d'une personne, d'une situation
– **L'hyperbole**
Elle consiste à utiliser des mots dont le sens est exagéré par rapport à la situation.
Les règles de notre démocratie firent que **des milliards** *de décisions furent prises pour privilégier la population jeune.*
(= on a pris quelques décisions)

– **Le jeu de mots**
C'est une équivoque jouant sur des ressemblances entre les mots.
Le saint axe pour parler de la syntaxe.

– **L'antiphrase**
Elle consiste à dire le contraire de ce que l'on pense.
Tout va pour le mieux dans le meilleur des mondes. → Phrase très positive pour parler de l'Hallunistan alors qu'on observe de nombreuses dérives.

Langue & S'entraîner

Vocabulaire

🎧 **178** **L'âge (3)** l'âge médian • l'âgisme (m.) / le jeunisme • l'espérance (f.) de vie • la ménopause • la transition démographique • sénile

🎧 **179** **Les représentations** une injonction contradictoire • l'invisibilisation (f.)

🎧 **180** **Les expressions** un examen de conscience • un vestige du passé

Leçon 35 — Grammaire

L'inversion du sujet dans la phrase énonciative

Pour mettre en relief une idée et donner une valeur plus soutenue à une phrase
Dans une phrase énonciative, il est possible d'inverser le sujet et le verbe : après une indication de temps ou de lieu, après les pronoms relatifs **que**, **où** ou **dont**, après les adverbes : **ainsi, aussi, du moins, de même, peut-être, sans doute**…
Résister face à la tentative de relégation et d'invisibilisation **qu'***impose aux plus âgés* le reste de la société.
Ainsi *vous travaillent sans cesse à bas bruit* les injonctions de la société.

▶ PRÉCIS GRAMMATICAL P. 184-185

4 Transformez les phrases en commençant par l'expression soulignée et en inversant le sujet.
Ex. : <u>Aussitôt</u>, une bonne relation entre les jeunes et les seniors s'est établie. → Aussitôt s'est établie une bonne relation entre les jeunes et les seniors.
a. Il faut <u>sans doute</u> que les relations intergénérationnelles se multiplient.
b. <u>On vit dans un monde où</u> les discriminations dues à l'âge sont nombreuses.
c. Il y a <u>peut-être</u> beaucoup de mentalités à changer.
d. <u>Ce sont des règles que</u> les jeunes respectent et dont les plus âgés ne se soucient pas.
e. On a <u>à peine</u> dépassé la cinquantaine qu'on est considéré comme inutile !

Le « ne » employé seul

■ **Pour exprimer une négation**
Il est possible d'utiliser le « ne » de la négation seul avec les verbes : **cesser de, pouvoir, oser** et **savoir**.
Je **ne** sais de combien de temps sera le bonus.
❗ Cette forme de négation donne un style plus soutenu à la phrase.

■ **Le « ne » explétif**
Avec certaines conjonctions : **avant que, de peur que, de crainte que, à moins que**… et certains verbes : **avoir peur, redouter, éviter, empêcher**, etc., on peut employer un « **ne** » explétif. Il est facultatif et ne modifie pas le sens de la phrase.
à moins que nous n'en profitions = à moins que nous en profitions
Il faut éviter que les non-vieux ne confondent l'image que la société donne de nous avec ce que nous sommes en notre for intérieur. = Il faut éviter que les non-vieux confondent l'image que la société donne de nous avec ce que nous sommes en notre for intérieur.

LA NÉGATION ▶ PRÉCIS GRAMMATICAL P. 173

5 🎧 **181** Écoutez et cochez selon que les personnes utilisent un « ne » explétif ou non.

	Ex.	a.	b.	c.	d.	e.	f.
Oui							
Non	✓						

Langue & S'entraîner UNITÉ 9

La restriction

Pour exprimer une limitation, une réserve
- **excepté** / **sauf** + **nom** ou phrase
*Je ne me sens pas vieille **excepté** à travers le regard des gens.*

- **excepté/sauf si** / **excepté/sauf quand** + **indicatif**
*Je ne fais jamais de sport **sauf si** j'ai l'occasion de faire des activités avec des amis.*

- **à l'exception de** + **nom**
*À 60 ans, je peux tout faire **à l'exception de** certains sports violents.*

- **à moins que** + **subjonctif**
***À moins que** nous n'en **profitions**.*

LES RELATIONS LOGIQUES ▶ PRÉCIS GRAMMATICAL P. 182

6 Transformez les phrases avec l'indication entre parenthèses.
Ex. : On devient vieux à moins que, dans sa tête, on soit toujours jeune. (sauf si) → On devient vieux sauf si, dans sa tête, on est toujours jeune.
a. Je ne parle jamais de mon âge sauf si on me le demande et qu'il faut le donner. (à moins que)
b. Avec les années, le corps s'affaiblit à moins qu'on le fasse bouger et qu'on en prenne soin. (excepté si)
c. On reste de plus en plus actif à moins qu'on n'ait plus de projets et qu'on se referme sur soi. (sauf quand)
d. Personne ne me considère comme inutile à 70 ans ; il n'y a que quelques personnes qui le pensent. (à l'exception de)
e. On peut rester jeune longtemps sauf si on devient rigide et qu'on ne cherche plus à s'adapter aux nouveautés. (à moins que)
f. La souplesse cérébrale est maintenue à moins qu'on ne lise plus ou ne réfléchisse plus. (sauf si)
g. Elle évoque souvent son âge sauf quand elle est avec ses enfants. (excepté)

Vocabulaire

🎧 182 **L'âge (4)** un âge canonique • une fille de 30 ans • des gens (m.) mûrs • les non-vieux • un pré-senior

🎧 183 **Les expressions** des chemins (m.) de traverse • l'étau se resserre / l'étau se desserre • le for intérieur • les horloges dévorent • la roue tourne • courir à sa perte • être bon(ne) à jeter à la benne (aux ordures) • être bon(ne) joueur(euse) • ne rien avoir à perdre

+ **Registre familier** je vous emmerde*   * vulgaire

7 Associez chaque expression imagée à son sens littéral.
a. C'est un adulte émergent.
b. La roue tourne.
c. On est bon à jeter.
d. Il a un âge canonique.
e. On fait dans l'âgisme.
f. Les horloges dévorent le temps.
g. Il sort du bac à sable.
h. Il est arrivé en avance, il est passé par un chemin de traverse.
i. On n'a rien à perdre.
j. Dans son for intérieur, il se pense encore tout jeune.
k. Il n'est pas très bon joueur.

1. On vieillit.
2. Il est très vieux.
3. Il a 25 ans.
4. Au plus profond de lui-même, il n'a pas l'impression d'être âgé.
5. Il a pris un chemin plus court.
6. On discrimine les personnes âgées.
7. La vie passe très vite.
8. On n'a pas peur des conséquences.
9. Il est très jeune.
10. Il n'accepte pas facilement la défaite.
11. On ne sert plus à rien.

Langue & S'entraîner

Phonétique

La lecture à voix haute 🎧 184 ▶ 26

Lire un texte à voix haute demande une interprétation. S'il faut respecter l'accent de base : les groupes rythmiques, les syllabes accentuées, l'intonation, les liaisons et enchaînements, on peut choisir ses procédés expressifs : accents d'insistance, pauses, allongements, intensité, syllabation, humeur.

À deux Écoutez ces procédés expressifs. Répétez-les.

A. intensité : un mouvement POpuliste était né
B. syllabation : un mouvement po – pu – liste était né
C. pause : un mouvement / populiste était né
D. allongement : un mouvement pooooopuliste était né
E. intonation : un mouvement populiste était né ↗

8 🎧 185 **À deux** Écoutez ces deux interprétations du Doc. 1, p. 138.

a. Comparez les deux interprétations : pauses, accents, allongements, intensité, intonation, etc.

Qui a peur des vieilles ?
Alors que notre société vieillit, nous avons un problème avec les vieux en général et les vieilles en particulier, soumises à une double injonction contradictoire : être authentiques et naturelles, mais rester minces et jolies. Si elles sont moins regardées, invisibilisées, mises de côté passé un certain âge, de nombreuses vieilles se découvrent en contrepartie une liberté nouvelle. Est-ce cette émancipation qui nous rend parfois méfiants vis-à-vis d'elles ? Pourquoi la peur de vieillir est-elle toujours d'actualité ? [...]

b. **Seul** Lisez le texte. Repérez les mots à mettre en valeur, puis choisissez comment le faire : par une pause, un accent d'insistance, un allongement de syllabe, une intensité plus forte, une syllabation marquée, une intonation spécifique. Préparez votre texte et lisez-le à voix haute plusieurs fois. Quand vous êtes prêt, enregistrez-vous.

c. **En groupe** Partagez vos enregistrements. Choisissez celui qui vous paraît le plus expressif.

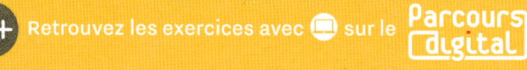
Retrouvez les exercices avec 💻 sur le Parcours digital

Culture(s) vidéo

Seniors : l'âge des possibles

▶ 27

1 Regardez la vidéo sans le son. ▶ 27
a. Décrivez les lieux et les personnes.
b. Relevez les différentes activités vues dans le reportage.
c. D'après vous, quel est le sujet du reportage ?

2 **À deux** Regardez la vidéo avec le son. ▶ 27
a. Vérifiez vos hypothèses (act. 1c).
b. Prenez des notes sur les visions que les trois personnes ont de la retraite.
c. Partagez-vous leur point de vue ? Échangez.

3 **En petit groupe** D'après Didier : « De vieillir m'a jamais fait peur, c'est d'être vieux qui m'fait peur. ». Qu'en pensez-vous ? Échangez.

Annexes

Ressources

- **Scène(s)** p. 150-153
- **Culture(s)** p. 154-161

DELF B2 Épreuve blanche p. 162-170

Précis grammatical p. 171-191

Scène(s)

DOC. 1 La consultation médicale

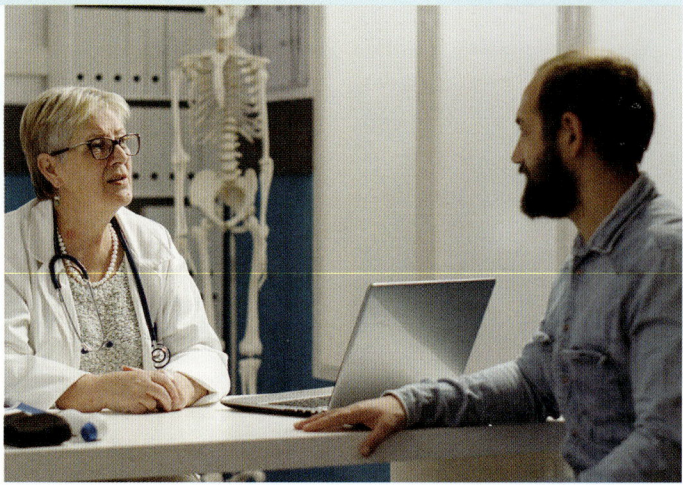

1 **À deux** Écoutez la scène (Doc. 1).

a. Résumez la situation. Décrivez l'ambiance (bruits, ton des personnes). Identifiez le problème.

b. Pourquoi monsieur Lebuis s'excuse-t-il autant ? Quel(s) appareil(s) utilise la médecin ?

c. Décrivez les différentes émotions et attitudes des personnages. Expliquez.

2 **À deux** Réécoutez la scène (Doc. 1).

a. Relevez :
1. les expressions pour s'excuser ;
2. comment la médecin exprime son agacement.

b. Comment comprenez-vous la phrase « Je suis lessivé de chez lessivé. » ? Existe-t-il une expression similaire dans votre pays ? Échangez.

3 a. Trouvez-vous le comportement de monsieur Lebuis impoli ?

b. Est-il possible de demander un arrêt de travail à un médecin dans votre pays ? Expliquez.

DOC. 2 Chez le coiffeur

1 **À deux** Écoutez la scène (Doc. 2).

a. Résumez la situation. Décrivez l'ambiance (bruits, ton des personnes). Identifiez le problème final.

b. Décrivez les différentes émotions et attitudes des personnages. Expliquez.

2 **À deux** Réécoutez la scène (Doc. 2).

a. Relevez :
1. ce que dit le coiffeur pour convaincre madame Lemoinet ;
2. comment madame Lemoinet exprime ses réticences.

b. Comment comprenez-vous la phrase « J'ai toujours détesté les cheveux frisés, vous savez, rapport à ma mère. » ? Échangez.

3 Comment vous sentez-vous lorsque vous allez chez le coiffeur ? Osez-vous dire quand la coupe ne vous plaît pas ? Expliquez.

DOC. 3 Un dîner chez

1 **À deux** Écoutez la scène (Doc. 3).

a. Résumez la situation. Décrivez l'ambiance (bruits, ton des personnes). Identifiez le malentendu avec Laurent.

b. À votre avis, Ondine et Élodie se connaissent-elles depuis longtemps ?

c. Décrivez les différentes émotions et attitudes des personnages. Expliquez.

Expressions de l'oral

Doc. 1 : *C'était pas gagné !* : Ce n'était pas évident. • *Je suis lessivé de chez lessivé.* : Je suis épuisé. • *Vous me coupez ce truc.* : Éteignez cette chose. (ici, le téléphone) • *Oh là là* : ici, exprime l'inquiétude. **Doc. 2 :** *Pas question, vous rigolez ?* : Je refuse. • *N'empêche* (il n'empêche que) : malgré tout. **Doc. 3 :** *T'inquiète !* (ne t'inquiète pas) : Il n'y a pas de problème. • *M'en parle pas, c'est l'enfer !* : Évitons le sujet, c'est compliqué. • *Grave !* : Je suis d'accord. • *C'est juste, si jamais tu peux prendre… ?* : Si c'est possible, tu pourrais prendre… ? • *Oh, fallait pas !* : Merci ! • *On va se dire « tu », non ?* : On se tutoie ?

Ressources

DOC. 4 🎧 189 À l'université

1 À deux Écoutez la scène (Doc. 4).
 a. Résumez la situation. Décrivez l'ambiance (bruits, ton des personnes).
 b. Pourquoi Nouria et Stéphanie n'osent-elles pas frapper à la porte du professeur ?
 c. Décrivez les différentes émotions et attitudes des personnages. Expliquez.

2 À deux Réécoutez la scène (Doc. 4).
 a. Relevez :
 1. ce que disent les étudiantes pour parler de leurs difficultés ;
 2. comment le professeur leur explique.
 b. Comparez le registre utilisé entre les étudiantes et celui avec le professeur. Que remarquez-vous ?
 c. Comment comprenez-vous la phrase « Je pige que dalle à c'que vous racontez. » ? Échangez.

3 Que faites-vous quand vous devez faire part d'une incompréhension à un(e) professeur(e) ? Pouvez-vous lui en parler en classe ? Expliquez.

des amis

2 À deux Réécoutez la scène (Doc. 3).
 a. Relevez :
 1. ce que dit Ondine pour proposer ou demander quelque chose ;
 2. ce que les amis disent pour échanger des politesses.
 b. Comment comprenez-vous la phrase « M'en parle pas, la fin de l'année, c'est toujours l'enfer. » ? Échangez.

3 Comment cela se passe chez vous lorsque vous recevez ? Que doit-on apporter lorsqu'on est invité ? Expliquez.

DOC. 5 🎧 190 Les vacances

1 À deux Écoutez la scène (Doc. 5).
 a. Résumez la situation. Décrivez l'ambiance (bruits, ton des personnes).
 b. Pourquoi les amis n'arrivent-ils pas à se mettre d'accord ?
 c. Décrivez les différentes émotions et attitudes des personnages. Expliquez.

2 À deux Réécoutez la scène (Doc. 5).
 a. Relevez :
 1. ce qu'ils disent pour faire une proposition ;
 2. ce qu'ils disent pour exprimer un désaccord.
 b. Comment comprenez-vous la phrase « J'dis ça, j'dis rien... » ? Échangez.
 c. À votre avis, pourquoi Kathy a-t-elle du mal à prendre la parole ? Échangez.

3 Comment cela se passe dans votre culture lorsque vous devez donner votre avis dans un groupe ? Peut-on facilement se couper la parole ? Expliquez.

Ah mince ! : Dommage ! • *J'sais pas vous, mais...* : Je ne sais pas ce que vous en pensez, mais... **Doc. 4 :** *Tu captes rien.* : Tu ne comprends rien. • *Faudrait pas qu'on se plante.* : Il ne faudrait pas échouer. • *J'suis deg !* : Je suis contrarié(e). • *Genre* : ici, introduit une moquerie. • *Je pige que dalle.* : Je ne comprends rien. **Doc. 5 :** *Oui, c'est clair.* ; *C'est pas faux.* : Tu as raison. • *Ça m'est égal.* : Peu m'importe. • *J'dis ça, j'dis rien...* : permet de partager son avis de façon sarcastique. • *À la base* : initialement • *Non, mais sérieux ?* : Rassure-moi, tu ne penses pas ce que tu dis ? • *Pas de soucis.* : Il n'y a pas de problème.

Scène(s)

DOC. 6 — L'appel à un opérateur téléphonique

1 **À deux** Écoutez la scène (Doc. 6).

a. Résumez la situation. Décrivez l'ambiance (bruits, ton des personnes). Identifiez le problème.

b. Avec qui parle monsieur Tabard ? Quelle est la particularité de la première voix ?

c. Décrivez les différentes émotions et attitudes des personnages. **Expliquez.**

2 **À deux** Réécoutez la scène (Doc. 6).

a. Relevez :
1. comment le robot invite le client à prendre la parole ainsi qu'à patienter ;
2. comment Monsieur Tabard exprime son agacement à Anne-Sophie et à Damien ;
3. ce que dit le technicien pour justifier les délais.

b. Comment comprenez-vous l'expression « Vous plaisantez ?! » ? **Échangez.**

3 Comment cela se passe chez vous lorsque vous devez contacter un opérateur téléphonique ? Avez-vous des robots qui permettent d'aiguiller les clients ? Si oui, que disent-ils ? Comparez avec celui de cet opérateur. **Expliquez.**

DOC. 7 — Un rendez-vous à la banque

1 **À deux** Écoutez la scène (Doc. 7).

a. Résumez la situation. Décrivez l'ambiance (bruits, ton des personnes). Identifiez le problème final.

b. De quels documents la banque a-t-elle besoin ? Lequel surprend le plus Sanna ?

c. Décrivez les différentes émotions et attitudes des personnages. **Expliquez.**

2 **À deux** Réécoutez la scène (Doc. 7).

a. Relevez :
1. comment Sanna proteste contre une des exigences de la banque ;
2. comment le conseiller bancaire communique une information négative.

b. Comment comprenez-vous l'expression « C'est pas donné ! » ? **Échangez.**

3 Comment auriez-vous réagi ? Comment avez-vous trouvé l'attitude du conseiller bancaire ? Expliquez à un(e) Français(e) les démarches à faire pour ouvrir un compte en banque dans votre pays. **Expliquez.**

Expressions de l'oral
Doc. 6 : *Entendu !* : D'accord ! • *Vous plaisantez ?!* ; *Non, mais c'est dingue !* : exprime la stupeur, l'agacement. **Doc. 7 :** *Mais cela ne vous regarde pas !* : Cela ne vous concerne pas. • *Au temps pour moi !* : Excusez-moi, vous avez raison ! • *Je vois…* : D'accord. • *C'est pas donné…* : C'est cher… • *Zut alors !* : Quel dommage ! **Doc. 8 :** *C'est à nous !* : Je vous écoute. • *Allez-y, je vous en prie !* : formule de politesse • *J'ai pas de tête !* : Je n'ai pas de mémoire. • *Pas qu'un peu !* : En effet.

Ressources

DOC. 8 🎧 193 Au marché

1 **À deux** Écoutez la scène (Doc. 8).

  a. Résumez la situation. Décrivez l'ambiance (bruits, ton des personnes). Identifiez le problème du début.

  b. D'après vous, le client est-il de la région ? Pourquoi ? **Expliquez**.

  c. Décrivez les différentes émotions et attitudes des personnages. **Expliquez**.

2 **À deux** Réécoutez la scène (Doc. 8).

  a. Relevez :
  1. ce que disent les personnes pour exprimer des politesses ;
  2. comment la commerçante vend ses produits.

  b. Comment comprenez-vous la phrase « Ah non, c'est pas en libre-service ici ! » ? **Échangez**.

3 Comment se passent les courses dans votre pays ? Comment interagissez-vous avec vos commerçants ? **Expliquez**.

DOC. 9 🎧 194 À la gare

1 **À deux** Écoutez la scène (Doc. 9).

  a. Résumez la situation. Décrivez l'ambiance (bruits, ton des personnes). Identifiez le problème rencontré.

  b. Décrivez les différentes émotions et attitudes des personnages. **Expliquez**.

2 **À deux** Réécoutez la scène (Doc. 9).

  a. Relevez :
  1. ce que dit la voyageuse pour obtenir des explications ;
  2. comment elle essaie de trouver une solution.

  b. Comment comprenez-vous la phrase « J'en peux plus de la SCNF ! » ? **Échangez**.

3 Le train est-il un mode de déplacement courant chez vous ? Les transports en commun ont-ils souvent des problèmes dans votre pays ? **Expliquez**.

Pour chaque scène... À vous de jouer !

En petit groupe

Jouez la scène et filmez-vous !

a. Jouez la scène originale ou proposez une adaptation (modifiez le problème rencontré ou adaptez la situation à la culture de votre pays).

b. Distribuez les rôles.

c. Installez un décor, choisissez des accessoires et filmez-vous.

➤ Partagez vos films sur le groupe de la classe et votez pour le meilleur.

Je ne jure que par elles ! : Je n'en achète pas d'autres. • *Si je peux me permettre...* : Vous me permettez d'intervenir. • *Mettez m'en deux !* : J'en prendrai deux ! • *Vous m'en direz des nouvelles !* : Vous me direz ce que vous en pensez. • *Ça marche.* : D'accord. **Doc. 9** : *J'en peux plus !* : J'en ai assez ! • *Ça me saoule !* : Ça m'agace ! • *Alors, oui mais non !* : Je ne suis pas d'accord. • *Pour le coup...* : Pour cette fois... • *Archi-* : préfixe qui sert à exprimer le degré extrême.

culture(s)

  ## La BnF

La Bibliothèque nationale de France ou Bibliothèque François Mitterrand, construite en 1995 à l'initiative de François Mitterrand (président de la République de 1981 à 1995), est la plus grande bibliothèque de France. On y retrouve de nombreuses expositions consacrées au monde des livres, à la photographie, à l'histoire et à la géographie. Elle est située à Paris au bord de la Seine, dans le 12e arrondissement. Son architecture, composée de quatre bâtiments représentant des livres ouverts est très prisée des photographes.

 ## Edgar Degas (1834-1917)

Edgar Degas est un peintre, sculpteur et photographe français, né à Paris.

En 1874, il organise la première exposition des impressionnistes avec des peintres comme Monet, Cézanne ou Morisot. Il y présente ses œuvres illustrant les ballerines de l'Opéra de Paris. Contrairement aux autres peintres impressionnistes, il déteste la peinture en extérieur. Passionné par l'étude du mouvement, il s'attache à tous les motifs qui représentent la vie : la danse, des scènes de café, des courses hippiques…

« Aucun art n'est aussi peu spontané que le mien. Ce que je fais est le résultat de la réflexion et de l'étude des grands maîtres. »

La Classe de danse, Edgar Degas, 1874.

 ## France Culture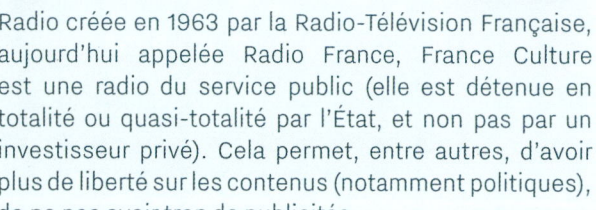

Radio créée en 1963 par la Radio-Télévision Française, aujourd'hui appelée Radio France, France Culture est une radio du service public (elle est détenue en totalité ou quasi-totalité par l'État, et non pas par un investisseur privé). Cela permet, entre autres, d'avoir plus de liberté sur les contenus (notamment politiques), de ne pas avoir trop de publicités…

En plus de l'information (*Les Matins*), France Culture diffuse des émissions sur l'histoire (*Le cours de l'Histoire*), sur la philosophie (*Avec philosophie*), mais également des fictions (*Samedi fiction*), etc.

 ## Adèle Exarchopoulos (née en 1993)

Adèle Exarchopoulos est une actrice française qui s'est fait connaître grâce à *La Vie d'Adèle*, réalisé par Abdellatif Kechiche. Ce film obtient la Palme d'or à Cannes et l'actrice reçoit le César du meilleur espoir féminin.

Dans le film *Rien à foutre*, elle interprète le rôle d'une jeune hôtesse de l'air qui fait face à un rythme de travail soutenu, entre ses heures de vols et ses escales au bout du monde. Ce film dépeint la génération Y, tiraillée entre consommation, fuite, fantasme et solitude.

Ressources

 ## Hermès et la mode en France

La mode occupe une place importante en France grâce à de nombreuses maisons de renom telles que Dior, Saint-Laurent ou Hermès.

Hermès a construit sa réputation sur son savoir-faire en maroquinerie (et particulièrement en sellerie) que la marque perpétue depuis 1837. Elle s'est ensuite progressivement orientée vers d'autres secteurs, tels que le vêtement.

 ## Édouard Louis (né en 1992)

Édouard Louis au Salon du livre de Francfort, 2017.

Édouard Louis est un auteur français de plusieurs romans d'inspiration autobiographique, reconnus par la critique. Son œuvre évoque son parcours difficile d'homosexuel né dans un milieu social très défavorisé. Engagé, il livre une vision critique de la société contemporaine et aborde de nombreux thèmes tels que l'homophobie, le statut de la femme, les maladies du travail.

 ## France Info

France Info est une radio d'information en continu appartenant au groupe Radio France. Elle a été créée à la fin des années 1980.

Elle diffuse des journaux et des chroniques à intervalles réguliers et permet ainsi d'être informé de l'actualité quelle que soit l'heure.

Depuis 2016, France Info est également une chaîne de télévision.

 ## *Le Parisien*

Le Parisien est le premier quotidien parisien et le premier quotidien national d'information. En Île-de-France, il existe 10 éditions locales correspondant à chacun des 10 départements de la région. La version nationale *Aujourd'hui en France* est distribuée chaque jour dans le reste de la France.

Un supplément mensuel a vu le jour en 2008 : *La Parisienne*.

Fondé en 1944, il s'inscrivait à l'époque comme un journal de la Résistance et portait alors le nom de *Parisien libéré*.

Unité 3

 ## Plantu (né en 1951)

Plantu est un dessinateur de presse et caricaturiste. Il a débuté au journal *Le Monde* dans les années 1970. À partir de 1985, ses dessins figurent sur les Unes quotidiennes du journal. Il a publié près de 20 000 dessins en 40 ans qui retracent l'histoire contemporaine et ont contribué à l'identité du journal.

En Une du *Monde*, il rappelle que faire rire ou sourire, est une liberté qui ne peut servir de prétexte pour s'enfermer dans ses obsessions, opposer des groupes humains ou désigner des ennemis. (*Le Monde*, 2 avril 2021)

Le caricaturiste français Plantu participe à l'inauguration de l'exposition « Cartooning for Peace » à la Maison des métallos, à Paris, en France, le 26 novembre 2012.

Culture(s)

 ## Sébastien Bohler
(né en 1970)

Sébastien Bohler est docteur en neurobiologie et rédacteur en chef de la revue *Cerveau et Psycho*.

Son essai *Human Psycho* donne accès au grand public à ce domaine de recherche grâce à la vulgarisation scientifique. Sébastien Bohler y analyse les comportements actuels de l'humanité (dérèglement climatique, pandémie…) et les compare à un seul et immense cerveau convaincu de sa supériorité, inconscient des conséquences de ses actes.

  ## France Inter

France Inter est une radio généraliste du service public appartenant au groupe Radio France. Fondée en 1947, elle est classée, depuis plusieurs années, première radio de France. Plusieurs émissions phares ont fait le succès de cette station, notamment *Le Masque et la Plume* (consacrée à la critique de livres, pièces de théâtre ou films), *Le téléphone sonne* (qui aborde chaque soir en direct un thème de l'actualité et permet aux auditeurs d'intervenir par téléphone), *La terre au carré* (qui se consacre à la vulgarisation scientifique en mettant l'accent sur l'écologie, le climat) ou encore des émissions plus humoristiques sur l'actualité culturelle telles que *C'est encore nous*…

Unité 4

 ## Erik Orsenna (né en 1947)

 Erik Orsenna est l'auteur de nombreux romans dont *La Grammaire est une chanson douce*. Il est également un Immortel depuis 1998, c'est-à-dire un membre de l'Académie française, institution dont la mission est de veiller à la défense de la langue française. Il milite pour la justesse des mots et le respect des règles, et souligne l'influence des langues étrangères sur la langue française, notamment à travers son essai *Les Mots immigrés*.

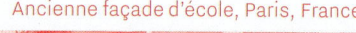
Ancienne façade d'école, Paris, France.

 ## Jules Ferry (1832-1893)

Jules Ferry est un homme politique français qui a été maire de Paris, député et ministre de l'Instruction publique. C'est dans le cadre de ces dernières fonctions qu'il dépose plusieurs projets de loi ayant pour but « la gratuité, l'obligation, la laïcité » de l'école. La gratuité sera votée en 1881, ce qui permet de généraliser l'enseignement à toutes les catégories de la population. L'obligation de l'enseignement (de 6 à 13 ans) et la laïcité seront mises en place en 1882.

Les cours deviennent mixtes en 1970, l'âge obligatoire de scolarisation est étendu à 14 ans en 1936 puis à 16 ans en 1959. C'est encore le cas aujourd'hui.

De nombreux établissements scolaires portent aujourd'hui son nom.

  ## Le Mouv'

Le Mouv' est une radio publique du groupe Radio France créée en 1997. C'est une station consacrée à la musique et notamment au rock indépendant, au métal, à l'électro, au hip-hop et à la chanson française.

Elle diffuse des titres internationaux mais aussi français, sachant qu'une loi impose, depuis 1996, un taux minimal de 40 % de chansons francophones et 20 % de nouveautés ou d'artistes émergents.

Ressources

Atiq Rahimi
(né en 1962)

Atik Rahimi est un auteur et un réalisateur afghan ayant obtenu l'asile culturel en France en 1984. Il oscille entre le français et le persan dans son œuvre, qui mêle à la fois comptines pour enfants, romans, journal intime écrit avec sa fille.

Il a obtenu le prix Goncourt pour son premier roman écrit en français : *Syngué Sabour, pierre de patience*.

Le Prix Goncourt

Le Prix Goncourt est un prix littéraire qui récompense les auteurs d'expression française. Son lauréat gagne un chèque de… 10 euros. Ce sont surtout les droits d'auteur liés à la quantité de livres vendus qui permettent à l'auteur et à la maison d'édition de tirer profit de ce prix.

La saison de remise des prix coïncidant avec la fin d'année, les livres primés sont très nombreux sous le sapin des Français !

Le Boloss des belles lettres

Le Boloss des belles lettres est une série de vidéos animées par Jean Rochefort (1930-2017), acteur populaire français. L'expression familière « boloss » qui signifie personne peu courageuse, stupide, donne le ton de ces vidéos humoristiques. En effet, Jean Rochefort résume les grands classiques de la littérature, de l'*Odyssée* d'Homère à *American Psycho* de Bret Easton Ellis en passant par *Notre-Dame de Paris* de Victor Hugo, dans un français « de rue », mêlant expressions en verlan, argot et registre plus soutenu.

Le Petit Prince,
Antoine de Saint-Exupéry (1900-1944)

L'œuvre littéraire la plus traduite à travers le monde (en 382 langues !) est le conte d'Antoine de Saint-Exupéry, *Le Petit Prince*. Le narrateur, un aviateur perdu dans le désert, raconte sa rencontre avec un jeune enfant, descendu de son astéroïde B612. Parmi les phrases les plus connues des Français, on retrouve les premiers mots de l'enfant : « *S'il vous plaît, dessine-moi un mouton* ».

Antoine de Saint-Exupéry était lui-même aviateur pour l'Aéropostale (qui transportait le courrier) puis pour l'armée française. Il entra dans la Résistance pendant la seconde guerre mondiale. Il disparut en mer, au large des côtes marseillaises, lors d'un vol.

Le rap français

Ce n'est qu'au début des années 1990 que le rap se popularise auprès du grand public en France, 20 ans après sa création aux États-Unis. Des artistes tels que MC Solaar, les groupes parisien NTM ou marseillais IAM ont grandement participé à la renommée du genre. Si le rap français a été continuellement influencé par ses origines américaines, il a su trouver une identité propre, entre revendications politiques et sociales liées aux problématiques francophones. C'est aujourd'hui le genre musical le plus écouté en France, avec des têtes d'affiches tels que Ninho, Orelsan, Lomepal…

Le groupe de rap IAM, lors d'un concert au Bataclan, à Paris en 2010.

MC Solaar (né en 1969) fait partie des figures historiques du rap en France. Il est considéré comme l'un des premiers rappeurs au début des années 1990. Notamment reconnu pour des textes aux jeux de mots subtils et son goût pour la philosophie, MC Solaar a su séduire tous les publics avec des titres comme *Caroline, Victime de la mode* ou encore *Bouge de là*, premier grand succès du rap français en 1990 (qui marquera toute une génération).

Culture(s)

La Déclaration des droits de l'homme et du citoyen

La Déclaration des droits de l'homme et du citoyen est un texte fondamental de la Révolution française de 1789. Il rassemble les droits naturels des citoyens. Tous les écoliers français en apprennent l'article 1 : « Les hommes naissent et demeurent libres et égaux en droits. » C'est ainsi que l'on surnomme généralement la France : le « pays des droits de l'Homme ».

Récemment, plusieurs campagnes ont appelé à remplacer les mots « Droits de l'homme » par « Droits humains » afin de respecter l'égalité des sexes.

Les institutions françaises

Le Parlement

Le Parlement français est bicaméral, cela signifie qu'il est composé de :

- **l'Assemblée nationale** (palais Bourbon), née de la Révolution de 1789. Y siègent 577 députés élus au suffrage universel direct ;
- **le Sénat** (palais du Luxembourg), créé en 1875, où 348 sénateurs et sénatrices sont élus au suffrage universel indirect. Celui-ci est chargé par la Constitution de représenter les collectivités territoriales de la République.

Les deux assemblées, ou chambres, votent les lois et contrôlent les actions du gouvernement.

L'Assemblée nationale dispose de pouvoirs plus étendus que ceux du Sénat. En effet, elle seule peut refuser sa confiance au gouvernement.

Chaque mercredi, la séance de questions au gouvernement est retransmise en direct à la télévision.

L'Assemblée nationale.

Le Sénat.

La préfecture

C'est à Napoléon Bonaparte, le 17 février 1800, que l'on doit la création de la fonction de préfet dans chaque département français.

Une préfecture représente l'État sur chaque territoire. Les préfets et préfètes sont nommé(e)s en conseil des ministres par décret du président de la République. La préfecture a en charge les intérêts nationaux, le contrôle administratif et le respect des lois. C'est dans cette institution que vous pourrez faire votre demande de carte de séjour, de visa, ou déposer un dossier de naturalisation.

La presse régionale
(La Dépêche)

Chaque région française dispose d'une presse régionale lue par plusieurs millions de personnes quotidiennement. Elle relate les événements importants qui ont eu lieu dans la région, sur un ton globalement neutre et assez peu politisé afin de toucher un large public.

La Dépêche du Midi, souvent nommée *La Dépêche*, fait partie de la presse régionale quotidienne. Ce journal est diffusé dans neuf départements de la région Occitanie.

Carte de France de la presse quotidienne régionale.

Ressources

Unité 6

Le Drenche

Créé en 2015, le Drenche est le 1er média des 18-35 ans en France, dédié aux débats de société et favorisant l'engagement citoyen. Le concept de cette publication gratuite est de présenter des articles d'opinion contradictoires, écrits par des spécialistes, sur des sujets d'actualité. Le titre est un mot-valise : DRoite, cENtre, gauCHE. Il existe en version papier et en ligne.

Le dessin de presse y est présent dans la rubrique « Salut Pigeons ! » : deux oiseaux qui commentent l'actualité avec humour.

Europe 1

C'est une des principales stations de radio généralistes françaises. Créée dans les années 1950, elle fait partie de ce qu'on appelle les radios commerciales (les ressources proviennent essentiellement de la publicité).

Elle était la plus populaire dans les années 1970, mais son audience diminue depuis vingt ans. Sa principale concurrente est France Inter.

La BD

En France, la bande dessinée est considérée comme le 9e art (derrière l'architecture, la littérature, le cinéma…). Elle représente à peu près 10 % du chiffre d'affaires de l'édition.

Depuis 1974, il existe un grand festival annuel de la bande dessinée, qui se tient à Angoulême. Chaque année, un(e) auteur(e) se voit couronné(e) du Grand prix d'Angoulême, ce qui lui assure des ventes considérables.

Enki Bilal a gagné ce prix, à 35 ans, en 1987. Né à Belgrade, Enki Bilal est arrivé en France à l'âge de 10 ans où sa famille s'était réfugiée. Dans ses bandes dessinées, aux traits souvent très sombres, il explore les thèmes de la technologie, du pessimisme, de l'écologie ou encore de la mémoire.

Une librairie à Toulouse, France.

Unité 7

Daniel Pennac (né en 1944)

Daniel Pennac, de son vrai nom Daniel Pennacchioni, est un écrivain français. Il a également écrit des scénarios pour le cinéma, de la littérature jeunesse et des bandes dessinées. Anticonformiste, il publie des ouvrages drôles et émouvants.

« J'étais un cancre gai. C'est ce qui m'a sauvé. »

Grand amateur de livres audio, il a lui-même enregistré plusieurs de ses livres, notamment pour l'association *Lire dans le noir*.

Daniel Pennac en conférence à Pordenone, en Italie.

Robert Doisneau (1912-1994)

Robert Doisneau est un photographe qui capte des moments de la vie ordinaire et les transforme en photos extraordinaires. Prises sur le vif ou quelquefois mises en scène, elles montrent toujours l'humanité. Il disait qu'il tombait amoureux de ce qu'il voyait. Pour lui, une photo est toujours un moment de bonheur. Certains disent que c'est un poète du quotidien.

« *Toute ma vie, je me suis amusé, je me suis fabriqué mon petit théâtre.* »

Affiche de Robert Doisneau lors d'une exposition de ses photos à Malaga, en Espagne.

Aya Cissoko (née en 1978)

Aya Cissoko est boxeuse, écrivaine et comédienne. Ses quatre livres retracent le parcours de sa vie et de ses origines. Dans *N'ba* (2016), Aya Cissoko raconte la vie de sa mère et ce que cette dernière lui a transmis. Elle parle de sa passion dans *Boxe* (2020), livre photos sur l'histoire de la boxe. Dans son ouvrage, *Au nom de tous les tiens* (2022), l'écrivaine médite sur l'identité et l'expérience des immigrés en France, sous forme de lettre à sa fille.

Culture(s)

 ## L'École Normale Supérieure – ENS

L'ENS date de la fin du 18e siècle. Son enseignement est marqué par l'esprit des Lumières. Il s'agissait d'y apprendre « l'art d'enseigner ».

L'ENS fait partie de ce qu'on appelle les Grandes Écoles. L'entrée, très sélective, se fait sur concours ; une classe préparatoire aux grandes écoles est généralement suivie en amont pour s'y préparer.

Les normaliens reçoivent un salaire et signent ce qu'on appelle un contrat décennal, les obligeant à travailler pour l'État pendant dix ans.

 ## L'enseignement

Les élèves et leurs parents ont la possibilité de choisir un établissement public ou privé, soumis au contrôle de l'État. Dans les établissements publics, l'enseignement est gratuit.

L'école est obligatoire en France dès l'âge de 3 ans et jusqu'à 16 ans. L'enseignement se découpe en différents cycles : de 3 à 5 ans, les enfants vont à l'école maternelle, ils sont ensuite scolarisés pendant 5 ans à l'école primaire. De 11 à 15 ans, les adolescents vont au collège, puis au lycée où ils passent leur baccalauréat l'année de leurs 18 ans.

 ## Jean-Paul Gaultier (né en 1952)

Jean-Paul Gaultier est un styliste et grand couturier, né à Bagneux. C'est un précurseur de la mode « gender fluid ». Si, aujourd'hui la génération Z (personnes nées après 1995) veut en finir avec la binarité homme-femme, au début des années 1990 Jean-Paul Gaultier avait fait le buzz en faisant défiler les hommes en jupe.

« J'aime inverser les rôles, briser les codes établis qui n'ont plus de sens aujourd'hui. Je ne crois pas que les tissus aient un sexe, pas plus que certains vêtements. »

Sculpture de Jean-Paul Gaultier, au musée de cire Madame Tussauds.

 ## Le droit du travail

Le droit du travail est l'ensemble des règles juridiques entre un employé et son employeur. En France, il s'agit d'un droit constitutionnel. Les différents textes de loi sont regroupés dans un épais livre rouge, le Code du travail.

Depuis le 1er janvier 2002, la durée légale du temps de travail est de 35 heures par semaine. Les heures supplémentaires peuvent être compensées par des jours de repos que l'on appelle RTT (réduction du temps de travail).

Le télétravail a connu un véritable essor avec la pandémie de Covid-19 et les différents confinements. Cette pratique met toutefois en avant la question du droit à la déconnexion pour les employés, dont la France est pionnière.

 ## Gustave Flaubert (1821-1880)

Gustave Flaubert est un auteur réaliste du 19e siècle, célèbre notamment pour son roman *Madame Bovary*. Publié en 1856, il déclenche les foudres de la censure, et conduit Flaubert devant la justice, pour immoralité. L'auteur sera finalement acquitté. La lecture des œuvres de Gustave Flaubert est souvent proposée en seconde ou en première pour le bac de français.

Gustave Flaubert.

 ## Voutch (né en 1958)

Avant de devenir un dessinateur humoristique, Voutch a longtemps travaillé dans une agence de publicité. C'est à partir des années 1995 qu'il commence à publier ses dessins dans de nombreux magazines français tels que *Le Point*, *Psychologies* ou *Madame Figaro*. Ses dessins mêlent l'absurde à la critique du monde contemporain.

Ressources

Marie Claire
et la presse féminine

La presse féminine est présente en France dès le 17e siècle et se développe en fonction de l'évolution des droits des femmes. La période entre les deux guerres mondiales marque un tournant car les femmes occupent une place de plus en plus importante dans le monde professionnel. C'est à cette période qu'est né le mensuel *Marie Claire*. Inspiré des magazines américains, *Marie Claire* laisse une place importante à la beauté et à la mode. Depuis quelques décennies, les questions de société font également partie de sa ligne éditoriale.

Unité 9

Annie Ernaux

(née en 1940)

Annie Ernaux est professeure de lettres et écrivaine française. Le prix Nobel de littérature qui lui a été attribué en 2022 a permis de mettre la lumière sur une littérature plus sociale. En effet, jeune fille née dans une famille modeste, elle évoque son « transfuge de classe » : le passage vers des classes sociales plus favorisées où la culture et la pensée intellectuelle occupent une place centrale.

Parmi ses romans les plus célèbres, on retrouve *La Place* (1984), roman autobiographique où elle évoque, dans une écriture qu'elle qualifie de « plate », la vie de son père et sa propre vie au sein de sa famille.

Les partis politiques

Les partis politiques tels que nous les connaissons aujourd'hui n'apparaissent qu'au début du 20e siècle. Ils vont de l'extrême gauche à l'extrême droite en passant par les centristes.

La distinction « droite » ou « gauche » apparaît au début de la Révolution française, en 1789. Les députés en faveur du roi devaient se positionner à sa droite tandis que ceux qui y étaient opposés devaient se positionner à sa gauche.

Aujourd'hui encore, ce clivage est principalement basé sur les notions de progressisme pour la gauche ou de conservatisme pour la droite.

Contrairement à d'autres pays, en France, une personne « libérale » est considérée de droite.

Le Féminisme en France

Le féminisme naît officiellement au 20e siècle, avec la création en 1970 du *Mouvement de libération des femmes* (MLF). Plusieurs auteurs avaient toutefois déjà dénoncé les différences entre hommes et femmes dès le 15e siècle… En 1974, un secrétariat d'État à la condition féminine (actuel ministère chargé du Droit des femmes) est mis en place en France et, en 1999, la parité est votée dans le domaine politique. De nouvelles militantes apparaissent à la fin des années 2000 et de nombreuses publications, à la fois à travers les réseaux sociaux mais également au niveau littéraire, ont vu le jour.

De nombreuses figures incarnent ce mouvement dont Virginie Despentes, auteure engagée de plusieurs romans.

Libération

Communément appelé « Libé », *Libération* est un quotidien fondé en 1973 sous la protection de Jean-Paul Sartre. Orienté à gauche, il est réputé pour les jeux de mots de ses unes et son caractère engagé. Parmi elles : *La vie en bleu* (qui paraphrase la célèbre chanson d'Édith Piaf : *La Vie en rose*, et qui fait référence à la victoire de la Coupe du monde de football, en 1998), ou encore une photo de la cathédrale de *Notre-Dame de Paris*, en feu associée au gros titre : *Notre Drame*, le lendemain de l'incendie de Notre-Dame à Paris en 2019.

DELF B2

I. COMPRÉHENSION DE L'ORAL — 25 POINTS

Vous allez écouter plusieurs documents. Avant chaque écoute, vous entendez le son suivant 🔔. Pour répondre aux questions, cochez la bonne réponse.

Exercice 1 — Comprendre les informations essentielles d'un document radiophonique — 9 points

Vous allez écouter deux fois un document.
Vous écoutez une émission à la radio.

🎧 195 **Lisez les questions. Écoutez le document puis répondez.**

1. D'après le journaliste, qu'est-ce qui constitue un symbole social pour les Français ? *(1 point)*
   - ☐ a. Résider en centre-ville.
   - ☐ b. Habiter dans un lotissement.
   - ☐ c. Posséder une maison individuelle.

2. Que pense la ministre du Logement à propos de la maison individuelle ? *(1,5 point)*
   - ☐ a. Elle pense qu'il faut réguler la construction de ces maisons.
   - ☐ b. Elle pense qu'il faut intensifier la construction de ces maisons.
   - ☐ c. Elle pense qu'il faut abandonner la construction de ces maisons.

3. Pour Héloise Leussier, que provoque la construction de nouveaux logements ? *(1 point)*
   - ☐ a. Cela fait revivre les zones rurales.
   - ☐ b. Cela favorise la croissance des villes.
   - ☐ c. Cela entraîne l'éloignement des citadins de la ville.

4. Pour Héloise Leussier, quelles sont les conséquences de l'étalement urbain ? *(1,5 point)*
   - ☐ a. Les déplacements routiers augmentent.
   - ☐ b. De plus en plus de Français souhaitent quitter la ville.
   - ☐ c. Les professionnels du bâtiment intensifient les constructions.

5. Selon Sylvain Grisot, qu'est-ce qu'il faut remettre en question ? *(1 point)*
   - ☐ a. Le modèle de ville.
   - ☐ b. L'éloignement des logements.
   - ☐ c. Le choix d'habitation des Français.

6. Comment Sylvain Grisot considère-t-il l'engouement des Français pour le pavillon ? *(1,5 point)*
   - ☐ a. Il s'agit d'un choix sensé.
   - ☐ b. Il s'agit d'un choix légitime.
   - ☐ c. Il s'agit d'un choix irresponsable.

7. Selon Brian Padilla, quand peut-on dire qu'un espace est artificialisé ? *(1,5 point)*
   - ☐ a. Lorsque l'écosystème est menacé.
   - ☐ b. Lorsque l'occupation urbaine est maîtrisée.
   - ☐ c. Lorsque la diversité du territoire est préservée.

DELF B2

◀ **Exercice 2** Comprendre les informations essentielles d'un document radiophonique

9 points

**Vous allez écouter deux fois un document.
Vous écoutez une émission à la radio.**

🎧 196 **Lisez les questions. Écoutez le document puis répondez.**

1. Quelle définition correspond le mieux au *quiet quitting*, la démission discrète ? `1,5 point`
   - ☐ a. Les salariés abandonnent leur emploi sans préavis.
   - ☐ b. Les salariés choisissent les tâches qu'ils vont réaliser.
   - ☐ c. Les salariés limitent leur travail aux clauses de leur contrat.

2. Qu'est-ce qui a poussé Isabelle à adopter ce comportement ? `1 point`
   - ☐ a. L'absence d'intérêt pour son travail.
   - ☐ b. Les relations difficiles avec ses collègues.
   - ☐ c. L'indifférence de l'entreprise à l'égard de ses résultats.

3. Selon Isabelle, qui est touché par ce phénomène ? `1 point`
   - ☐ a. Les employés de tous âges.
   - ☐ b. Les employés les plus âgés.
   - ☐ c. Les employés les plus jeunes.

4. Pour quelle raison Oscar a-t-il changé sa façon de travailler ? `1,5 point`
   - ☐ a. Il cherchait un équilibre de vie.
   - ☐ b. Il préférait se consacrer à ses passions.
   - ☐ c. Il ne comprenait plus le sens de son travail.

5. Selon l'association nationale des DRH, qu'est-ce qui est à l'origine de ces comportements ? `1 point`
   - ☐ a. Les salaires trop bas.
   - ☐ b. La crise de la Covid 19.
   - ☐ c. L'absence de perspectives.

6. Qu'est-ce qui préoccupe les entreprises confrontées à ce phénomène ? `1,5 point`
   - ☐ a. La dévalorisation des emplois.
   - ☐ b. La perte de salariés compétents.
   - ☐ c. La propagation de ces comportements.

7. Comment Marie-Anne Dujarier analyse-t-elle ce phénomène ? `1,5 point`
   - ☐ a. Elle pense que sa diffusion est très rapide.
   - ☐ b. Elle pense que cela va provoquer des pertes d'emplois.
   - ☐ c. Elle pense qu'il est encore difficile d'évaluer son ampleur.

DELF B2

Exercice 3 Comprendre des conversations et des annonces

[7 points]

🎧 197 **Vous allez écouter une fois trois documents.**

Document 1 Lisez les questions. Écoutez le document puis répondez.

1. En quoi consiste l'activité de Jérôme Sueur dans la forêt guyanaise ? [1,5 point]
   - ☐ a. Il recense la variété sonore de la forêt guyanaise.
   - ☐ b. Il relève la densité végétale de la forêt guyanaise.
   - ☐ c. Il catalogue les espèces animales de la forêt guyanaise.

2. Que cherche à découvrir Jérôme Sueur en ce qui concerne les oiseaux ? [1 point]
   - ☐ a. L'influence de la forêt sur le chant des oiseaux.
   - ☐ b. L'impact des saisons sur la présence des oiseaux.
   - ☐ c. L'importance de la végétation sur la vie des oiseaux.

Document 2 Lisez les questions. Écoutez le document puis répondez.

3. Quelle est l'idée fondatrice de la marque Asphalte ? [1 point]
   - ☐ a. Proposer des vêtements à des prix avantageux.
   - ☐ b. Produire des modèles vestimentaires durables.
   - ☐ c. Développer des vêtements faciles à reproduire.

4. Quel est l'un des objectifs poursuivis par la marque Hopaal ? [1,5 point]
   - ☐ a. Favoriser la production de vêtements à l'étranger.
   - ☐ b. Corriger les modèles de consommation en termes de mode.
   - ☐ c. Promouvoir les fibres naturelles pour la fabrication des vêtements.

Document 3 Lisez les questions. Écoutez le document puis répondez.

5. Comment Tom Chevalier explique-t-il l'abstention des jeunes ? [1 point]
   - ☐ a. Elle dépend en grande partie des origines sociales.
   - ☐ b. Elle est due à l'indifférence des jeunes pour la politique.
   - ☐ c. Elle est liée à leur instabilité personnelle et professionnelle.

6. Par rapport au vote, quelle différence de comportement Tom Chevalier met-il en évidence ? [1 point]
   - ☐ a. Les plus âgés sont plus engagés politiquement que les jeunes.
   - ☐ b. Les jeunes votent si c'est utile alors que les âgés votent par devoir.
   - ☐ c. Les jeunes ne sont plus capables de se mobiliser contrairement aux plus âgés.

DELF B2

II. COMPRÉHENSION DES ÉCRITS — 25 POINTS

Exercice 1 — Comprendre un texte informatif ou argumentatif — 9 points

Vous lisez cet article sur le site Internet d'un journal francophone.

Des projets numériques au service de l'économie circulaire

L'entreprise suédoise Renewcell veut utiliser sa technologie brevetée de déchiquetage de vieux vêtements pour rendre l'industrie de la mode plus durable.

Tout commence par une petite robe jaune née d'une vieille paire de jeans jetée à la poubelle. Il y a sept ans, elle a été le premier vêtement entièrement fabriqué à partir de tissu recyclé par Renewcell, alors une toute nouvelle entreprise. « Cette robe a provoqué une véritable révolution », affirme Tahani Kaldéus, responsable chez Renewcell. « Elle a changé la manière dont la mode est consommée. »

Lorsqu'elle a dévoilé sa robe jaune lors d'un défilé de mode en juin 2014, la société de recyclage textile de Stockholm a reçu de nombreux éloges. D'apparence parfaitement identique à celle de n'importe quelle robe achetée dans un magasin de mode, la technologie de fabrication utilisée en faisait pourtant une robe à part.

Renewcell est l'une des premières entreprises à transformer de vieux vêtements en nouveaux textiles grâce à un processus de recyclage chimique respectueux de l'environnement. L'entreprise veut montrer au monde que des vêtements recyclés peuvent séduire. Elle fait appel à une technologie brevetée qui permet de déchiqueter et de décomposer les vêtements en une pâte qui est ensuite transformée en fibres puis en fil. « Les vêtements fabriqués à partir de matériaux recyclés existent depuis déjà un certain temps », rappelle Harald Cavalli-Björkman, directeur du marketing chez Renewcell. « De nombreux vêtements recyclés sont fabriqués à partir de bouteilles recyclées. Mais nous sommes les pionniers du recyclage de textile à textile. Nous utilisons d'anciens vêtements pour en fabriquer de nouveaux, de la même qualité. » Cette robe jaune constitue le tout premier vêtement produit à partir de textiles de post-consommation, 100 % recyclés par processus chimique. Ce processus contribue également à préserver le climat et l'environnement.

Comme d'autres fabricants de tissus, l'entreprise utilise de la cellulose extraite de déchets textiles et non du bois. Elle contribue ainsi à réduire la déforestation, protège les habitats et prévient la perte de biodiversité. Plus de la moitié des vêtements jetés à la poubelle en Europe finissent dans une décharge ou sont incinérés, contre seulement 1 % qui sont recyclés. Nous devons donc changer impérativement la façon dont nous traitons de précieuses ressources naturelles. Renewcell a déjà aidé de grands noms du prêt-à-porter à lancer des milliers d'articles fabriqués à partir de vêtements recyclés ». La production de textiles naturels tels que le lin et le coton nécessite en effet beaucoup d'eau. « La population mondiale augmente et tout le monde a besoin de vêtements », affirme Céline Rottier, de la Banque européenne d'investissement. « Mais l'industrie de la mode doit devenir plus durable et plus résiliente à l'avenir. La réutilisation et le recyclage sont les seules voies d'accès à un modèle de production circulaire. »

D'après Ester Mauro, *La mode ferme la boucle*, 2021, eib.org

Pour répondre aux questions, cochez la bonne réponse.

1. Pourquoi peut-on affirmer que l'entreprise Renewcell est particulièrement novatrice ? *(1,5 point)*
   - ☐ a. Elle confectionne de nouveaux jeans avec des vieux.
   - ☐ b. Elle produit de nouveaux textiles à partir de vieux vêtements.
   - ☐ c. Elle déchiquette les vêtements avant de les mettre à la poubelle.

2. Qu'est-ce qui fait de la robe présentée en 2014 un vêtement original ? *(1 point)*
   - ☐ a. Sa forme.
   - ☐ b. Sa couleur.
   - ☐ c. Sa matière.

DELF B2

3. Comment la technologie de Renewcell contribue-t-elle à la protection de l'environnement ? `1,5 point`
- ☐ a. Elle n'utilise que du bois.
- ☐ b. Elle consomme peu d'énergie.
- ☐ c. Elle réutilise les déchets textiles.

4. Qu'est-ce qui montre le retard de l'Europe en matière de recyclage textile ? `1 point`
- ☐ a. La majorité des vêtements finissent dans les décharges.
- ☐ b. Beaucoup de vêtements sont issus de bouteilles en plastique.
- ☐ c. Les vêtements recyclés ne plaisent pas aux consommateurs.

5. Pourquoi peut-on affirmer que l'innovation de Renewcell connaît un réel succès ? `1 point`
- ☐ a. Certaines marques de vêtements ont commencé à utiliser cette innovation.
- ☐ b. Certaines marques de vêtements ont complètement abandonné les fibres naturelles.
- ☐ c. Certaines marques de vêtements ont commencé à produire ces nouvelles fibres textiles.

6. Qu'est-ce qui rend urgent l'intensification du recyclage textile ? `1,5 point`
- ☐ a. L'intérêt pour la mode.
- ☐ b. Le coût des fibres naturelles.
- ☐ c. L'augmentation démographique.

7. D'après Céline Rottier, quelle évolution devrait suivre le monde de la mode ? `1,5 point`
- ☐ a. La mode devrait réduire le coût des vêtements.
- ☐ b. La mode devrait privilégier les textiles naturels.
- ☐ c. La mode devrait promouvoir le recyclage textile.

Exercice 2 Comprendre un texte informatif ou argumentatif `9 points`

Vous lisez cet article sur le site Internet d'un journal francophone.

La « pédagogie inversée » est-elle efficace ?

La grande majorité des articles de recherche au niveau international montre que, lorsque les élèves en pédagogie inversée obtiennent de meilleurs résultats que les élèves en milieu traditionnel, l'ampleur de l'effet est habituellement assez modeste. Donc, le seul enseignement qu'on peut en tirer est que la pédagogie inversée ne fait pas de mal.

Quel engagement de la part des élèves ? L'engagement désigne chez les élèves une participation active et intentionnelle dans leur processus d'apprentissage. Une des façons de le mesurer est l'assiduité en classe. À cet égard, l'apprentissage inversé montre qu'il est fortement corrélé à l'amélioration de l'assiduité en classe, une étude faisant état d'une augmentation de 30 % à 80 % de l'assiduité entre les classes traditionnelles et inversées. L'autre question d'engagement, plus courante, est celle de savoir si les élèves font les activités préalables à la classe. À ce propos, les résultats sont mitigés. Cela dépend de la mise en œuvre. Les élèves ont tendance à faire les tâches avant le cours et à en tirer des leçons lorsqu'elles sont structurées, qu'elles ont une valeur évidente pour les activités en classe et qu'elles sont intégrées à ces activités et non pas seulement à un travail supplémentaire.

En général, les élèves tendent à être plus satisfaits de la pédagogie inversée que des méthodes traditionnelles, surtout parce qu'elle met l'accent sur l'apprentissage actif. Ils apprécient d'avoir plus de temps pour le travail de groupe, plus d'expérience pour communiquer leurs idées, plus d'interaction avec leurs amis, plus d'attention de la part de l'enseignant et un sentiment accru d'appartenance et d'autonomisation. Cependant, avec le temps, ces avantages tendent à s'estomper. Les élèves ont souvent des opinions très négatives sur la pédagogie inversée lorsqu'elle est introduite pour la première fois, certains persistant dans cette opinion tout au long du cours. En d'autres termes, tout en étant conscients des avantages de la pédagogie inversée, ils veulent quand même revenir au cours magistral traditionnel.

La clé de la réussite de la pédagogie inversée réside d'un côté dans la communication avec les élèves. Il faut être clair sur les attentes concernant leur travail et pourquoi la classe est organisée comme elle l'est, en s'assurant qu'ils savent ce qu'ils sont censés faire et pourquoi ils le font, solliciter constamment leurs commentaires et y donner suite, leur offrir un soutien indéfectible et les aider à réussir. De l'autre, et la recherche confirme ce qui est le simple bon sens : les enseignants ont besoin du soutien des établissements en termes de temps, d'argent et de formation. La mise en œuvre est cruciale : des cours de pédagogie inversée mal conçus donneront presque toujours de mauvais résultats.

D'après Romuald Normand, *La « pédagogie inversée » est-elle efficace ?*, 2020, innoedulab

Pour répondre aux questions, cochez la bonne réponse.

1. Qu'est-ce qu'ont montré les recherches menées sur les effets de la pédagogie inversée ? (1,5 point)
   - ☐ a. La pédagogie inversée est inoffensive.
   - ☐ b. Les élèves obtiennent de meilleures notes.
   - ☐ c. La pédagogie inversée comporte des risques.

2. Quel est l'effet de la classe inversée sur la présence des élèves en classe ? (1 point)
   - ☐ a. Elle diminue.
   - ☐ b. Elle augmente.
   - ☐ c. Elle se maintient.

3. À quelle condition les élèves effectuent-ils les activités préalables à la classe inversée ? (1,5 point)
   - ☐ a. Les activités proposées doivent être facilement réalisables.
   - ☐ b. Les activités proposées doivent prolonger le travail en classe.
   - ☐ c. Les activités proposées doivent être pertinentes pour la classe.

4. Qu'est-ce que les élèves apprécient particulièrement dans la pédagogie inversée ? (1 point)
   - ☐ a. Elle renforce leur indépendance.
   - ☐ b. Elle leur laisse plus de temps libre.
   - ☐ c. Elle leur permet d'approfondir les matières.

5. Avec le temps, comment évolue l'opinion des jeunes sur la pédagogie inversée ? (1,5 point)
   - ☐ a. Ils la préfèrent à la pédagogie traditionnelle.
   - ☐ b. Ils continuent à préférer la pédagogie traditionnelle.
   - ☐ c. Ils souhaitent que les deux types de pédagogie coexistent.

6. Qu'est-ce qui est fondamental pour obtenir le consensus des élèves sur la classe inversée ? (1,5 point)
   - ☐ a. Les élèves doivent comprendre les objectifs de cette pédagogie.
   - ☐ b. Les élèves doivent être libres de choisir le type d'activités à faire.
   - ☐ c. Les élèves doivent pouvoir se substituer aux enseignants en classe.

7. Quelle évidence est soulignée en ce qui concerne le succès de la pédagogie inversée ? (1 point)
   - ☐ a. L'adhésion des élèves est essentielle.
   - ☐ b. La préparation des enseignants est primordiale.
   - ☐ c. L'engagement des institutions est indispensable.

DELF B2

Exercice 3 Comprendre le point de vue d'un locuteur francophone   [7 points]

Vous lisez l'opinion de trois médecins sur un site internet français sur le sujet : « Vous et la télémédecine ».

ÉLISE

Je pense que la téléconsultation est une vraie opportunité pour réduire les déserts médicaux. Certains départements manquent de médecins. Moi, je propose ces téléconsultations. Ce sont des gens qui n'ont pas de médecin traitant ou dont le médecin ne consulte pas au moment du besoin. En soirée, j'ai énormément de demandes. Ça évite aux patients de souffrir toute la nuit et de devoir attendre le lendemain pour aller voir leur médecin. Ça leur permet aussi de prendre rendez-vous très vite pour des examens en laboratoire, des échographies ou des radios. Pour certains patients, c'est limitant, car on ne peut pas faire d'examens cliniques. Mais, pour d'autres, il n'y a aucune palpation nécessaire.

LAURENT

Pendant le confinement, j'ai réalisé 50 à 60 téléconsultations. J'ai pu gérer énormément de choses, parfois très graves. La téléconsultation est une bonne chose, mais elle a ses limites. Les avantages ? Ça nous permet d'avoir un suivi des patients qui ne peuvent pas se déplacer. On travaille plus vite aussi, ce qui nous libère du temps pour d'autres cas. L'inconvénient ? Il n'y a pas d'examen clinique, on ne peut pas palper, ausculter. J'envisage toutefois de conserver des plages horaires pour une ou deux téléconsultations par jour. L'idée serait que la secrétaire médicale oriente les patients qui s'y prêtent vers ce type de rendez-vous. De toute façon, il faut que ce soit des patients que je connais. Et ça doit rester occasionnel.

FRÉDÉRIQUE

J'ai été obligée de faire des téléconsultations pendant le confinement. Juste après, j'ai continué pour les gens les plus fragiles. Mais maintenant, je n'en fais plus du tout. Je préfère voir les gens en vrai, au cabinet, même si la téléconsultation peut servir pour un dépannage éventuellement. Mes patients, qui sont souvent des personnes âgées, n'ont même pas d'ordinateur. Sans parler des problèmes techniques qui apparaissent régulièrement. Dans les zones sans la fibre, en période d'affluence, le réseau Internet se bloque. Imaginez la frustration pour le patient lorsque la consultation s'interrompt, que le son disparaît ou que l'image se fige. Ici, beaucoup de personnes vivent très isolées. La visite chez le médecin est un moment d'échange et pas seulement sur les questions médicales.

D'après *Pour ou contre la télémédecine, les médecins de la Nièvre donnent leur avis*, 2020, lejdc.fr

---

À quelle personne associez-vous chaque point de vue ? Pour chaque affirmation, cochez la bonne réponse.

1. Les téléconsultations doivent être réservées aux patients fidélisés.   [1,5 point]
   - ☐ a. Élise.
   - ☐ b. Laurent.
   - ☐ c. Frédérique.

2. La télémédecine est un moyen de couvrir les zones sans médecins.   [1 point]
   - ☐ a. Élise.
   - ☐ b. Laurent.
   - ☐ c. Frédérique.

3. La télémédecine demande de très bonnes conditions techniques. `1 point`
   - a. Élise.
   - b. Laurent.
   - c. Frédérique.

4. La télémédecine permet de donner une réponse rapide aux patients souffrants. `1,5 point`
   - a. Élise.
   - b. Laurent.
   - c. Frédérique.

5. La télémédecine permet d'avoir plus de temps pour d'autres patients. `1 point`
   - a. Élise.
   - b. Laurent.
   - c. Frédérique.

6. Pour certains, aller chez le médecin est une façon de lutter contre l'isolement. `1 point`
   - a. Élise.
   - b. Laurent.
   - c. Frédérique.

III PRODUCTION ÉCRITE   25 POINTS

Vous travaillez dans une entreprise en France. Vous constatez que la plupart des mails que vous recevez chaque jour provient de vos propres collègues, installés dans les bureaux près du vôtre. Dans une lettre ouverte, vous cherchez à sensibiliser vos collègues aux effets que ce mode de communication a sur les relations au sein de l'entreprise et vous soulignez aussi l'impact environnemental d'une telle pratique.

250 mots minimum

DELF B2

IV. PRODUCTION ORALE — 25 POINTS

L'épreuve comporte deux parties : le monologue suivi et l'exercice en interaction.

Avant le début de l'épreuve, vous tirez au sort deux sujets. Vous en choisissez un. Ensuite, vous disposez de 30 minutes pour préparer la partie 1.

Lors de la passation, les deux parties s'enchaînent.

1. Le monologue suivi - AVEC PRÉPARATION (5 à 7 minutes)

Dégagez le problème soulevé par le document choisi et présentez de manière claire et argumentée votre point de vue sous la forme d'un exposé personnel de cinq à sept minutes.

2. L'exercice en interaction - SANS PRÉPARATION (10 à 13 minutes)

Suite à votre exposé, défendez votre point de vue au cours d'un débat avec l'examinateur.

Sujet 1 – Combattre l'âgisme, quel enjeu pour la société ?

L'âgisme consiste à caractériser les personnes âgées à partir de stéréotypes négatifs sur le vieillissement, et à structurer la société comme si tout le monde était jeune, de telle sorte que les besoins réels des personnes âgées sont ignorés.

L'âgisme est souvent la cause d'actes individuels de discrimination. Il consiste à traiter une personne de façon inégale en raison de son âge, en allant à l'encontre des lois relatives aux droits de la personne, en particulier en matière d'emploi, de logement, de biens et de services. Le vieillissement est une expérience individuelle et il est impossible de se fonder uniquement sur l'âge pour apprécier les aptitudes et les compétences d'une personne. Tous les membres de la société doivent être traités en tant qu'individus et évalués selon leurs propres mérites, et non pas selon des présomptions liées à l'âge. Il importe de reconnaître que les personnes âgées apportent une riche contribution à notre société et qu'il ne faut pas limiter leur potentiel.

Sujet 2 – Faut-il encore acheter sa musique ou le streaming suffit ?

De nombreuses plateformes proposent des millions de chansons, soit moyennant un modeste abonnement mensuel, soit gratuitement mais sous la torture de publicités répétitives. Avec le streaming, vous ne possédez pas réellement les morceaux. Il présente toutefois des avantages intéressants : listes de lecture hors ligne en déplacement, pas de risque de faire exploser l'espace de stockage de son disque dur, ou encore de belles découvertes musicales à portée de clic. Pourtant, certains aiment encore « posséder » leur musique. Physiquement, en affichant leur collection de CD ou de vinyles, ou virtuellement avec des playlists à n'en plus finir. Complètement démodé ? Eh bien non, très prudent au contraire. Car, si la bibliothèque de la plateforme de streaming évolue, votre morceau préféré peut disparaître d'une seconde à l'autre sans prévenir. L'achat demeure donc la meilleure option. Enfin, sachez que même si la musique est dématérialisée, l'impact environnemental du streaming musical est loin d'être neutre : le partage en continu de toutes ces données numériques mobiles implique une lourde consommation énergétique.

Précis grammatical

LA NOMINALISATION

Les noms sont formés à partir d'un verbe ou d'un adjectif auquel on ajoute un suffixe. Parfois le nom est plus court que le verbe. **Ex. :** impact → impacter

À partir d'un verbe	À partir d'un adjectif
-age → éclairer → éclairage	-eur → ample → ampleur
-ment → dérégler → dérèglement	-té (-ité, -eté) → intense → intensité · net → netteté
-tion et ses variantes (-ssion, -xion, -sion, -son) → percevoir → perception · opprimer → oppression · connecter → connexion · corroder → corrosion · guérir → guérison	-ance/-ence → vaillant → vaillance · prudent → prudence
-ade → promener → promenade	-at → anonyme → anonymat
-ance/-ence → connaître → connaissance	-erie → fourbe → fourberie
-at → habiter → habitat	-esse → hardi → hardiesse
-ée → porter → portée	-ie → économe → économie
-erie → plaisanter → plaisanterie	-ise → franc/franche → franchise
-ise → prendre → prise	-isme → libéral → libéralisme
-te → attendre → attente	-iste → humain → humaniste
-ure → nourrir → nourriture	-ude/-itude → certain → certitude

L'ADJECTIF VERBAL

Il est formé à partir d'un verbe ; sa base est le présent de l'indicatif avec **nous** + **–ant** ou **–ent** :
appauvrir → **appauvrissant** · influer → **influent**.
Il s'accorde en genre et en nombre avec le nom qu'il accompagne.
Ex. : une simplification **appauvrissante** · des révolutions **exigeantes** · un regard **négligent**

❗ Pour les verbes se terminant par **-quer** et **-guer** la base de l'adjectif verbal change :
provoquer → provocant(e) · fatiguer → fatigant(e).

LES ADJECTIFS INDÉFINIS ET LES PRONOMS INDÉFINIS

Pour exprimer...	Adjectifs indéfinis	Pronoms indéfinis
la totalité	tout (le), toute (la), tous (les), toutes (les) + nom Tous les employés ont les mêmes droits.	tout, toute, tous, toutes Ils ont tous les mêmes droits.
l'individualité	chaque + nom singulier Chaque salarié a droit au respect.	chacun, chacune Chacun a droit au respect.
la pluralité	quelques, plusieurs, certain(e)s + nom pluriel Certains employés ont démissionné.	plusieurs, certain(e)s, quelques-un(e)s, d'aucuns* D'aucuns ont démissionné.
la différence	l'autre, un(e) autre, les autres, d'autres + nom D'autres employés ont été licenciés.	l'autre, un(e) autre, les autres, d'autres D'autres ont été licenciés.
la quantité nulle	aucun(e) + nom singulier Il n'y a aucune relation hiérarchique.	aucun(e) Il n'y en a aucune.
l'indifférence ou l'indétermination	n'importe quel(le)s + nom Ils n'acceptent plus n'importe quel poste.	n'importe lequel/laquelle/lesquel(le)s, n'importe où, qui, quoi, comment Ils n'acceptent plus n'importe lequel.

* Le pronom *d'aucuns* = certains, quelques-uns, plusieurs. Il ne s'utilise qu'en fonction de sujet.

❗ On utilise souvent en opposition :
– l'un(e)... l'autre / un(e) autre
– les uns / certains / d'aucuns / plusieurs / quelques-un(e)s... les autres / d'autres / quelques autres / certains autres / plusieurs autres
Ex. : **Certains** y voient une évolution, **d'autres** une forme de désengagement.

Précis grammatical

LES ADVERBES

Un adverbe est un mot invariable qui nuance le sens d'un adjectif, d'un autre adverbe ou d'un verbe.

Adverbes de manière, de qualité	Adverbes de temps, de fréquence	Adverbes de quantité ou d'intensité	Pour ajouter une information complémentaire, pour comparer
– **bien, mal, mieux, vite**… – les adverbes en –**ment** (poli**ment**…)	**souvent, parfois, occasionnellement, généralement**…	**assez, peu, un peu, beaucoup, presque, surtout, très, trop**…	**aussi, également, plus, moins**…

▶ **Formation des adverbes en -*ment***

Formation régulière adjectif féminin + –**ment**	attentive → attentive**ment** • générale → générale**ment** ❗ vrai, absolu, poli, énorme → vrai**ment**, absolu**ment**, poli**ment**, profond**ément**
adjectif terminé par –**ant** **ou** –**ent** : adverbe terminé par –**amment** ou –**emment**	suffisant → suffis**amment** fréquent → fréqu**emment** ❗ lent → lent**ement**

▶ **La place des adverbes**

• Quand ils modifient un adjectif, un adverbe ou une locution adverbiale, les adverbes sont placés **devant**.
Ex. : Ils sont **absolument** heureux. • Il vit **plutôt** bien.

• Quand ils modifient un verbe :
– les adverbes en –***ment***, sont placés **derrière**.
Ex. : Il médite **occasionnellement**. • Il a vécu **simplement**.

– les autres adverbes se placent derrière un temps simple et généralement entre l'auxiliaire et le participe passé dans un temps composé.
Ex. : L'égalité progresse **bien**. • La situation a **beaucoup** évolué.

– Avec un verbe + infinitif, ils se placent devant l'infinitif.
Ex. : Il ne veut pas **trop** s'exprimer sur son bonheur. • Elle va **seulement** prendre le temps de vivre.

LA QUESTION AVEC INVERSION

• Le sujet est un pronom :
On inverse simplement le **sujet** et le **verbe**.
Ex. : Te **sens-tu** heureux ?

❗ Dans la question avec inversion :
– il y a un trait d'union (-) entre le verbe et le pronom sujet ;
– si le verbe se termine par une voyelle et que le pronom sujet commence par une voyelle (*il(s), elle(s), on*), il y a un **-t-** entre le verbe et le pronom sujet. **Ex. :** Aime-**t**-il le bonheur ?
– les mots interrogatifs (*que, où, comment, pourquoi, quand*…) sont toujours au début de la phrase.

• Le sujet est un nom :
– L'inversion simple est toujours possible avec le mot interrogatif *que*.
Ex. : Que souhaitent les gens ?

– Dans les autres cas, elle n'est pas toujours possible et on utilise généralement l'inversion complexe : on place le nom au début de la phrase et on le reprend par *il(s)* ou *elle(s)* après le verbe.
Ex. : Cette personne est-elle heureuse ? • Comment les gens **peuvent-ils** trouver le bonheur ?
Cette forme de question est utilisée à l'écrit ou dans des prises de parole formelles.

LA NÉGATION

La place de la négation peut varier selon le temps du verbe.

ne/n'… pas	Il **n'**a **pas** raté sa vie. • L'argent **ne** fait **pas** le bonheur.
ne/n'… rien rien ne/n'…	= pas une seule chose ≠ tout, quelque chose Ils **n'**attendent **rien** de la vie. • **Rien ne** se passe comme je l'ai voulu.
ne/n'… personne personne ne/n'…	= pas une seule chose ≠ tout le monde, quelqu'un Il **n'**apprécie **personne**. • **Personne ne** cherche à être malheureux.
ne/n'… aucun(e) aucun(e)… ne/n'	= pas une seule chose/personne ≠ tout le monde, quelqu'un, tout, plusieurs… Il **n'**existe **aucune** norme. • **Aucun** d'entre nous **n'**est content de sa vie.
ne/n'… jamais	= pas une seule fois ≠ toujours Il **ne** faut **jamais** se contenter de ce qu'on a. • **Ne** renonçons **jamais** !
ne/n'… plus	= maintenant, c'est fini ≠ encore, toujours Je **n'**ai **plus** la force de continuer. (≠ J'ai encore / toujours la force de continuer.)
ne/n'… pas encore	= l'action n'est pas réalisée au moment où on parle ≠ déjà Il **n'**a **pas encore** choisi ses études.
ne/n'… nulle part	≠ quelque part, partout Il **ne** peut vivre heureux **nulle part**.
ne/n'… que	exprime la restriction = seulement Elle **ne** vit **que** pour les autres.
ne… ni… ni… ni… ni… ne…	pour une double négation Je **ne** suis **ni** heureux **ni** malheureux. • **Ni** ma vie **ni** la tienne **ne** sont idéales.

❶ On peut associer deux négations.
   Ex. : Je **ne** veux **plus jamais** parler de malheur ! • **Rien ne** peut contenter **personne**.

En langue soutenue, on peut utiliser :
– **ne/n'… guère** pour indiquer une quantité faible (= pas beaucoup, pas vraiment). **Ex. :** Nous **n'**avons **guère** le choix.
– **nul… ne/n'** = **personne… ne/n'**. **Ex. :** **Nul n'**a jamais mis les pieds à cet endroit.
– **ne/n'… nul(le)** + nom (= **ne/n'… aucun(e)** + nom) – **nul(le)** + nom… **ne/n'** (= **aucun(e)** + nom… **ne/n'**). **Ex. :** Il **n'**a **nul** endroit où aller.
– **ne** seul au lieu de **ne… pas** avec les verbes *cesser de*, *pouvoir*, *oser* et *savoir*. **Ex. :** Elle **ne** cesse de se plaindre.
– le **ne** explétif avec certaines conjonctions (*avant que*, *de peur que*, *de crainte que*, *à moins que*), certains verbes (*avoir peur*, *redouter*, *éviter*, *empêcher*) et dans la structure comparative. Il est facultatif et ne modifie pas le sens de la phrase. **Ex. :** C'est plus difficile que je (**ne**) le pensais. • Il nous rejoindra avant qu'il (**ne**) soit trop tard.

LES PRONOMS PERSONNELS COMPLÉMENTS

▶ **Les pronoms compléments d'objet direct (COD) et compléments d'objet indirect (COI)**

Les pronoms COD remplacent un nom placé directement après le verbe.	**me (m')** **te (t')** **nous** **vous**	Ils remplacent une personne.	Elle **me** conseille. (conseiller une personne) • On **vous** informe. (informer une personne)
	le, la, l', les	Ils remplacent une personne ou une chose.	Il **les** achète. (acheter une chose) • Je **la** reçois (recevoir une personne ou une chose)

Précis grammatical

Les pronoms COI remplacent un nom introduit par la préposition **à**. Ils répondent à la question **à qui ?**	me (m') te (t') lui nous vous leur	Ils remplacent une personne.	L'entreprise **nous** envoie les produits par la poste. (envoyer à une personne) • Elle **lui** demande le remboursement. (demander à une personne)

> **Les pronoms *y* et *en***

y et en sont compléments de lieu	
y remplace un **nom** introduit par les prépositions de lieu **à**, **au**, **en**, **dans**, **sur**… Il indique un lieu où on est et où on va.	La langue est née dans la rue. → Elle **y** est née.
en remplace un nom introduit par la préposition **de** Il indique un lieu d'où on vient.	Le rap vient des banlieues. → Il **en** vient.
y* et en* sont COI	
y remplace un nom complément de verbe introduit par **à** (*penser à, croire à, contribuer à, s'intéresser à*…)	Il contribue à l'évolution. → Il **y** contribue.
en remplace un nom complément d'adjectif ou de verbe introduit par **de** (*fier de, fan de*… ; *parler de, se souvenir de*…)	Il est fan de cette chanson. → Il **en** est fan.
en exprime une quantité	
en remplace un nom précédé de l'article partitif **du**, **de la** ou **des**	Il y a des graffitis partout. → Il y **en** a partout.
en remplace un nom précédé d'une expression de quantité (*un peu de, beaucoup de, un litre de, deux, trois*…) ; l'expression de quantité complète **en**	Je connais des dizaines d'artistes. → J'**en** connais **des dizaines**.

* Le complément des verbes qui se construisent avec **à** ou **de** peut être une chose ou une personne : *s'intéresser à quelqu'un* ou *à quelque chose, se souvenir de quelqu'un* ou *de quelque chose*. Selon que ce complément est une chose ou une personne, la construction est différente : on utilise **y** et **en** quand le complément est une chose ; on utilise **à** et **de** + pronom tonique quand le complément est une personne.
Ex. : Je m'intéresse à la langue. → Je m'**y** intéresse. • Je m'intéresse aux créateurs. → Je m'intéresse **à eux**.
Les jeunes parlent de rap. → Ils **en** parlent. • On parle de ce chanteur. → On parle **de lui**.

> **Les pronoms compléments neutres *le*, *en* et *y***

Ils peuvent remplacer une phrase.
Ex. : Les chanteurs ont fait évoluer la langue comme **l'**ont fait les poètes. On peut **en** être fiers.

> **La place des pronoms compléments**

Avec un temps simple : **devant le verbe**	Je **la** vois. • Il **lui** parlera. • Il **me** voyait. • On **y** habiterait. • Il faut que j'**en** parle.
Avec un temps composé : **devant l'auxiliaire** *être* ou *avoir*	Je **l'**ai vu. • Il ne **nous** avait jamais parlé. • On **y** serait allés. • Il est content que nous **en** ayons profité.
Avec un verbe + infinitif : **devant l'infinitif**	Je peux **le** voir. • Ils vont **en** parler.
Avec l'impératif affirmatif : **après le verbe** Avec l'impératif négatif : **devant le verbe**	Fais-**le** ! • Dis-**lui** ! • Allez-**y** ! • Prends-**en** ! Ne **le** fais pas ! • Ne **lui** réponds pas ! • N'**y** allez pas ! • N'**en** mange pas !

Précis grammatical

▶ Les doubles pronoms

Quand un verbe a deux pronoms compléments (remplaçant une chose et une personne), ils doivent être placés dans un ordre précis. Dans la phrase, ils se placent au même endroit qu'un pronom simple.

COI	+	COD	
me te se nous vous		le la les en y	Elle **nous** explique **les difficultés**. → Elle **nous les** explique. On **s'**intéresse **au sujet**. → On **s'y** intéresse.

COD	+	COI	
le la les		lui leur	Il explique **les difficultés** à **ses amis**. → Il **les leur** explique.

COI	+		
lui leur		en	Elles parlent **de leurs difficultés** à **leurs parents**. → Elles **leur en** parlent.

❗ Avec les verbes *écouter*, *entendre*, *regarder*, *voir*, les deux pronoms sont détachés.
   Ex. : Tu **les** entends **en** discuter ?

▶ Place et ordre des doubles pronoms avec l'impératif

Impératif affirmatif		Impératif négatif	
– après le verbe – COD + COI – trait d'union entre chaque pronom	Demande-**le**-**lui** !	– avant le verbe – COD + COI – pas de trait d'union	Ne **le lui** demande pas !

❗ À l'impératif affirmatif, les combinaisons :

| me
te | + | le
la
les | deviennent | le
la
les | + | moi
toi |

Ex. : Tu **me les** donnes. → Donne-**les**-**moi** !

LES REPRISES PRONOMINALES ET NOMINALES

Pour éviter les répétitions, on reprend souvent les mots de différentes façons :

▶ La reprise pronominale

• avec un **pronom démonstratif** : **celui-ci/là, celle-ci/là, ceux-ci/là, celles-ci/là, ceci/cela** (soutenu), **ça** (courant) / **ce/c'**... remplacent une personne ou une chose qui a été mentionnée ou qui est présente au moment où on parle.
Ex. : Pour d'autres, **ce** sera beaucoup plus proche du monde réel, **ce** sera une extension de celui-ci. • Et puis, certaines personnes vont franchir le cap, intégrer **ce** nouveau monde, et refuser de vivre dans le premier. Le métavers offrira à **ceux-là** une sorte de refuge qui sera plus confortable pour eux. • On peut même se scanner pour qu'il soit très ressemblant. Eh oui, **ça** existe.

• avec un **pronom personnel** : **le, lui, eux, ils**...
Ex. : Aujourd'hui, ces possibilités ne sont pas encore réalisables mais elles **le** seront.
– avec un **pronom possessif** : **le nôtre, le vôtre**...
Ex. : Un personnage singulier avec une apparence très éloignée de **la nôtre**.

Précis grammatical

- avec un **pronom indéfini** : **certains**, **d'autres**...
Ex. : Pour **certains**, le métavers n'est encore qu'une vague invention futuriste.

La reprise nominale

- avec des **mots génériques**
Ex. : Eh bien, actuellement **ces notions** sont encore un peu floues.

- avec des **synonymes** ou des **équivalents**
Ex. : Ce qui va changer, ce sont les liens qu'on va créer entre **le vrai monde** et **les mondes en ligne**, **le réel** et **le virtuel**.

LA COMPARAISON

Les comparatifs

Supériorité (+) **plus** + adjectif / adverbe (+ **que**) **plus de** + nom (+ **que**) verbe + **plus** (+ **que**)	Cette loi est **plus** juste **que** celle d'avant. • On a **plus de** droits. • On vote **plus**.
Égalité (=) **aussi** + adjectif / adverbe (+ **que**) **autant de** + nom (+ **que**) verbe + **autant** (+ **que**)	On vit **aussi** bien. • Il y a **autant d'**abstentions chez les jeunes **que** chez les seniors. • On vote **autant**.
Infériorité (–) **moins** + adjectif / adverbe (+ **que**) **moins de** + nom (+ **que**) verbe + **moins** (+ **que**)	Les aînés sont **moins** critiques **que** les jeunes. • On a **moins de** temps libre. On vote **moins**.

❗ – ~~plus bon(ne)s~~ → meilleur(e)s **Ex.** : Nous avons une **meilleure** vie. • ~~plus bien~~ → mieux **Ex.** : On vit **mieux**.
– On peut dire **plus mauvais / mauvaise(s)** ou **pire(s)**.
Ex. : Ma situation est mauvaise mais la sienne est encore **plus mauvaise / pire** !

Le superlatif

Le superlatif indique le degré maximum ou minimum.

le, **la**, **les plus** (+) / **moins** (–) + adjectif (+ de)	C'est **la plus** faible participation.
le plus (+) / **le moins** (–) + adverbe (+ de)	Qui vote **le moins** souvent de tous les électeurs ?
le plus de (+) / **le moins de** (–) + nom (+ de)	Ce sont ceux qui ont **le plus de** temps.
verbe + **le plus** (+) / **le moins** (–) (+ de)	C'est la génération qui vote **le plus**.

❗ ~~le/la/les plus bon(ne)s~~ → le/la/les meilleur(e)s
Ex. : C'est **la meilleure** loi.
On peut dire **le / la / les plus mauvais / mauvaise(s)** ou **le / la / les pire(s)**.
Ex. : C'est **la plus mauvaise** idée ! • C'est **la pire** situation !

Précis grammatical

Les autres structures de comparaison

comme / **de même que** / **ainsi que** + indicatif	Pour comparer plusieurs éléments On peut voter **comme** on peut s'abstenir.
plus… plus / **moins… moins** / **plus… moins** / **moins… plus** + indicatif	Pour faire deux comparaisons parallèles **Plus** on a de droits **moins** on se révolte.
autant… autant + indicatif	Pour exprimer une opposition **Autant** j'aime la politique, **autant** je déteste voter.
plutôt que + indicatif (ou infinitif)	Pour indiquer une préférence ou un jugement Il faut voter **plutôt que** toujours critiquer. • Cette loi aggrave la situation **plutôt qu'**elle (ne) l'améliore.
comme si + imparfait ou plus-que-parfait	Pour comparer avec un fait irréel Certains dirigeants s'adressent aux gens **comme s'**ils étaient idiots.
de plus en plus / **de moins en moins** / **de pire en pire** / **de mieux en mieux**…	Pour indiquer une gradation On vit **de moins en moins** bien ou **de mieux en mieux** ?

LES PRONOMS RELATIFS

Les pronoms relatifs reprennent un nom de personne ou de chose placé devant, l'antécédent. La phrase relative caractérise une personne, une chose ou un lieu.

Les pronoms relatifs simples

qui	est sujet du verbe qui suit	C'est une activité **qui** génère de la pollution.
que/qu'	est complément d'objet direct du verbe qui suit	L'humanité est menacée par des virus **qu'**on doit combattre.

⚠ On accorde le participe passé du verbe de la relative introduite par **que/q'** avec l'antécédent.
Ex. : Nous devons sauver la planète **que** nous avons abîmé**e**.

où	est complément de lieu ou de temps du verbe qui suit	Protégeons la planète **où** nous vivons. • Nous sommes arrivés à une époque **où** il est temps de réagir.
dont	est complément du verbe ou de la locution verbale introduit par **de** qui suit *avoir besoin de, avoir envie de, avoir peur de, faire partie de, manquer de, se méfier de, s'occuper de, parler de, se servir de…*	Développons les infrastructures **dont** l'économie a besoin.
	est complément de l'adjectif introduit par **de** qui suit *(mé)content(e) de, (mal)heureux(euse) de, proche de, responsable de, fier(fière) de…*	Nous avons mis en place des mesures **dont** nous sommes très fiers.
	est complément d'un nom ou d'une quantité introduit par **de** ⚠ On n'utilise généralement pas l'adjectif possessif après **dont**.	C'est une pollution **dont** les conséquences sont nombreuses. • Il y a 11 millions de points lumineux **dont** 30 % sont obsolètes. C'est une personne **dont** ~~ses~~ les idées sont lumineuses.

Précis grammatical

Les pronoms relatifs composés

Préposition (**avec**, **dans**, **sur**, **sous**...) + **lequel** / **laquelle** / **lesquels** / **lesquelles**
Ex. : C'est un monde virtuel **dans lequel** je n'aimerais pas vivre.

• Le pronom se contracte avec les prépositions **à** et **de** et les prépositions composées (*grâce à*, *à côté de*, *près de*...).

à + lequel → **au**quel à + lesquels → **aux**quels à + lesquelles → **aux**quelles	de + lequel → **du**quel de + lesquels → **des**quels de + lesquelles → **des**quelles
Ex. : C'est un projet **auquel** je ne fais pas confiance.	Ex. : Il s'agit d'inventions **à propos desquelles** les gens sont en désaccord.

• Quand le pronom remplace une personne, on peut utiliser **qui**.
Ex. : C'est un scientifique **à côté duquel** / **à côté de qui** j'ai travaillé.

• Quand l'antécédent est « neutre » (*ce*, *quelque chose*, *rien*), on utilise **quoi**.
Ex. : L'amitié est quelque chose **à quoi** je tiens.

LES MARQUEURS TEMPORELS

Situer une action dans le temps

Indiquer un moment	
à + âge	J'ai été embauché **à** 22 ans.
en + année, **le** + date	J'ai débuté ma carrière **en** 1999, **le** 28 mai.
dans les années + décennie	Les idées ont changé **dans les années** 90.
dans + nombre d'années, de jours, de mois... / nom	Il reprendra son poste **dans** un mois.
à + heure	On a rendez-vous **à** 14 heures.
à partir de + heure, date, moment de la journée... / nom (indique le début d'une action future)	Il sera absent **à partir de** janvier.
jusqu'à + heure, date, moment de la journée... / nom (indique la fin d'une action)	Il a enseigné **jusqu'à** son renvoi.
il y a + nombre d'années, de jours, de mois... / nom (situe un événement dans le passé ; le verbe est au passé composé)	Il a commencé à se faire tatouer **il y a** 20 ans.
aujourd'hui, **en ce moment**, **à cette époque**, **désormais**, **l'année dernière**, **alors**... + phrase	Il a été licencié ; **désormais**, il est sans emploi.
avant + nom	**Avant** cette formation, j'étais stressé.
à la suite de + nom	Il est devenu célèbre **à la suite d'**un reportage sur lui.
après + nom	
Indiquer la durée	
pendant + nombre d'années, de jours, de mois... / nom	Il a travaillé **pendant** 5 ans.
cela fait + nombre d'années, de jours, de mois... / nom + **que**	**Cela fait** un an **qu'**il est sans travail.
de + heure, date / nom... **à** + heure, date / nom	Il a travaillé **de** 2003 **à** 2008.
entre + heure, date / nom **et** + heure, date / nom	**Entre** son premier **et** son dernier tatouage, il s'est passé 10 ans.
en + nombre d'années, de jours, de mois... / nom (indique la durée nécessaire pour accomplir une action)	Il a été condamné **en** quelques heures.
depuis + nombre d'années, de jours, de mois... / nom (indique le début d'un événement qui continue dans le passé ; le verbe est au présent)	Il a changé d'école **depuis** deux mois.

Précis grammatical

Indiquer la fréquence ne... jamais, rarement, parfois, souvent, toujours... (l'adverbe est placé après le verbe au présent)	Il parle **rarement** avec ses collègues.
Indiquer la chronologie d'abord, ensuite, puis, après	**D'abord**, je me lève. **Ensuite**, je me douche **puis** je prends mon petit déjeuner et **après** je m'habille.
Indiquer l'habitude le + jour / moment de la journée	Je ne travaille pas **le** mercredi. **Le** matin, je me lève à 8 heures.

▶ Indiquer une relation temporelle entre deux actions

Indiquer l'antériorité avant de + infinitif* avant que + subjonctif* jusqu'à + nom / jusqu'alors + phrase jusqu'à ce que + subjonctif*	**Avant de** me décider, j'ai besoin d'infos. **Avant qu'**ils me renvoient, j'ai essayé de m'expliquer ! Je me tatouerai **jusqu'à ce qu'**il n'y ait plus de place sur mon corps.
Indiquer la simultanéité quand / lorsque + indicatif en même temps que + indicatif au moment où + indicatif / au moment de + infinitif * (insistent sur un moment précis) pendant que + indicatif (une action se passe pendant le déroulement d'une autre) alors que + indicatif (= pendant que + idée d'opposition)	**Lorsque** j'ai commencé à me faire tatouer, je n'ai pensé qu'à moi. **Au moment de** quitter l'école, j'ai pleuré. **Pendant que** je parlais, tout le monde me regardait. Je me suis lancé dans le tatouage **alors que** j'étais déjà professeur.
Indiquer la postériorité après que + indicatif après + infinitif passé* quand / lorsque + indicatif dès que / aussitôt que + indicatif (un fait a lieu immédiatement après l'autre) depuis que + indicatif	Il est parti à l'étranger **après qu'**il a eu son diplôme. **Après** avoir eu son diplôme, il est parti à l'étranger. **Aussitôt** qu'il est arrivé à l'école tatoué, il a été mal jugé. On ne le reconnaît plus **depuis qu'**il a changé d'apparence.

* Avec l'infinitif, les deux actions sont faites par la même personne. Avec le subjonctif, les deux actions sont faites par des personnes différentes.

LES RELATIONS LOGIQUES

▶ Le but

viser à / chercher à / permettre de / avoir pour but de / s'efforcer de + infinitif	pour exprimer une intention, un objectif Ce robot **vise à** améliorer la vie.
en vue de / dans l'espoir de / dans le but de + infinitif	pour exprimer une intention, un objectif Il a été créé **dans l'espoir d'**aider les personnes âgées.
pour / afin de + infinitif* pour que / afin que + subjonctif*	pour exprimer une intention, un objectif Les journalistes écrivent des articles **afin d'**informer les lecteurs.

Précis grammatical

de manière à / **de façon à** / **de sorte de** + infinitif*	pour préciser la manière d'atteindre l'objectif
de façon (à ce) que / **de manière (à ce) que** / **de sorte que** + subjonctif*	Ils proposent des jeux **de façon (à ce) que** les personnes soient stimulées.
de peur de / **de crainte de** + infinitif* **de peur que** / **de crainte que** + subjonctif*	pour dire ce qu'on ne souhaite pas Il faut encourager les soignants **de peur qu'**ils soient découragés.

* Avec l'infinitif, les deux actions sont faites par la même personne. Avec le subjonctif, les deux actions sont faites par des personnes différentes.

❗ **afin de/afin que**, **de crainte de/de crainte que** sont plus formels.

▶ **La cause**

à cause de + nom / pronom	pour exprimer une cause qui a un résultat négatif Les gens ne se comprennent plus **à cause des** réseaux sociaux.
grâce à + nom / pronom	pour exprimer une cause qui a un résultat positif On peut sauver la planète **grâce à** nos actions quotidiennes.
en raison de + nom / pronom	pour présenter une cause connue et vérifiée Les réseaux sociaux sont pointés du doigt **en raison d'**effets négatifs sur la santé.
parce que / **car** + indicatif	pour donner une explication Il faut être prudent **car** ces nouveaux réseaux peuvent s'avérer addictifs.
comme + indicatif	pour donner une explication ou indiquer une cause connue **Comme** ces nouveaux réseaux peuvent s'avérer addictifs, il faut s'en méfier.
puisque + indicatif	pour indiquer une cause connue **Puisque** le métavers nous plonge dans un monde immersif, on ne sait plus où on est.
du fait que + indicatif **du fait de** + nom	pour indiquer une cause vérifiée **Du fait qu'**on est débarrassé des complexes physiques, les interactions sociales sont facilitées.
sous prétexte de + nom/infinitif **sous prétexte que** + indicatif	pour indiquer une cause mise en doute Nous sommes rivés sur nos écrans d'ordinateur **sous prétexte de** suivre l'actualité.
suite à + nom	pour préciser que la cause est un fait passé **Suite à** la chute des cryptomonnaies, des forums d'accros ont diffusé une liste de lignes téléphoniques de prévention du suicide.
par + nom avec ou sans déterminant	pour indiquer une caractéristique/qualité ou un sentiment Ils agissent **par** peur de manquer quelque chose d'important.
Le participe passé en début de phrase	pour mettre en valeur la personne qui subit l'action **Immergé** au quotidien dans le métavers, il a perdu la notion de la réalité.
Le participe présent	Les découvertes scientifiques **semblant** illimitées, on pense que tout est possible. → Voir Participe présent p. 188

❗ **car** est plus formel. **Parce que** et **car** se placent dans la seconde partie de la phrase ; **comme** se place au début de la phrase.

Précis grammatical

▶ La conséquence

entraîner / **conduire à** / **avoir pour conséquence de** / **provoquer**... + nom ou infinitif	Cette maladie **entraîne** précisément une diminution de la masse musculaire.
donc / **alors** / **c'est pourquoi** / **c'est pour ça que** / **du coup** / **par conséquent** / **ce qui explique que** + phrase	Il ne veut pas vieillir **du coup** il fait beaucoup de sport !
d'où + nom	Il ne veut pas vieillir **d'où** son désir de continuer à faire du sport.
de sorte que / **si bien que** + indicatif	Elle fait très jeune **si bien qu'**on ne sait pas quel âge lui donner.
tellement / **si** + adjectif ou adverbe + **que** verbe + **tellement** / **tant**... **que** **tellement de** / **tant de** + nom ... **que**	Il y a **tellement de** manières de devenir grand **qu'**on n'arrive plus à s'y repérer.

❗ **du coup** est plutôt utilisé à l'oral.

▶ L'opposition

Quand on souligne les différences entre deux faits indépendants, il y a opposition.

mais / **par contre** / **et pas** / **au contraire** / **en revanche** + phrase	Dans la mode, je m'intéresse à la création **et pas** à tout le business qu'il y a autour.
à la différence de / **à l'opposé de** / **à l'inverse de** / **inversement à** / **contrairement à** + nom	J'aime les tenues simples **à la différence de** mon ami qui adore les tenues sophistiquées.
alors que / **tandis que** + indicatif	Il s'habille toujours en blanc **tandis que** moi, je m'habille toujours en noir.

❗ **en revanche** est plus formel ; **par contre** est familier.

▶ La concession

Quand la relation cause/conséquence de deux faits est contraire à la logique, il y a concession.

malgré / **en dépit de** + nom / pronom	Ce couturier n'est pas connu **malgré** son talent.
pourtant / **cependant** / **toutefois** / **or** / **néanmoins** + phrase	C'est un super couturier **or** il n'est pas connu !
même si + indicatif	C'est un super couturier **même s'**il n'est pas connu !
bien que / **quoique** + subjonctif	C'est un super couturier **quoiqu'**il ne soit pas connu !
sans que + subjonctif **sans** + infinitif	Il a fait carrière dans la haute couture **sans que** personne ne l'y aide.

❗ **cependant**, **toutefois**, **néanmoins** et **quoique** sont plus formels.

▶ La condition

le cas échéant + phrase	= si cela arrive Il souhaiterait une augmentation de salaire. **Le cas échéant**, il ne quittera pas l'entreprise.
à condition que / **pourvu que** + subjonctif* **à condition de** + infinitif*	Il est prêt à accepter un changement de poste **pourvu qu'**on lui propose un meilleur salaire !

Précis grammatical

à défaut de + nom ou infinitif / futur ou conditionnel	exprime un manque **À défaut de** pouvoir gagner plus (= s'il ne peut pas gagner plus), il quittera son job.
quand bien même + conditionnel	= même si Il garderait son poste **quand bien même** il ne serait pas augmenté !

* Avec l'infinitif, les deux actions sont faites par la même personne. Avec le subjonctif, les deux actions sont faites par des personnes différentes.

▶ La restriction

excepté / **sauf** + nom	Je ne me sens pas vieille **excepté à** travers le regard des gens.
excepté si / **sauf si** + indicatif / **excepté quand** / **sauf quand** + indicatif	Je ne fais pas de sport **sauf si** c'est avec des amis.
à l'exception de + nom	Il fait un régime **à l'exception du** week-end.
à moins que + subjonctif* **à moins de** + infinitif*	Je ne fais pas de sport **à moins d'**en faire avec des amis et **que** ce ne soit pas trop difficile.

* Avec l'infinitif, les deux actions sont faites par la même personne. Avec le subjonctif, les deux actions sont faites par des personnes différentes.

▶ L'hypothèse

• **La phrase avec *si***

L'hypothèse est exprimée par *si* et peut être placée au début ou au milieu de la phrase.
Quand on exprime une hypothèse, on exprime aussi généralement la conséquence ; le sens de l'hypothèse dépend des temps utilisés.

Si + **présent**, **présent** ou **impératif**	pour proposer ou conseiller **Si** on le **veut**, on **peut** travailler ensemble.
Si + **présent**, futur	l'hypothèse porte sur le présent ou le futur ; la conséquence est réalisable dans le futur On **sera** plus efficaces **si** on **s'organise** bien.
Si + **imparfait**, conditionnel présent	l'hypothèse porte sur le présent ; la conséquence est difficilement réalisable ou contraire à la réalité **Si** nous **consommions** moins, le monde **se porterait** mieux.
Si + **plus-que-parfait**, conditionnel **passé** ou **présent**	l'hypothèse porte sur le passé ; la conséquence n'a pas été réalisée dans le passé ou n'est pas réalisée dans le présent **Si** on **avait** mieux **protégé** les espèces animales, certaines d'entre elles n'**auraient** pas **disparu** et on ne le **regretterait** pas aujourd'hui.

• **Autres formes de l'hypothèse**

soit… soit / **ou… ou…** + indicatif	pour une double hypothèse **Soit** l'entreprise ferme, **soit** elle continue à fonctionner, comment réagirons-nous ?
au cas où / **dans l'hypothèse où** + conditionnel **en cas de** / **dans l'hypothèse de** + nom	pour une hypothèse **Au cas où** l'entreprise fermerait, que feriez-vous ?
en supposant que / **en admettant que** + subjonctif	**En supposant que** l'entreprise ferme, que feriez-vous ?

Précis grammatical

LE DISCOURS RAPPORTÉ

Le discours indirect

On utilise le discours indirect pour rapporter les paroles de quelqu'un. Si les verbes introducteurs sont au présent, les temps des autres verbes sont les mêmes qu'au discours direct. Si les verbes introducteurs sont au passé, certains temps et modes changent en suivant la concordance des temps.

Le discours indirect au présent

Discours direct	Discours indirect
Phrases déclaratives	
« Le réchauffement climatique est là ! »	**dire** / **répondre** / **expliquer** / **ajouter** + **que** → Les experts **expliquent que** le réchauffement climatique est là.
Phrases interrogatives	
« Peut-on agir efficacement ? »	**demander** / **vouloir savoir** + **si** → On se **demande si** on peut agir efficacement.
« **Que** doit-on faire ? »	**demander** / **vouloir savoir** + **ce que** → Elle **demande ce qu'**on doit faire.
Phrases avec **où**, **comment**, **pourquoi**, **quand**… « **Comment** faut-il agir ? »	**demander** / **vouloir savoir** + **où** / **comment** / **pourquoi** / **quand**… → Il **veut savoir comment** il faut agir.
Phrases impératives	
« **Hiérarchisons** les actions ! »	**dire** / **conseiller** / **suggérer** + **de** + infinitif → Les scientifiques **suggèrent de hiérarchiser** les actions.

Le discours indirect au passé et la concordance des temps*

Discours direct	→	Discours indirect au passé
présent « Le réchauffement climatique **est** là ! »	→	**imparfait** Les experts **ont expliqué** que le réchauffement climatique **était** là.
passé composé « **Avez**-vous **agi** efficacement ? »	→	**plus-que-parfait** Il lui **a demandé** s'il **avait agi** efficacement.
futur simple « La prochaine étape **sera** capitale. »	→	**conditionnel présent** Il **a affirmé** que la prochaine étape **serait** capitale.

* **La concordance des temps** est une contrainte syntaxique qui consiste à respecter certains temps dans la subordonnée lorsque le verbe principal introducteur est à un temps du passé quel qu'il soit. Cette concordance des temps s'applique au discours indirect mais également à toute autre subordonnée complétive introduite par des verbes tels que *savoir que, espérer que, penser que, imaginer que, croire que*…

Résumer et synthétiser

Pour rapporter des paroles ou des idées, on peut les résumer et les synthétiser avec différents verbes + nom ou infinitif : *évoquer, se pencher sur, préconiser (de), suggérer de, souligner l'importance de, estimer nécessaire de, soulever la question de, accuser de*…

C'est une façon d'interpréter les paroles et les idées que les journalistes utilisent beaucoup.

Précis grammatical

LE VERBE

Les constructions verbales

La construction verbale d'un verbe indique si celui-ci est utilisé ou non (Ø) avec une préposition pour introduire un complément. Ce complément est souvent un nom ou un infinitif.

On parle de construction directe quand il n'y a pas de préposition entre le verbe et son complément : *aimer Ø, préférer Ø, espérer Ø, aider Ø, assister Ø, prévenir Ø, appeler Ø*… On parle de construction indirecte quand il y a une préposition entre le verbe et son complément.

Principales constructions indirectes

• Le complément du verbe est un **verbe à l'infinitif** ; les deux prépositions utilisées sont généralement **à** et **de**. *accepter de, continuer à, penser à, prévoir de, refuser de, viser à*…
Ex. : Les robots-ménagers (aspirateurs, de cuisine, etc.) **continuent** également **à se développer**.

• Le complément du verbe est un **nom** ; les prépositions utilisées sont principalement **à**, **comme**, **de**, **en**, **contre**, **pour**, **sur**. *bénéficier de, se comporter comme, croire en, disposer de, lutter pour/contre, compter sur*…
Ex. : Les robots rendent des services au quotidien pour des utilisateurs qui n'ont plus les facultés pour **s'occuper de leur intérieur**. • Un robot d'assistance va, par exemple, **se comporter comme** un « agenda ».

⚠ Parfois, le verbe ne se construit pas de la même façon s'il est suivi d'un nom ou d'un infinitif : **apprendre** quelque chose / **apprendre à** faire quelque chose.

• Un verbe peut avoir deux compléments
– **verbe** + Ø **quelque chose** + **à** + **quelque chose/quelqu'un**
Ex. : Les aidants peuvent ainsi **consacrer** davantage de **temps aux personnes** les plus dépendantes et **à leur quotidien**…
– **verbe** + Ø **quelqu'un/à quelqu'un** + **à/de** + **infinitif**
Ex. : La recherche **aide les gens à** mieux **vivre** et **permet aux personnes âgées de continuer** à vivre chez elles. • La science **permet aux gens d'améliorer** leur vie.

L'inversion du sujet dans la phrase énonciative

L'inversion du sujet dans une phrase énonciative est un procédé de mise en relief.
Dans certains cas, il s'agit d'un pur choix stylistique.
Ex. : Il s'exprime comme **s'expriment tous les hommes politiques**. = Il s'exprime comme tous les hommes politiques s'expriment.

→ Cette inversion se fait souvent :

après certains adverbes ou expressions de temps ou de lieu	Ici ne **peuvent** survivre que **les gens préparés**. • Aussitôt **s'est établie une bonne relation** entre eux.
dans la proposition **relative**	Résister face à la tentative de relégation et d'invisibilisation qu'**impose** aux plus âgés **le reste de la société**.
Si le verbe a un COD ou un attribut, l'inversion est impossible.	C'est une personne dont **tout le monde** connaissait les défauts.
dans l'**interrogation indirecte**	Elle se demandait comment **réagirait son ami**.
dans les **comparaisons**	Elle est aussi érudite que l'**est sa sœur**.

→ Il y a **inversion obligatoire du sujet** lorsque la phrase commence par certains adverbes. Ces structures s'utilisent essentiellement dans la langue soutenue.

À peine	À peine **peut-on** donner son âge que l'on est jugé !
Aussi	Aussi **faut-il** décider si toutes les générations peuvent vivre ensemble.
Ainsi	Ainsi vous **travaillent** sans cesse à bas bruit **les injonctions de la société**.
Du moins	Du moins **devons-nous** essayer de nous comprendre.

Précis grammatical

Peut-être	**Peut-être** les seniors pourraient-ils se rapprocher des jeunes.
Sans doute	**Sans doute** faudra-t-il du temps !

❗ La langue courante contourne ces contraintes syntaxiques.
Ex. : On peut **à peine** donner son âge que l'on est jugé ! • Il faut **donc** décider si toutes les générations peuvent vivre ensemble. • Les injonctions de la société vous travaillent **ainsi** sans cesse à bas bruit. • Nous devons **du moins** essayer de nous comprendre. • **Peut-être que** les seniors pourraient se rapprocher des jeunes. • Les seniors pourraient **peut-être** se rapprocher des jeunes. • **Sans doute qu'**il faudra du temps ! Il faudra **sans doute** du temps !

Les modes et les temps

▶ Le présent de l'indicatif

• **Les verbes en -er**
La majorité des verbes français ont un infinitif en -er et une conjugaison régulière.
Formation : radical + terminaisons **e**, **es**, **e**, **ons**, **ez**, **ent**
Ex. : Je jou**e**. Tu cré**es**. Il/Elle/On télétravaill**e**. Nous travaill**ons**. Vous appréci**ez** cette vie ? Ils/Elles imagin**ent**.

❗ Quelques irrégularités : partager → nous partag**e**ons • divorcer → nous divor**ç**ons • espérer → j'esp**è**re / nous esp**é**rons • envoyer → j'envo**ie** / nous envo**y**ons • se promener → on se prom**è**ne / nous nous prom**e**nons

❗ Verbes pronominaux : Je **m'**intéresse à l'écologie. Tu **t'**organises. Il/Elle/On **se** sent bien. Nous **nous** présentons. Vous **vous** amusez. Ils/Elles **s'**embrassent.

• **Les verbes en -ir**
Formation : radical + terminaisons **s**, **s**, **t**, **ons**, **ez**, **ent**

❗ Radical différent pour les personnes du singulier et du pluriel :
Ex. : réfléchir → je réfléch**is** / nous réfléch**issons** • servir → je ser**s** / nous serv**ons** • sortir → je sor**s** / nous sort**ons**

❗ Le verbe *venir* est irrégulier.

❗ Les verbes *offrir*, *ouvrir*, *découvrir* se conjuguent comme les verbes en *–er*.

• **Les verbes en -re, -dre, -ire, -oir, -oire**
– La majorité des verbes utilisent ces terminaisons **s**, **s**, **t**, **ons**, **ez**, **ent**.
– Les verbes *pouvoir* et *vouloir* ont les terminaisons **x**, **x**, **t**, **ons**, **ez**, **ent**.
– Ces verbes ont plusieurs radicaux.

▶ L'impératif

– L'impératif est utilisé pour dire à quelqu'un de faire ou de ne pas faire quelque chose : donner un ordre, une consigne, un conseil.
– Il existe seulement à trois personnes (*tu*, *nous* et *vous*). On n'utilise pas les pronoms sujets.

	Phrase affirmative	Phrase négative
Formation régulière mêmes formes que le présent	**Viens** avec moi et **changeons** de vie !	Ne **rêvez** pas trop !
Verbes en –er pas de *s* à la 2ᵉ personne du singulier	**Discute** avec tes voisins !	Ne **discute** pas avec tes voisins !
Verbes pronominaux	**Occupe-toi** des autres !	Ne **t'occupe** pas des autres !

❗ Les verbes *avoir*, *être* et *savoir* sont irréguliers. • Impératif et pronoms compléments : → Cf. page 174

▶ Les temps du futur

• **Le futur simple**
Le futur simple est utilisé pour faire une prévision, formuler une promesse, annoncer un programme.
Formation : infinitif + terminaisons **-ai**, **-as**, **-a**, **-ons**, **-ez**, **-ont**

Précis grammatical

Verbes en -*er* et -*ir*	À quoi **ressemblerai**-je quand je **vieillirai** ?
Verbes en -*re* : on supprime le -*e* de l'infinitif	On **vivra** mieux.
Les verbes en -*etr*, -*eler*, -*ever*, -*ener* : particularité orthographique	J'**achèterai**. • Elle se **lèvera**. • Il se **promènera**. • Ils/Elles s'**appelleront**.

Quelques formations irrégulières

aller → j'**ir**ai	faire → on **fer**a	tenir → tu **tiendr**as
avoir → nous **aur**ons	falloir → il **faudr**a	venir → on **viendr**a
devoir → tu **devr**as	pouvoir → ils **pourr**ont	voir → je **verr**ai
être → vous **ser**ez	savoir → elle **saur**a	vouloir → vous **voudr**ez

● **Le futur antérieur**
Le futur antérieur est utilisé pour parler d'une action future antérieure à une autre action future.
Formation : *avoir* ou *être* au futur simple + **participe passé** du verbe
Ex. : Nous vivrons différemment dès que la science **aura trouvé** les moyens de nous rendre immortels.
Le futur antérieur s'utilise souvent dans des propositions subordonnées introduites par *quand, lorsque, après que, une fois que, dès que, aussitôt que*.

Les temps du passé

● **Le passé composé**
Le passé composé est utilisé pour raconter des événements passés.
Formation : *avoir* ou *être* au présent + **participe passé** du verbe

Formation avec ***avoir*** : la majorité des verbes
Formation avec ***être*** :
– les verbes pronominaux
– 12 **verbes de déplacement** et leurs composés : *aller, arriver, descendre, entrer, monter, partir, passer, rentrer, retourner, sortir, tomber, venir*
– 5 **autres verbes** : *décéder, devenir, mourir, naître, rester*

● **Les formes de participe passé**

Tous les verbes en –*er* → –*é*	J'ai chang**é**.
La majorité des verbes en –*ir* → –*i*	Il a fin**i**.
Participes passés des autres verbes : –*u* / –*is* / –*it* / –*ert*	J'ai p**u**. • Il a pr**is**. • On a d**it**. • Ils ont ouv**ert**.

● **L'accord du participe passé**
– Avec le verbe ***être***, le participe passé s'accorde avec le sujet.
Ex. : Elle est arriv**ée**. Les jeunes se sont absten**us** de voter.

– Avec le verbe ***avoir***, le participe passé :
• ne s'accorde pas avec le sujet. **Ex.** : Il a véc**u**. • Elle a véc**u**.
• s'accorde avec le COD quand il est placé avant le verbe.
Ex. : On validera les stages **que** vous aurez fai**ts**. Il **les** a aid**é(e)s**.

● **Accords particuliers**
– avec les verbes *voir, regarder, entendre, écouter, sentir* + infinitif
Le participe passé s'accorde avec le COD quand il est placé avant et qu'il fait l'action de l'infinitif.
Ex. : J'ai entend**u** les gens crier. Je **les** ai entend**us** crier. (ce sont les gens qui crient). / Sinon, il n'y a pas d'accord.
Les mots que j'ai entend**u** hurler n'étaient pas très sympathiques (ce ne sont pas les mots qui hurlent).
– avec les verbes impersonnels et avec *faire, laisser*, le participe passé est invariable.
Ex. : Les efforts qu'il a fall**u** pour ma validation étaient compatibles avec ma vie familiale.

– avec les **verbes pronominaux**
Le participe passé s'accorde avec le sujet si le verbe n'existe qu'à la forme pronominale : *s'absenter, s'abstenir, s'enfuir, s'envoler, s'évanouir, se méfier de, se moquer de, se plaindre, se souvenir*…

Précis grammatical

Le participe passé s'accorde avec le pronom **COD** placé avant le verbe.
Ex. : Toute personne qui **s'**est investi**e** dans le domaine en lien avec la certification visée.
Il ne s'accorde pas si le verbe pronominal a un nom **COD** placé après le verbe.
Ex. : À la suite de sa VAE, elle s'est découver**t** un don pour la gestion des équipes.

❗ Avec les verbes *se voir, se regarder, s'entendre, s'écouter, se sentir, se faire* et *se laisser* + infinitif, on applique la même règle qu'avec les verbes simples (*voir, regarder, entendre, écouter, sentir, faire, laisser*).
Ex. : Depuis sa VAE, elle s'est v**ue** reprendre goût aux études. → Le COD fait l'action de l'infinitif.
Elle s'est fai**t** expliquer le problème. → Jamais d'accord avec *se faire*.

▶ L'imparfait

L'imparfait est utilisé pour faire des descriptions au passé. Il permet de décrire l'état des choses et des personnes (l'apparence, la personnalité), les sentiments, les habitudes, le contexte et les circonstances d'une action.
Formation : base de la 1ʳᵉ personne du pluriel (nous) **au présent + terminaisons -ais, -ais, -ait, -ions, -iez, -aient**
Ex. : Je me sent**ais** bien. • Nous croy**ions** en la liberté. • Ils ét**aient** intolérants.

❗ La base du verbe *être* est irrégulière : j'**ét**ais, tu **ét**ais…

▶ Le plus-que-parfait

Le plus-que-parfait est utilisé pour parler d'une action antérieure à une autre dans le passé.
Formation : auxiliaire *avoir* ou *être* à l'imparfait + participe passé du verbe
Ex. : Quand mon directeur m'a licencié, j'ai été surpris car jusqu'alors il m'**avait** toujours **soutenu**.

❗ Lorsque l'action antérieure précède immédiatement l'action principale, on ne peut pas utiliser le plus-que-parfait mais on utilise le passé composé.
Ex. : Dès qu'il m'**a parlé**, j'**ai compris**.

▶ Le passé simple

Le passé simple est utilisé pour raconter des événements passés. Dans un récit, il a les mêmes valeurs que le passé composé mais situe l'événement dans un passé lointain. Il est employé dans les récits littéraires et historiques, les biographies. Il est surtout utilisé à la troisième personne.
Dans un récit, il est utilisé avec l'imparfait, le plus-que-parfait et le passé antérieur.

Formation : radical du présent + terminaisons du passé simple

Terminaisons
-**ai**, -**as**, -**a**, -**âmes**, -**âtes**, -**èrent** pour les verbes en *–er* (+ *aller*) : **Ex. :** former → je form**ai**
-**is**, -**is**, -**it**, -**îmes**, -**îtes**, -**irent** pour la majorité des verbes en *–ir* : **Ex. :** finir → je fin**is**
-**us**, -**us**, -**ut**, -**ûmes**, -**ûtes**, -**urent** pour la majorité des verbes en *–re* ou *–oir* : **Ex. :** lire → il l**ut** • pouvoir → il p**ut**
-**ins**, -**ins**, -**int**, -**înmes**, -**întes**, -**inrent** pour les verbes *tenir* et *venir* et leurs composés : **Ex. :** il t**int** • il dev**int**
Ex. : La loi Ferry institu**a** la gratuité de l'école primaire et rend**it** obligatoire l'enseignement primaire.

Le radical est généralement celui du présent mais certains verbes sont irréguliers :
avoir → il **eut**, devoir → il **dut**, être → il **fut**, faire → il **fit**, falloir → il **fallut**, mourir → il **mourut**, naître → il **naquit**, pouvoir → il **put**, prendre → il **prit**, savoir → il **sut**, vivre → il **vécut**, voir → il **vit**

▶ Le passé antérieur

Il est utilisé pour exprimer l'antériorité immédiate d'une action au passé simple. Il est souvent utilisé après les conjonctions *quand, lorsque, après que, une fois que, dès que, aussitôt que*.
Formation : auxiliaire *avoir* ou *être* au passé simple + participe passé du verbe
Ex. : Le droit de vote s'arrêta à 35 ans, après que les citoyens **eurent joui** pleinement de leurs droits civiques.

▶ L'infinitif

L'infinitif est un mode qui comporte deux temps :
– l'infinitif présent (forme du verbe dans le dictionnaire) ;
– l'infinitif passé qui marque une antériorité par rapport au verbe principal.
Formation : auxiliaire *avoir* ou *être* à l'infinitif présent + participe passé du verbe
Ex. : Il est fier d'**avoir proposé** une nouvelle réforme. • Il a remercié les députés de **s'être prononcés** en sa faveur.

Précis grammatical

L'infinitif s'utilise :
- comme sujet. **Ex. :** **Voter** est indispensable !
- comme complément d'un adjectif ou d'un verbe.
Ex. : Il est content de **voter**. • Il a remercié les députés de **s'être prononcés**.
- après une préposition, souvent pour remplacer une subordonnée au subjonctif quand les deux verbes ont le même sujet. **Ex. :** J'ai proposé une réforme pour que je change la loi pour **changer** la loi.

▶ Le conditionnel présent

Formation : base du futur + terminaisons **-ais, -ais, -ait, -ions, -iez, -aient** (terminaisons de l'imparfait)

Le conditionnel présent est utilisé pour :
– faire une demande polie et exprimer un désir ou un souhait avec *aimer*, *vouloir*, *pouvoir*, *souhaiter* + infinitif.
Ex. : Je **souhaiterais** vivre mieux.
– conseiller avec le verbe *devoir* et l'expression *il faudrait* + infinitif.
Ex. : On **devrait** / Il **faudrait** faire confiance à la science !
– faire une proposition ou une suggestion avec le verbe *pouvoir* + infinitif. **Ex. :** On **pourrait** changer le monde !
– donner une information non vérifiée, incertaine. **Ex. :** Cet homme **aurait** 110 ans. (= on n'en est pas sûr)
– imaginer, décrire un projet incertain. **Ex. :** Ma ville idéale **serait** toute bleue.
– exprimer une probabilité ou une possibilité dans le futur avec les verbes *devoir* et *pouvoir*.
Ex. : Grâce à la science, on **devrait** vieillir moins vite. (= on vieillira sûrement moins vite) •
Grâce à la science, on **pourrait** vieillir moins vite. (= on vieillira peut-être moins vite)

▶ Le conditionnel passé

Formation : auxiliaire *avoir* ou *être* au conditionnel présent + **participe passé** du verbe

Le conditionnel passé est utilisé :
– pour exprimer un regret ou un reproche avec les verbes *pouvoir* et *devoir* et l'expression *il aurait fallu* + infinitif.
Ex. : On **aurait dû** se montrer responsables. • J'**aurais pu** être plus vigilante. • Il **aurait fallu** agir plus tôt.
– pour faire une hypothèse sur le passé. **Ex. :** Si j'avais su, j'**aurais fait** attention à ma consommation d'eau.

▶ Le gérondif

Formation : en + **base de la 1ʳᵉ personne du pluriel** (nous) **au présent** + **-ant**

On utilise principalement le gérondif pour indiquer que le même sujet fait deux actions en même temps. Il est invariable. **Ex. :** Il télétravaille **en écoutant** de la musique.

Le gérondif peut apporter une précision et exprimer :
– la cause. **Ex. :** Il a progressé **en faisant** des formations. (on explique comment il a progressé)
– l'hypothèse. **Ex. : En travaillant** plus (= si vous travaillez plus), vous gagnerez plus.

❶ être → **en étant** • avoir → **en ayant** • savoir → **en sachant**
❶ Phrase négative : Vous serez à l'heure **en ne partant pas** tard.

▶ Le participe présent et le participe composé

Le **participe présent** peut être utilisé pour :
– caractériser et remplacer une proposition relative avec *qui*. Il est invariable.
Ex. : Toute personne **ayant** (= qui a) la nationalité française est membre de l'UE.
– exprimer la cause ; avec cette valeur, le participe a le même sujet que le verbe principal ou un sujet propre qui est toujours un nom.
Ex. : N'**étant** pas membre de l'UE (= comme je ne suis pas membre), je ne peux pas voter aux élections européennes. •
La loi nationale **prévalant**, l'UE ne peut pas décider de tout. (= Comme c'est la loi nationale qui prévaut, l'UE ne peut pas décider de tout.)

Formation : base de la 1ʳᵉ personne du pluriel (nous) **au présent** + **-ant**

Le **participe composé** est la forme composée du participe présent. Il a les mêmes valeurs mais exprime une action achevée, antérieure à l'action exprimée par le verbe de la proposition principale.
Formation : auxiliaire *avoir* ou *être* au participe présent + **participe passé du verbe**
Ex. : Les personnes **ayant répondu** à l'enquête ont défini leurs « indispensables au travail ». • La directrice n'**ayant** pas **accepté** les revendications, les employés ont fait grève.

Précis grammatical

▶ Le subjonctif présent

On utilise le subjonctif après certaines expressions + *que* qui indiquent :

l'obligation, la nécessité **il faut que** / **il est nécessaire/indispensable que**…	**Il est indispensable que** la mode s'adapte à la société.
le souhait, la volonté **souhaiter/vouloir/désirer/demander/exiger**… **que**	La démocratie **exigerait que** chacun puisse s'habiller comme il le veut.
le doute **douter que** / **ne pas être sûr(e)/certain(e)/convaincu(e) que** / **ne pas croire que** / **penser que** / **pensez-vous que ?**	**Il n'est pas sûr que** ce défilé soit un succès. **Pensez-vous qu'**il faille suivre la mode ?
un sentiment – la joie, le bonheur, la fierté : **être content(e)/ heureux(se)/fier(fière) que**… / **ça fait plaisir que** / **c'est génial que**… – le mécontentement, la colère : **être furieux(euse)/ mécontent(e)/insatisfait(e)**… **que** / **il est regrettable que** – la crainte : **avoir peur que** / **craindre que** / **il est effrayant que** – la surprise : **être étonné(e)/surpris(e) que** – la tristesse, la déception, le regret : **être triste/ désolé(e)/déçu(e)**… **que** / **regretter que** / **il est décevant/dommage que**	**Je suis content que** cette tenue lui aille si bien. **Il est regrettable que** le luxe coûte si cher ! Il **craint qu'**on ait une mauvaise image de lui. **Je ne suis pas étonnée que** les gens soient si intolérants. **Il est déçu que** son défilé ne plaise pas.
un jugement **il est incroyable que** / **il n'est pas normal que** / **trouver bizarre que**…	**Je trouve bizarre que** ce top modèle ait autant de succès.

❗ On utilise le subjonctif quand les actions sont faites par des sujets différents ; si le sujet parle de lui-même, on utilise l'infinitif. **Ex. :** On est contents que **tu viennes**. • On est contents de **venir**.

Formation :
– Pour *je, tu, il/elle/on, ils/elles* : **base de *ils/elles* au présent** + terminaisons **-e, -es, -e, -ent**. **Ex. :** ils prennent → que je **prenne**
– Pour *nous* et *vous* : **base de *nous* au présent** + terminaisons **-ions, -iez**. **Ex. :** nous voyons → que nous **voyions**

Verbes irréguliers : *aller, avoir, être, faire, pouvoir, savoir, vouloir.*

▶ Le subjonctif passé

Il exprime une antériorité par rapport au verbe principal.
Formation : auxiliaire *avoir* ou *être* au subjonctif présent + **participe passé du verbe**
Ex. : Je trouve incroyable qu'il **ait été** licencié à cause de son apparence physique.

▶ L'indicatif ou le subjonctif dans la proposition relative

• On utilise l'indicatif dans une proposition relative pour décrire une réalité. **Ex. :** C'est une école qui **prend** le temps d'écouter les enfants.

• On utilise le subjonctif pour exprimer :
– une incertitude sur la réalité ;
Ex. : On cherche une école qui **prenne** le temps d'écouter les enfants. (On ne sait pas si cette école existe.)
– un jugement, avec des expressions de restriction : *le seul, l'unique, le premier, aucun(e), rien, personne*… ou un superlatif.
Ex. : L'école de la nature est **la seule** qui **soit** vraiment adaptée aux jeunes enfants. • C'est **la meilleure** école **que** je **connaisse**.

Précis grammatical

L'expression du passif

• **La forme passive**
Formation : *être* conjugué au temps voulu + **participe passé du verbe de l'action**

La forme active et la forme passive expriment deux points de vue différents d'une même action. Avec la forme active, l'attention porte sur le sujet de l'action ; avec la forme passive, l'attention porte sur l'objet de l'action.

Le sujet du verbe « actif » (celui qui fait l'action) devient **le complément d'agent**, généralement introduit par **par**.
Le COD devient **le sujet** du verbe passif.
Ex. : Le parlement a voté une nouvelle loi. → Une nouvelle loi a été votée par le parlement.

❗ – Seuls les verbes qui ont un COD peuvent être à la forme passive. On ne peut pas dire : j'ai été demandé (le verbe *demander* a une construction indirecte).
– Le complément d'agent est parfois introduit par *de* avec des verbes descriptifs ou exprimant des sentiments.
Ex. : Ils sont recouverts **de** suie. • C'est une loi appréciée **des** citoyens.

• **Les verbes pronominaux de sens passif**
Le passif peut aussi être exprimé par :
– des verbes pronominaux ; les sujets sont toujours inanimés. **Ex. :** La nouvelle **s'est répandue**.

– *se faire* + infinitif ; les sujets sont toujours animés. **Ex. :** Les habitants **se sont fait** intoxiquer.

Selon le sens du verbe, le sujet peut commander l'action ou la subir.
Ex. : Ils se sont fait intoxiquer. (= ils ont été intoxiqués contre leur volonté) • Ils se sont fait expliquer l'origine du drame. (= ils ont demandé une explication)

– *se laisser* + infinitif ; les sujets sont toujours animés. Cette structure insiste sur la passivité du sujet.
Ex. : Ils **se sont laissé** faire. (= ils n'ont pas résisté)

– *se voir*, *s'entendre* + infinitif peuvent avoir un sens passif.
Ex. : Je **me vois** / Je **m'entends** souvent critiquer (= mes collègues me critiquent).

❗ Pour l'accord du participe passé. → **Cf. Les accord particuliers du participe passé p. 186-187**

L'accord du verbe avec les fractions et les pourcentages

Lorsque le sujet est une fraction ou un pourcentage suivi d'un nom, on accorde le verbe :
– soit avec la fraction, pour mettre en valeur le groupe. **Ex. : Un tiers** des élèves de CAP **est issu** de cette population.
– soit avec le nom, pour mettre en valeur les individus. **Ex. :** Selon le ministère de l'Éducation nationale, un quart **des élèves** de collège **sont** des enfants d'ouvriers. • 10,9 % de la **population** universitaire **vient** d'un milieu ouvrier. • La moitié des **étudiants ont** des parents cadres supérieurs.
– Lorsque la fraction ou le pourcentage est précédé d'un déterminant pluriel, le verbe est obligatoirement au pluriel.
Ex. : Dans les prestigieuses écoles normales supérieures, **les deux tiers** de cette élite **sont** des enfants de cadres.

❗ Avec *la plupart des*, le verbe est toujours au pluriel.

❗ Avec *la majorité*, on accorde en fonction du déterminant :
– au pluriel si on utilise **une** (idée de quantité d'individus, comme le partitif).
Ex. : Alors qu'**une** majorité d'étudiants **ont** des parents cadres supérieurs.
– au singulier si on utilise **la** (idée de groupe, de collectif).
Ex. : La majorité des étudiants **a** des parents cadres supérieurs.

COMMUNICATION

Exprimer une obligation

Obligation générale **devoir** • **il faut** • **c'est/il est nécessaire/ indispensable/impératif de**	**+ infinitif**	On **doit** choisir un médecin. Il **faut faire** attention à sa santé. C'est nécessaire **d'être** vacciné.

Précis grammatical

Obligation personnelle **devoir · il faut que · c'est/il est nécessaire/ indispensable/important que** **il est temps que**	**+ infinitif** **+ subjonctif**	Je **dois** me préoccuper de ma santé. Il faut que je **fasse** attention à ma santé. C'est indispensable que tu **prennes** rendez-vous.

▶ Exprimer l'opinion, porter un jugement

penser* que / **croire* que** / **trouver* que** + indicatif	Je pense qu'il **est** essentiel de voter.
à mon avis / **selon moi** / **pour moi** / **en ce qui me concerne** + phrase	En ce qui me concerne, je rendrais le vote obligatoire.
trouver + **adjectif** + **que** + subjonctif **il est** + **adjectif** + **que** + subjonctif *trouver bizarre / absurde / incroyable / insensé / génial… que* *il est bizarre / absurde / incroyable / insensé / génial… que*	pour porter un jugement Il **trouve** inadmissible qu'on ne **soit** pas obligé de voter. Il est insensé que cette loi **ait été** rejetée.
il est + **adjectif** + **que** + indicatif *il est clair / évident / vrai / certain / sûr que…*	pour exprimer une certitude, une réalité Il est clair que cette loi **va** changer la vie.
il n'est pas + **adjectif** + **que** + subjonctif *il n'est pas clair / pas évident / pas vrai / pas certain / pas sûr que…*	pour exprimer un doute Il n'est pas certain que cette loi **soit** bonne.

*Les verbes **penser**, **croire** et **trouver** sont suivis du subjonctif dans une question avec inversion et quand ils sont utilisés à la forme négative.
Ex. : Pensez-vous que ce <u>soit</u> une bonne loi ? Je ne crois pas qu'on <u>puisse</u> la voter.

▶ Les connecteurs pour organiser son discours

Pour montrer les étapes successives	– d'abord, tout d'abord, premièrement, pour commencer – puis, ensuite, deuxièmement, troisièmement… – enfin, en conclusion, pour finir
Pour ajouter une idée	par ailleurs, de plus, en outre, dans le même temps, quant à, quid de ?, Qu'en est-il de ?, notons que
Pour faire figurer deux idées dans une même phrase	– non seulement… mais aussi / mais encore – d'une part… et d'autre part – d'un côté… d'un autre côté – à la fois… et…, à la fois… mais aussi – certes… mais
Pour illustrer, introduire un exemple, préciser une idée	– par exemple, comme – en l'occurrence
Pour justifier une idée	en effet, d'ailleurs, pour preuve
Pour insister sur une idée	– notamment, en particulier, tout particulièrement – ce qui est sûr, pour preuve, force est de constater que
Pour reformuler, pour expliquer	autrement dit, c'est-à-dire, en d'autres termes, en bref, en gros
Pour généraliser	dans tous les cas, de façon générale
Pour résumer	en résumé, en définitive, en somme, après tout, tout bien considéré

→ Voir aussi les connecteurs des relations logiques pour exprimer un but, une cause, une conséquence, une opposition, une concession, une condition, une restriction p. 179 à 182.

DROITS DE REPRODUCTION ET CRÉDITS PHOTOGRAPHIQUES

PHOTO DE COUVERTURE : Getty Images / Klaus Vedfelt

PHOTOS INTÉRIEURES : Alamy : p. 18 *L'Absinthe*, 1876, peinture d'Edgar Degas © GL Archive – p. 22 Catherine DENEUVE, Françoise DORLEAC, *Les demoiselles de Rochefort*, 1967 © Allstar Picture Library Limited. – p. 30 Sylvain Helaine, *Freaky Hoody* pendant le festival Miss Tatoo, le 13 juin 2019 à Paris, France © by Jerome Domine/ABACAPRESS.COM – p. 110-1 Jean-Paul Gaultier © ARISTIDIS VAFEIADAKIS ; 2 Exposition *Cinéma et Fashion*, à Madrid, Espagne, le 20 février 2022 par Jean-Paul Gaultier © SOPA Images Limited/Alamy Live News – p. 155-1 © dpa picture alliance ; p. 155-2 © Abaca Press – p. 156-1 © Willis Parker/ABACAPRESS.COM ; p. 156-2 © John Birdsall – p. 157-1 © Heritage Image Partnership Ltd ; p. 157-3 © Nicolas Briquet/ABACAPRESS.COM ; p. 159-1 © Paul Quayle ; p. 159-2 © Andrea Spinelli/Alamy Live News – p. 159-3 © Javier Delgado-Esteban / Stockimo – p. 160-3 © GRANGER - Historical Picture Archive – p. 161-1 © Marco Destefanis Pacific Press Media Production Corp ; p. 161-2 © ifeelstock

Getty Images : p. 15 © Catherine Delahaye – p. 29 © Westend61 – p. 45 © Thomas Barwick – p. 59 © Lionel FLUSIN / Contributeur – p. 75 © Majority World / Contributeur – p. 89 © Donald Iain Smith – p. 105 © Catherine Delahaye – p. 119 © Mayur Kakade – p. 135 © Thomas Barwick

Autres visuels : p. 20 Doc. 3 © Eotopia.org – p. 32 Évolution de nos visages © Nickolay Lamm – p. 33 Défilé de mode, Lille, © Clément Decoster – créateur de la prothèse © Uexist – p. 34 Affiche de l'exposition *À la Mode* © Musée d'arts de Nantes – p. 46 Doc. 1 Évolution de la pollution lumineuse, Astrosurf © P. Cinzano et T. Lombry – p. 48 Doc. 1 © Plantu – Doc. 3 © Emma Haziza – p. 60 Portrait de Jules Ferry © Hachette Livre – p. 78. Doc. 1 © phipx ; Doc. 2 RIC et Gilets jaunes © Ludovic Marin / AFP – p. 106 *L'information scolaire*, 1956 © Robert DOISNEAU/GAMMA RAPHO – p. 122 © Voutch – p. 124 Couverture *Le tabou du stress au travail*, Philippe-Georges DABON © Éditions Tredaniel – p. 138 Couverture et présentation *Qui a peur des vieilles ?*, Marie Charrel © Éditions Les Pérégrines EDS – p. 143 © Clémentine Latron

Autres photos : © Shutterstock

Cartes et infographies : p. 20 Doc. 1 © Visactu / World Happiness Report 2022 – p. 50 © Environmental Research Letters / AFP – p. 60 © AFDEC – p. 80 © Ipsos / Sopra Steria pour France Télévisions, Radio France, France 24/RFI/MCD Public Sénat/LCP Assemblée nationale et le Parisien - Aujourd'hui en France – p. 120 D'après © https://www.nouvellevieporo.fr

DOCUMENTS ÉCRITS : Unité 1 p. 17 Interview de l'historien François Durpaire. Propos recueillis par Marina Bellot © RetroNews - BnF-Partenariats ; p. 19 © Dirk De Wachter, le 24 mars 2021 / Slate ; p. 20 © Arnaud P., le 9 avril 2022 / Altitude • www.altitude.news – **Unité 2** p. 30 Doc. 1 © Le Parisien ; Doc. 2 © Interview par Nicolas Valiadis / https://www.agentsdentretiens.com ; p. 33 Doc. 3 © Jérôme Colombain, le 19/08/2019 / FranceInfo ; p. 34 Doc. 2 © Loïs Flayac, le 03/02/2022 / Marie Claire ; p. 35 Doc. 4 *Changer : Méthode*, Édouard Louis © Éditions du Seuil, 2021 – **Unité 3** p. 46 © L'Échologique, juin 2020 / Conception graphique : Marne et Gondoire Agglo – 2020 ; p. 47 *Human Psycho : comment l'humanité est devenue l'espèce la plus dangereuse de la planète*, Sébastien Bohler © Éditions Bouquins, 2022 ; p. 49 © France Inter - Emma Haziza, hydrogue issu de L'invité du 8h20 : le grand entretien présenté par Jérôme Cadet ; p. 50 © Vie-publique.fr / La rédaction – **Unité 4** p. 60 © Jacques Leclerc, Université de Laval (www.axl.cefan.ulaval.ca/) ; p. 62 © Genono, le 23/11/2020 / RadioFrance Le Mouv' ; p. 63 *Le Petit Prince*, Antoine de Saint-Exupéry © Éditions Gallimard, 1942 ; p. 64 Laura ALCOBA © Amandine CERUTTI, « Entretien avec Laura Alcoba », La Clé des Langues, Lyon, ENS de LYON/DGESCO (ISSN 2107-7029), octobre 2016. https://cle.ens-lyon.fr/espagnol/litterature/entretiens-et-textes-inedits/entretiens/entretien-avec-laura-alcobalogo ; p.65 Doc. 3 Chrisitine Rousseau, 06/12/2008 © Le Monde ; Doc. 4 *Syngué sabour, Pierre de patience* © P.O.L, 2008 ; p. 66 *La Patience des traces*, Jeanne Benameur, © Actes Sud, 2022 – **Unité 5** p. 77 Barthélémy Gaillard, le 10/03/2021 © touteleurope.eu ; p. 79 Rafik Benbagdad © La Dépêche ; p. 80 Doc. 2 *Une vie française*, Jean-Paul Dubois © Éditions de l'Olivier, 2004 ; Doc. 3 Alain Rebetez © 24 heures – **Unité 6** p. 91 © www.essentiel-autonomie.com ; p. 92 © Le Drenche / Ouest-France ; p. 95 Doc. 3 Camille Wong © Les Echos, www.lesechos.fr, le 30 mai 2022 ; Doc. 4 extrait de l'ouvrage *Bug*, Enki Bilal © Casterman / Avec l'aimable autorisation de l'auteur et des Éditions Casterman – **Unité 7** p. 106 d'après Aqisep.qc.ca ; p. 108 Article repris du Centre d'observation de la société, wwwobservationsociete.fr ; p. 110 Doc. 1 © France Culture ; Doc. 3 d'après la CNAM ; p. 111 *Chagrin d'école*, Daniel Pennac © Éditions Gallimard, 2017 – **Unité 8** p. 121 Sabine Germain, le 17/03/2022 © L'Obs (nouvelobs.com) ; p. 123 sophie@guide-entreprise.fr © Guide entreprise, le 11/07/2022 ; p. 124 Marguerite Baux © Marie Claire ; p. 125 Lettre de Gustave Flaubert à Louise Collet © Rivages, 2017 – **Unité 9** p. 136 Doc. 1 D'après *À quel âge est-on vieux ?*, Haltemis.fr ; Doc. 2 Benjamin Monnet © Neonmag ; p. 139 D.M. Judkiewicz © L'Echo.be ; p. 140 Laure Adler, le 08/08/2022 © Libération ; p. 141 *Le jeune homme*, Annie Ernaux © Éditions Gallimard, 2022

DOCUMENTS AUDIO : Unité 1 p. 16 Doc. 1 *C'est quoi le bonheur ?* Micro-trottoir dans les rues de La Rochelle © CCI Charente-Maritime ; Doc. 2 *Les visages du bonheur* [...] intérieure © Radio France / France Culture ; p. 18 Extrait 1 *Après le bonheur*, Arrangeur : Johann RICHE, Christophe MIOSSEC, Leander LYONS, Mirabelle GIL[...] eur-Auteur : Christophe MIOSSEC / Éditeur : LES ÉDITIONS PAS TERRIBLE Extrait 2 *La Terre est ronde* Éditeur : TOGETHER RECORD, UNIVERSAL [...]ING, WARNER CHAPPELL MUSIC FRANCE, 7TH MAGNITUDE / Auteur : ORELSAN / Compositeur : FREDERIC SAVIO / Interprète : ORELSAN, KARAOKE [...] *Il n'y a pas d'amour heureux*, Éditeur : TUTTI INTERSONG EDITIONS MUSICALES SARL / Compositeur : Georges BRASSENS / Auteur : Louis ARAGON [...]e : Georges BRASSENS ; Extrait 4 *Le premier bonheur du jour*, Françoise Hardy / Paroles et musique: J. Renard, F. Gérald ; Extrait 5 *C'est que du bonheur*, [...]angeur : Alfredo COCA ANTEZANA, STROMAE / Sous Éditeur : SONY MUSIC PUBLISHING (FRANCE) / Compositeur : Henry William DURHAM / Éditeur : SONY MUSIC PUBLISHING (UK) LTD, MOSAERT LABEL SPRL / Compositeur-Auteur : STROMAE / Interprète : STROMAE ; p. 21 © ZangoMedia / zangomedia.fr – **Unité 2** p. 31 © StreetPress.com ; p. 32 *L'homme du futur ? On n'arrête pas l'Histoire* © Radio France / France bleu ; p. 35 *Apologie de mon jogging*, Radiographies du coronavirus © Radio France / France Culture – **Unité 3** p. 47 *Une pollution numérique invisible ?*, Pourvu qu'ça dure animé par David Jacquot © Public Sénat ; p. 48 *Une jeunesse engagée pour le climat*, Planète verte, Télématin © France Télévisions / France 2 ; p. 51 *Pour une révolution politique, poétique et philosophique avec l'astrophysicien Aurélien Barrau*, La Terre au carré © Radio France / France Inter – **Unité 4** p. 61 *C à vous la suite* animé par Anne-Elisabeth Lemoine © France Télévisions / France 5 ; p. 63 Doc. 2 *Parler comme jamais#11*, en partenariat avec les Éditions Le Robert © Binge Audio ; Doc. 4 *Les boloss des Belles lettres* © Distribution Jean Rochefort ; p. 64 *Pourquoi aimez-vous la langue française*, Grand bien vous fasse © Radio France / France Inter – **Unité 5** p. 76 *Pourquoi oppose-t-on droits et devoirs*, Le pourquoi du comment : philosophie © Radio France / France Culture ; p. 78 *RTL matin, 3 min pour comprendre*, RTL ; p. 81 par Marjolaine Leray © Mieux voter – **Unité 6** p. 90 La Méthode scientifique © Radio France / France Culture ; p. 93 *Sans rendez-vous* © Europe 1 ; p. 94 d'après *Le métavers, les mondes virtuels* © TV5Monde – **Unité 7** p. 107 *La question du jour* © Radio France / France Culture ; p. 109 *Parkours* © Bondyblog ; p. 110 *Entrée libre* © France télévision - Tangaro - 2018 – **Unité 8** p. 120 *Laurent de la Clergerie, Ce patron défend la semaine de quatre jours* © L'OBS ; p. 122 *C'est mon affaire*, Philippe Duport © Radio France / France Info ; p. 124 « Combien tu gagnes ? » © Welcome to the jungle ; p. 137 36.9° © RTS ; p. 138 *Question genre* © RTS ; p. 140 d'après Europe 1, Magazine santé.

VIDÉOS CULTURE(S) Unité 1 *Travail : faut-il un chef du bonheur ?* Le Gros Mot de l'Éco © France 24 – **Unité 2** *Le TikTok de Mademoiselle Imanne* © Mademoiselle Imanne – **Unité 3** *La Recyclerie*, Paris © France Télévisions / France 2 – Le 13 heures – **Unité 4** *Les accents régionaux, une discrimination à l'embauche ?* © France Télévisions / France 2 - Le 13 heures – **Unité 5** *C'est quoi, la 5e République ?* 1 jour, 1 question © France-Télévisions / Milan Presse • 2017 – **Unité 6** *La réalité virtuelle, c'est aussi ça !* © Daily VR – **Unité 7** *Dix-huit kilomètres trois* Animation Short Film 2018 © GOBELINS PARIS – **Unité 8** *L'augmentation* © 2004 - PVO Audiovisuel Multimédia - Réalisateur : Christophe Franck - Auteurs : Claire Gérard, Gilles Rodriguez dit Gilles Détroit & Jean-Pierre Mourice – **Unité 9** *Seniors : l'âge des possibles*, Enquêtes de Région - Normandie © France 3 Normandie / France TV

Nous remercions vivement les neuf étudiants de français pour leur collaboration à *Inspire*.

Nous avons fait notre possible pour obtenir les autorisations de reproduction des documents publiés dans cet ouvrage. Dans le cas où des omissions ou des erreurs se seraient glissées dans nos références, nous y remédierons dans les éditions à venir.

Couverture : Nicolas Piroux
Maquette intérieure : Eidos
Adaptation graphique : Anne-Danielle Naname
Mise en page et adaptations pour le niveau 4 : Barbara Caudrelier
Secrétariat d'édition : Sarah Billecocq
Cartographie : carte de la France, plat III © Claire Levasseur **Enregistrements audio, montage, mixage :** Quali'sons, David Hassici

hachette s'engage pour l'environnement en réduisant l'empreinte carbone de ses livres. Celle de cet exemplaire est de : **0,600 kg éq. CO2** Rendez-vous sur www.hachette-durable.fr

ISBN 978-2-01-717543-8
© HACHETTE LIVRE, 2023
58, rue Jean Bleuzen, CS 70007, 92178 Vanves Cedex, France.

Le code de la propriété intellectuelle n'autorisant, aux termes des articles L. 122-4 et L. 122-5, d'une part, que « les copies ou reproductions strictement réservées à l'usage privé du copiste et non destinées à une utilisation collective », et, d'autre part, que « les analyses et les courtes citations » dans un but d'exemple et d'illustration, « toute représentation ou reproduction intégrale ou partielle, faite sans le consentement de l'auteur ou de ses ayants droit ou ayant cause, est illicite ». Cette représentation ou reproduction, par quelque procédé que ce soit, sans autorisation de l'éditeur ou du Centre français de l'exploitation du droit de copie (20, rue des Grands-Augustins, 75006 Paris), constituerait donc une contrefaçon sanctionnée par les articles 425 et suivants du Code pénal.

Achevé d'imprimer en novembre 2025 par Macrolibros - Espagne
Dépôt légal : avril 2023 - Édition 07 - 89/7164/8